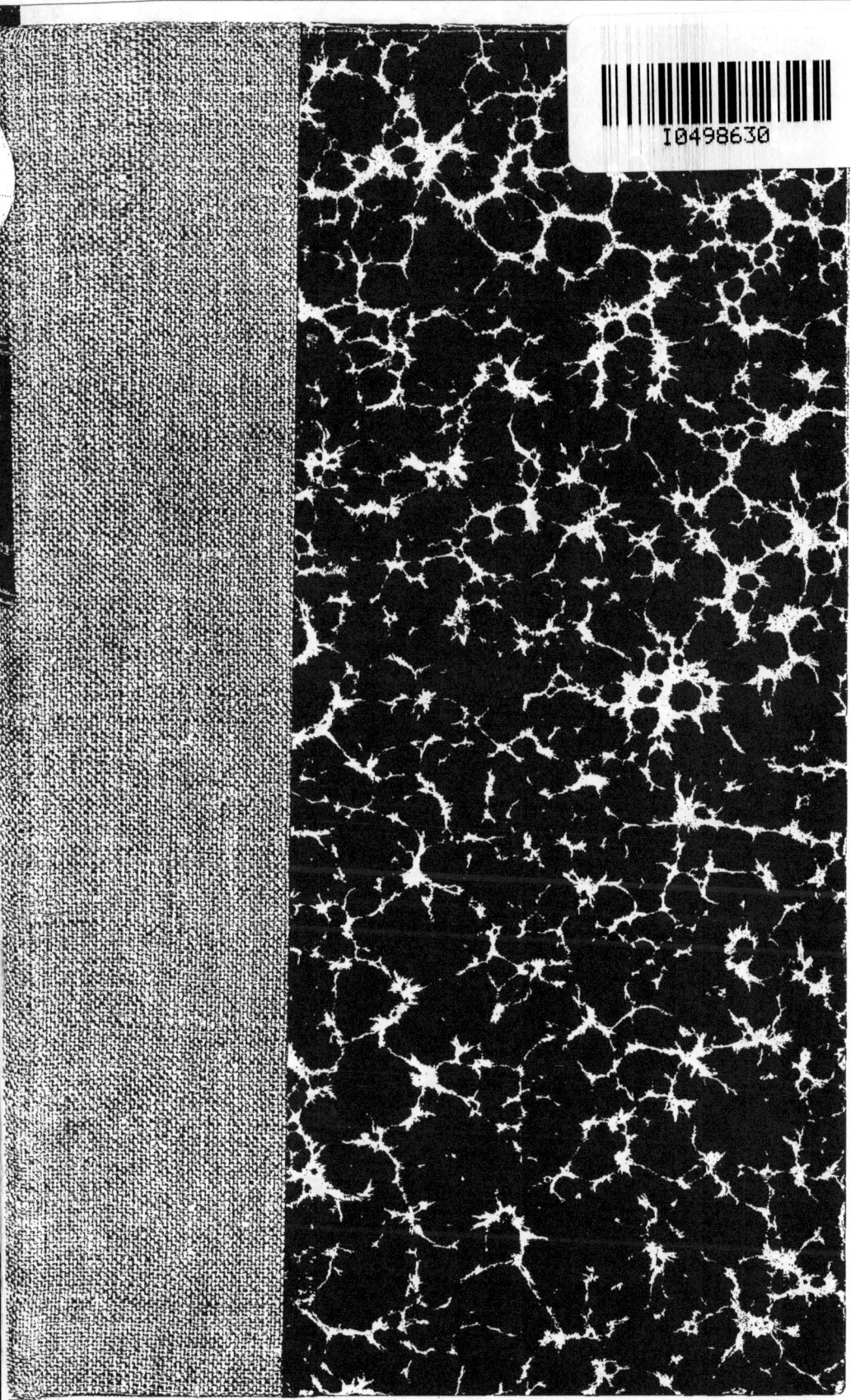

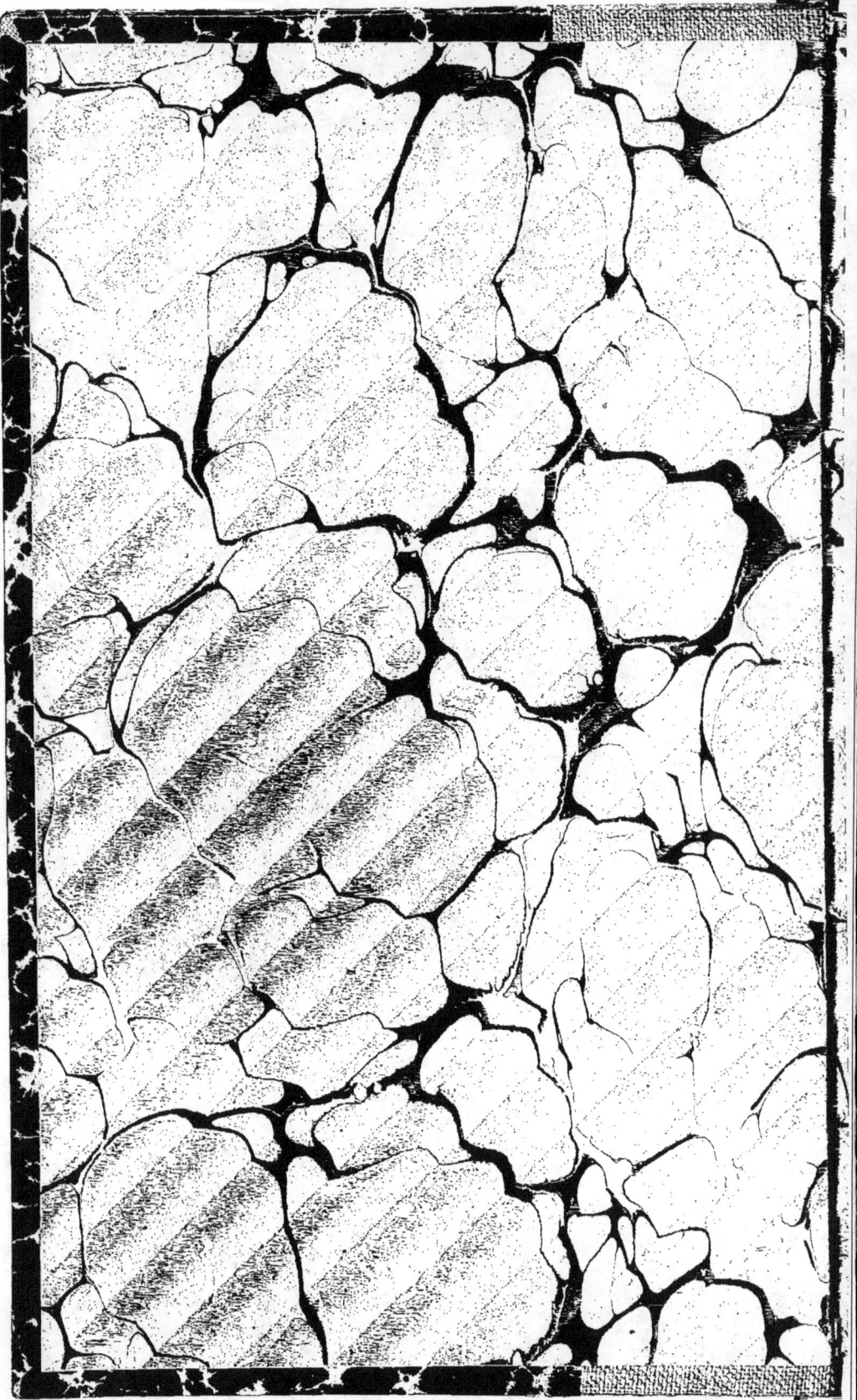

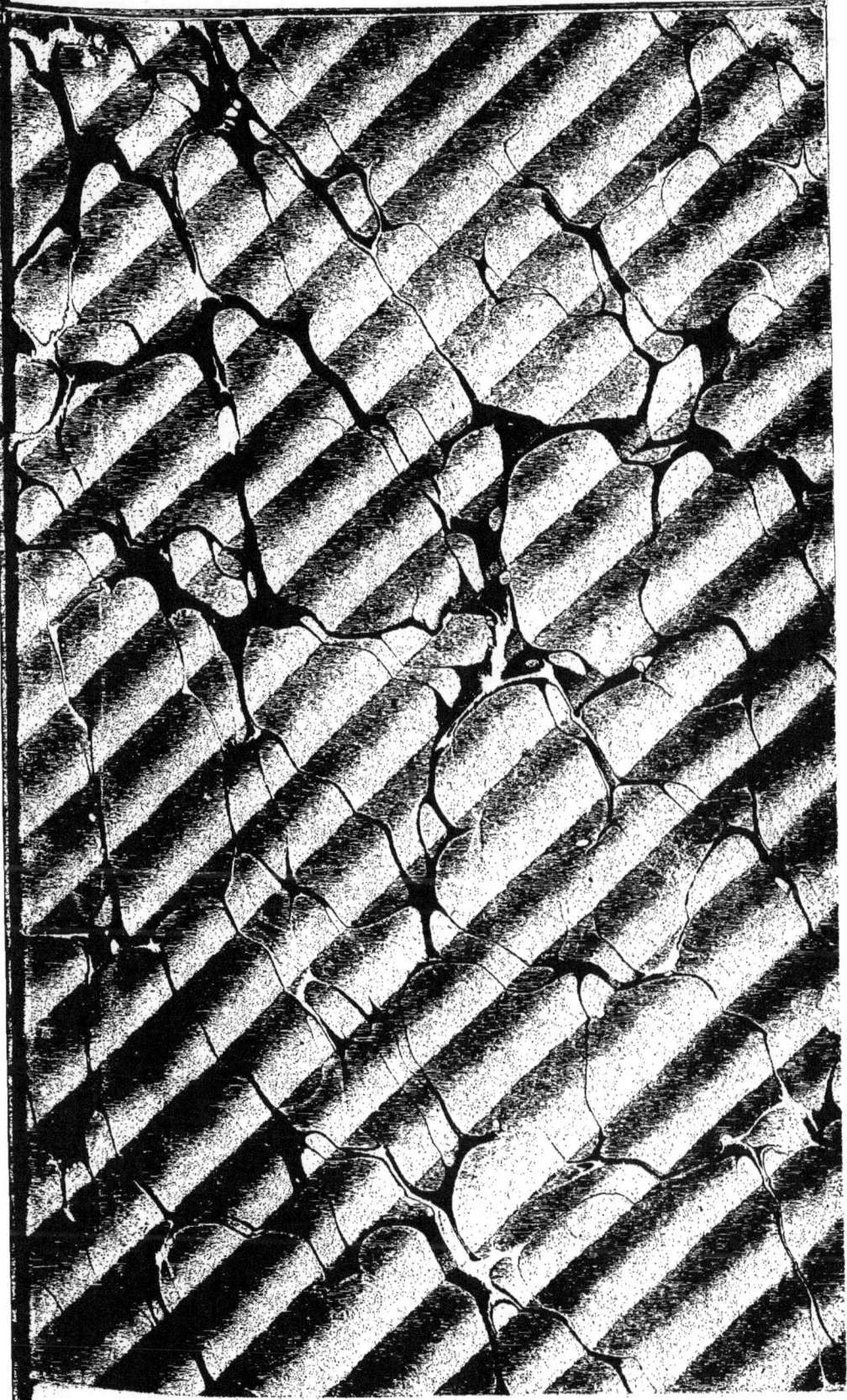

STENNETT-REL.

LES PROGRÈS
DE
LA PHOTOGRAPHIE,

RÉSUMÉ

COMPRENANT LES PERFECTIONNEMENTS APPORTÉS
AUX DIVERS PROCÉDÉS PHOTOGRAPHIQUES POUR LES ÉPREUVES NÉGATIVES
ET LES ÉPREUVES POSITIVES,
LES NOUVEAUX MODES DE TIRAGE DES ÉPREUVES POSITIVES
PAR LES IMPRESSIONS DITES AU CHARBON
OU MATIÈRES COLORANTES DIVERSES, ET AUX ENCRES GRASSES;

PAR A. DAVANNE.

PARIS,
GAUTHIER-VILLARS, IMPRIMEUR-LIBRAIRE
DE L'ÉCOLE POLYTECHNIQUE, DU BUREAU DES LONGITUDES,
SUCCESSEUR DE MALLET-BACHELIER,
Quai des Augustins, 55.

1877

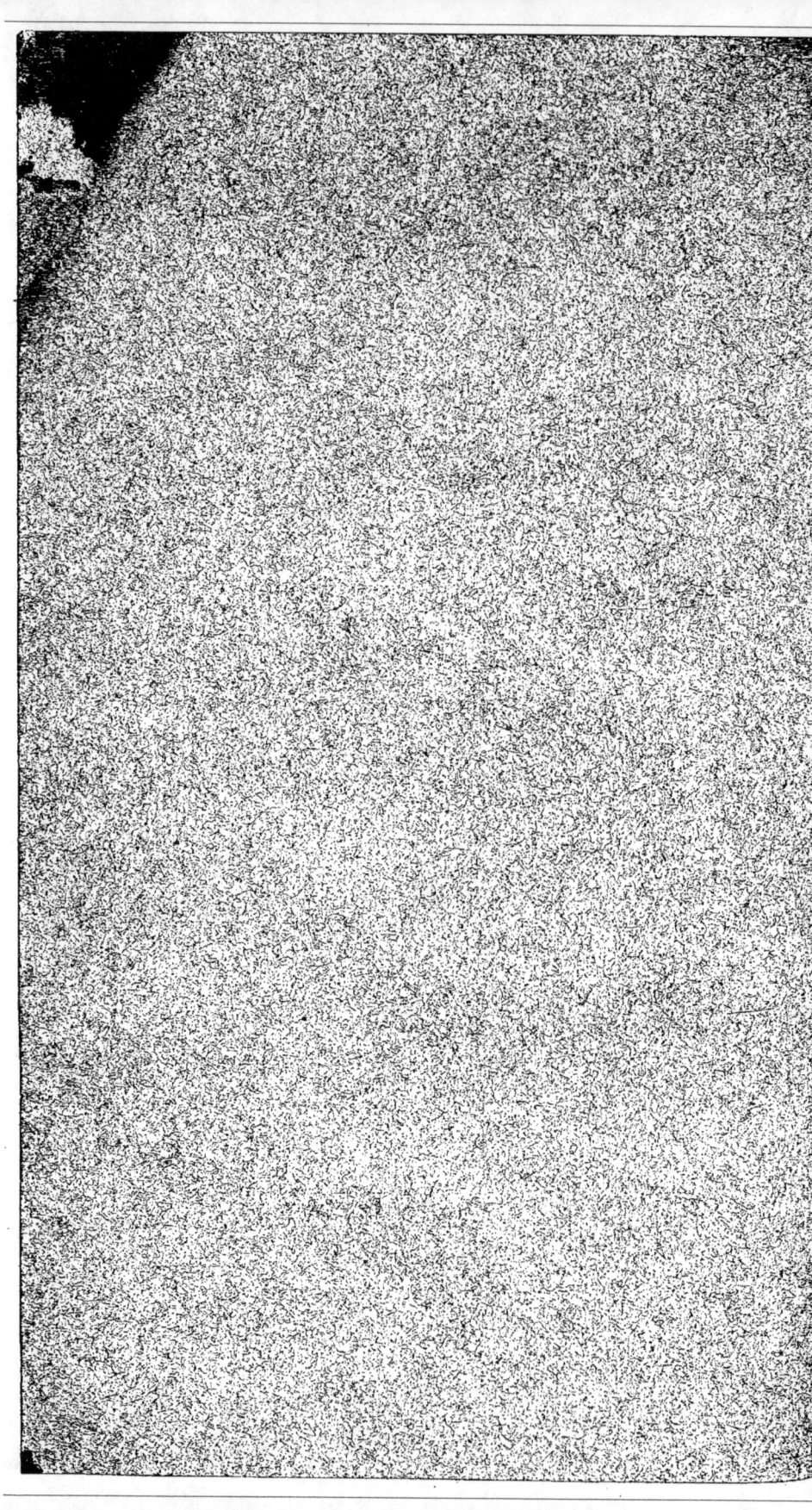

LES PROGRÈS

DE

LA PHOTOGRAPHIE.

PARIS. — IMPRIMERIE DE GAUTHIER-VILLARS,
Quai des Augustins, 55.

LES PROGRÈS
DE
LA PHOTOGRAPHIE,

RÉSUMÉ

COMPRENANT LES PERFECTIONNEMENTS APPORTÉS
AUX DIVERS PROCÉDÉS PHOTOGRAPHIQUES POUR LES ÉPREUVES NÉGATIVES
ET LES ÉPREUVES POSITIVES,
LES NOUVEAUX MODES DE TIRAGE DES ÉPREUVES POSITIVES
PAR LES IMPRESSIONS DITES AU CHARBON
OU MATIÈRES COLORANTES DIVERSES, ET AUX ENCRES GRASSES;

PAR A. DAVANNE.

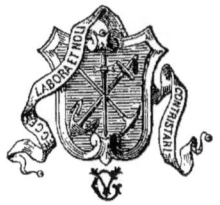

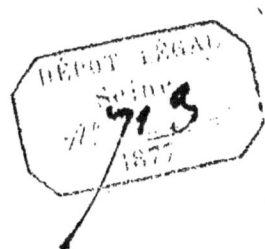

PARIS,
GAUTHIER-VILLARS, IMPRIMEUR-LIBRAIRE
DE L'ÉCOLE POLYTECHNIQUE, DU BUREAU DES LONGITUDES,
SUCCESSEUR DE MALLET-BACHELIER,
Quai des Augustins, 55.

1877
(Tous droits réservés.)

AVANT-PROPOS.

Depuis quelques années, un grand nombre de méthodes nouvelles se sont produites en Photographie. Elles sont le résultat non-seulement des améliorations obtenues dans les manipulations, mais aussi de l'extension de plus en plus considérable que prennent les applications photographiques, applications qui le plus souvent demandent des procédés spéciaux et qui eussent été très-limitées si les instruments, les préparations et les modes d'opérer, qui nous semblaient déjà très-perfectionnés il y a une vingtaine d'années, n'eussent suivi la loi du progrès en se mettant en harmonie avec les exigences nouvelles.

Sans nul doute ce progrès ira continuant sans cesse ; mais, déjà, telle qu'elle se présente aujourd'hui, grâce aux améliorations acquises aussi bien pour l'obtention du cliché que pour les divers modes d'impression, la Photographie semble appelée à rendre les services les plus variés dans toutes les branches des connaissances humaines ; à cette condition toutefois que, pour chacune de ces diverses applications, on saura choisir les instruments, les préparations, les procédés qui s'y appliquent le mieux, et que ceux-là même qui ont intérêt à se servir de la Photographie ne la condamneront plus d'après des essais mal dirigés et dont les insuccès ne doivent le plus souvent être imputés qu'à eux-mêmes.

Ce sont ces perfectionnements que notre Ouvrage a pour but de réunir et de vulgariser.

Notre Livre doit prendre place entre les Traités généraux qui enseignent les éléments de la Photographie, comme notre *Chimie photographique* de Barreswil et Davanne, comme le Traité de M. Van Monckhoven, et les Traités spéciaux qui sont la monographie d'un procédé unique et auxquels il sera toujours bon de recourir si l'on veut s'attacher principalement à ce procédé.

Nous avons cherché à donner l'ensemble des méthodes nouvelles, à les grouper, à montrer comment elles découlent les unes des autres et se relient entre elles. Nous avons indiqué les formules et les modes d'opérer, sans pourtant répéter pour chacun d'eux une même série de détails minutieux qui eussent amené la confusion, de telle sorte que le lecteur pourra faire une étude générale sans s'égarer dans de continuelles répétitions, tandis que l'opérateur trouvera les formules, les renseignements qui lui sont nécessaires pour faire les essais; enfin nous nous sommes toujours efforcé d'indiquer les sources où nous avons puisé nos renseignements, pour que lecteurs et opérateurs puissent y recourir en cas de besoin.

En faisant ce résumé, qui porte sur un assez grand nombre d'années et qui peut par cela même se présenter d'une manière plus méthodique, nous pensons remplacer avec avantage nos précédents annuaires, dont quelques indulgents amis nous avaient reproché l'interruption.

A. DAVANNE.

Paris, 20 juin 1876.

LES PROGRÈS

DE

LA PHOTOGRAPHIE.

CONSIDÉRATIONS GÉNÉRALES.

La Photographie comprend deux parties bien distinctes qui arriveront sans doute à former prochainement deux branches séparées, ce sont :

D'une part, les préparations ayant pour but l'obtention du cliché, d'autre part, l'impression de ce cliché.

Les progrès qui se sont produits depuis un certain nombre d'années portent sur l'ensemble de ces opérations; mais nous devons reconnaître que, s'il y a de nombreux perfectionnements de détail dans les moyens opératoires qui concourent à l'obtention du cliché, ces moyens sont pourtant restés sensiblement les mêmes, tandis qu'il y a des procédés complétement nouveaux, pour arriver à l'impression de l'image définitive.

Dans les préparations de l'épreuve négative, quelques formules nouvelles, quelques préparations mieux combinées changent à peine le procédé du collodion humide ; les modifications sont plus accentuées dans les procédés secs pour lesquels l'adoption des révélateurs alcalins constitue un progrès incontestable ; nous ferons remarquer encore dans les diverses phases de ces opérations quelques essais d'un grand intérêt, tels que les couches de collodion humide additionnées d'un préservateur alcalin, l'emploi des bromures à haute dose, les procédés dits *aux émulsions*, etc.

Mais les méthodes employées pour faire l'épreuve positive ont subi une complète transformation par suite du développement des impressions aux poudres colorées et aux encres grasses; aussi avons-nous consacré à leur étude une place importante dans notre Ouvrage. En les expliquant, nous nous sommes efforcé d'introduire un peu d'ordre dans cette nombreuse série de procédés si divers qu'ont fait éclore les recherches et les communications de M. Poitevin sur l'emploi de la gélatine bichromatée; nous avons cherché à montrer les diverses étapes parcourues pour arriver à l'état actuel et pour aplanir les difficultés qui mettent encore quelques obstacles à l'union entre la Photographie et les divers modes d'impression.

La division de notre Ouvrage est donc nettement tracée, et, ainsi que nous l'avons fait dans nos publications précédentes, nous examinerons successivement les opérations qui forment l'ensemble des manipulations photographiques en développant pour chacune d'elles les perfectionnements qui sont à notre connaissance, et qui nous paraissent les plus dignes d'attention.

Cet examen portera sur les divisions suivantes :

Le matériel photographique. — L'atelier.

Les épreuves au collodion humide.

Les épreuves sur préparations sèches.

La retouche, le transport, l'agrandissement des clichés.

Les épreuves positives aux sels d'argent, aux sels de fer.

Les couleurs en photographie.

Les impressions aux poudres colorées. — Épreuves dites au charbon. — Émaux.

Les impressions aux encres grasses. — Lithographie. — Gravure en creux. — Gravure en relief.

MATÉRIEL. — ATELIER.

La plupart des instruments photographiques sont déjà connus de nos lecteurs, ils n'ont subi que des modifications de détails sans importance, et nous ne nous arrêterons ni sur les chambres plus légères pour les excursions, ni sur les laboratoires portatifs mieux disposés.

Objectifs. — Seuls les objectifs font exception, et l'on peut constater de très-notables progrès dans leur fabrication, surtout pour les objectifs construits en vue d'une application plus particulièrement déterminée : tels sont les objectifs dits *rectilinéaires*, *grand-angulaires*, *panoramiques*, *hémisphériques*, *aplanétiques*, etc.

Tant que l'on reste dans les conditions ordinaires et que l'on veut obtenir ou le portrait, ou les vues artistiques de paysage, ou les petites reproductions, les deux types d'objectifs, en quelque sorte fondamentaux, sont encore l'objectif double et l'objectif simple. Pour le portrait dans l'atelier, le seul objectif à employer est donc toujours l'objectif double, auquel on doit demander la plus grande netteté et la plus grande lumière possibles; mais nous croyons devoir prémunir les photographes contre la tendance à chercher l'augmentation de la rapidité par l'augmentation du diamètre des lentilles, lorsque ce diamètre doit excéder environ 4 pouces, soit $0^m,102$; car ces objectifs à large ouverture ont le grave inconvénient, outre leur prix très-élevé, de donner des vues qui sont d'autant plus fausses pour nos yeux que l'instrument est plus rapproché du modèle. En effet, nous devons admettre que toute la surface du verre est utilisée et travaille, ou il serait inutile de la prendre aussi grande; alors, comme l'a si bien fait observer Bertsch, cet objectif voit le modèle, comme nous le verrions nous-mêmes si nous portions alternativement la tête à droite et à gauche, c'est-à-dire qu'il aperçoit une succession de plans autre que celle perçue par nos yeux; ainsi, dans un portrait où la disposition de la pose ne nous laisserait voir qu'une oreille et à peine le commencement de l'autre, un large objectif nous montrera les deux oreilles, élargira l'image en l'aplatissant, et le résultat choquant sera anti-artistique. On corrige, dit-on, cette déformation par les diaphragmes; mais, si l'on met le diaphragme à l'extérieur, cela correspond à diminuer le diamètre de la lentille antérieure, puisque dans les objectifs doubles ces diaphragmes sont presque appliqués sur le verre; si on les met à l'intérieur et s'ils laissent passer les rayons reçus par les bords de la lentille, la déformation persistera et l'objection restera la même : ou le grand diamètre donnera une image qui ne sera pas conforme à celle que nous voyons, alors mieux vaut ne pas l'employer; ou par les diaphragmes ce grand diamètre devient inutile, alors mieux vaut ne pas le payer.

Donc le diamètre des lentilles ne devrait pas excéder $0^m,102$ ou 4 pouces, ce qui est déjà trop pour des poses rapprochées; on doit chercher la rapidité dans l'excellence de la fabrication et dans la bonne préparation des produits. Pour faire de grandes épreuves, on doit se contenter de prendre des foyers plus longs, ou, ce qui vaudra mieux encore, il faut faire une excellente épreuve moyenne non déformée en employant un foyer convenable et agrandir cette épreuve modérément.

Pour le paysage, l'objectif simple a été bien délaissé depuis quelques années, et cependant il est excellent tant qu'on ne veut pas embrasser une vue trop étendue; convenablement diaphragmé, il donne la netteté, la finesse, la succession des plans et une rapidité suffisante; lorsqu'on emploiera les autres objectifs pour obtenir plus que ne peut donner l'objectif simple, ce sera toujours par quelques compromis où l'une de ces qualités sera sensiblement sacrifiée pour obtenir l'autre. La grande étendue s'obtiendra au détriment de la rapidité et réciproquement.

Le photographe paysagiste doit avoir à sa disposition divers objectifs pouvant répondre aux diverses conditions dans lesquelles il se trouve. Voici, à ce sujet, quelques avis que nous croyons pouvoir donner d'après notre propre expérience.

Les conditions normales et artistiques d'une vue doivent être telles que l'angle embrassé, c'est-à-dire formé par les lignes partant des deux points écartés de l'ensemble que l'on veut prendre et venant aboutir à l'objectif, soit de 35 à 45 degrés environ; pour cela l'objectif que l'on emploie doit avoir un foyer qui soit environ moitié plus long que le grand côté de la glace dépolie, soit un foyer de $0^m,40$ pour une épreuve de $0^m,27$ de côté. Ces rapports ne sont pas absolus et peuvent varier en plus ou en moins; nous donnons une moyenne. Si la vue est très-étendue, si elle embrasse un cinquième ou même un quart de l'horizon, il faut, soit un objectif spécial, soit une chambre panoramique tournante; nous ne saurions conseiller de faire les frais de cette dernière, à moins que ce ne soit à un photographe de profession; ajoutons que les épreuves prises dans ces conditions sont toujours déformées, les lignes horizontales sont courbées sur la reproduction, et nous préférons beaucoup la chambre ordinaire avec un de ces objectifs dits *panoramiques, grand-angulaires, hémisphériques*, etc. Ces objectifs, lorsqu'ils ont été construits par de bons opticiens, ont de grandes qualités comme finesse, rectitude de lignes, amplitude de l'angle embrassé, mais il faut les employer avec discernement. Lorsqu'on demande à un objectif de couvrir une surface telle que l'angle embrassé soit de 75 à 80 degrés ou même plus, la perspective est généralement faussée, les derniers plans sont trop petits relativement aux premiers; mais, en coupant cette vue sous la forme longue de panorama, le résultat est meilleur que celui qu'on obtient avec les chambres spéciales.

L'objectif panoramique doit avoir un foyer qui soit égal à peu près à la moitié du côté de la glace dépolie (moitié de la largeur de l'image) : ainsi, pour une épreuve de $0^m,27$, il faut environ $0^m,14$ de foyer. Ce très-court foyer rend encore des services lorsque, n'ayant pas le recul convenable, on veut obtenir un point de vue malgré les défauts qui résulteront de ce manque d'espace; il est également précieux pour les vues d'intérieur, que le plus souvent on ne pourrait obtenir autrement. Ces objectifs peuvent aussi être employés comme l'objectif simple, pour des vues embrassant 35 à 40 degrés; ils sont très-bons, mais ils donnent alors à grands frais ce que l'on obtient avec un objectif de prix beaucoup moins élevé.

Il est bon d'avoir un troisième objectif pour les circonstances où, ne pouvant se rapprocher suffisamment de l'objet à reproduire, les précédents donneraient des épreuves trop petites. Il faut le choisir d'une longueur focale qui représente 2 fois ou $2\frac{1}{2}$ fois le côté de l'image cherchée, soit un foyer de 0^m,60 environ pour la vue de 0^m,27 de côté : un objectif simple remplit très-bien ce but, et, le plus souvent, une seule des lentilles de l'objectif combiné à court foyer pourra être utilisée dans ces circonstances.

Le voyageur photographe doit donc avoir au moins trois objectifs de foyers très-différents, et choisis proportionnellement à la dimension des épreuves qu'il veut faire. La proportion doit se calculer sur la longueur focale comparée au côté de l'épreuve; cette longueur focale doit être environ $\frac{1}{2}$ pour les panoramas, $1\frac{1}{2}$ pour les vues ordinaires, 2 à $2\frac{1}{2}$ pour les cas exceptionnels d'éloignement.

Il est possible qu'un seul objectif combiné réunisse deux de ces conditions, sinon les trois. Nous citerons comme exemple celui des objectifs grand-angulaires rectilinéaires de M. Dallmeyer, qui est formé par la combinaison de deux lentilles, l'une ayant 0,40 de longueur focale, qui servira employée seule pour les vues ordinaires et couvrira très-bien une glace de 0,30 et même 0,35 de côté; l'autre ayant 0,30 et pouvant être utilisée pour embrasser un angle de 50 degrés; les deux combinées ont 17e,5 de foyer et constituent un objectif panoramique, qui, pour les intérieurs de monuments, les galeries, etc., peut embrasser jusqu'à 90 degrés; mais alors le diaphragme doit être d'autant plus petit et la pose d'autant plus longue que l'on cherche à couvrir une plus grande étendue.

Nous citerons également comme objectifs très-commodes pour le paysage la trousse universelle de M. Darlot ([1]), comprenant une série d'objectifs simples, de courbure spéciale et pouvant se visser sur une même monture, de telle manière qu'on peut les employer tantôt simples, tantôt combinés les uns avec les autres, et réaliser très-approximativement le foyer nécessaire. Lorsqu'on emploie ces objectifs, se combinant les uns avec les au-

---

([1]) Nous devons encore mentionner en France les objectifs de M. Derogy, de M. Fleury-Hermagis, de MM. Gasc et Charconnet, etc. Nos opticiens français fabriquent bien, à des prix très-abordables; les objectifs anglais de M. Dallmeyer et de M. Ross (triplets, grand-angulaires, rapides, etc.), les aplanétiques allemands de M. Steinheil sont de fabrication très-soignée, mais de prix très-élevés.

tres, on connaît *approximativement* la longueur focale résultant de la combinaison en additionnant le foyer des deux objectifs et en prenant le quart du total : ainsi, en combinant une lentille de $0^m,40$ avec une de $0^m,30$, on a une somme de $0^m,70$; le foyer serait à peu près le quart, soit $0,175$.

Lorsque le but principal du travail photographique est la reproduction architecturale ou celle des cartes et plans, qui demande la parfaite rectitude des lignes et la rigoureuse proportion de l'ensemble, on devra employer de préférence les objectifs aplanétiques, les triplets ou les objectifs rectilinéaires. Ces instruments choisis, d'un foyer convenable, sont aussi très-bons pour faire le paysage ; mais, si l'on ne peut les dédoubler comme nous l'avons indiqué ci-dessus, leur prix élevé en limite d'autant plus l'emploi que nous venons de voir la nécessité, pour le paysagiste, d'avoir plusieurs instruments pour répondre aux diverses conditions dans lesquelles il peut se trouver.

Chercheur focimétrique. — Il est nécessaire que le photographe voyageur puisse de suite déterminer l'ensemble de la vue à prendre, la place où il doit installer son appareil et qu'il connaisse sans hésitation l'objectif ou mieux la longueur focale nécessaire pour obtenir approximativement l'ensemble et l'effet cherché. Nous avons fait construire, à cet effet, un petit appareil, dit *chercheur focimétrique*, d'une grande simplicité, bien qu'il ait été peu compris jusqu'à ce jour.

Comme tous les autres chercheurs, cet appareil sert d'abord à trouver le point de vue, à composer, en quelque sorte, le tableau ; il est formé de deux platines, dont l'une, percée d'une fente par laquelle on regarde, reste fixe, tandis que l'autre se meut sur une tige en encadrant une portion de l'espace d'autant moins grande qu'elle s'écarte davantage ; en éloignant plus ou moins ces deux platines, on isole, on encadre la partie que l'on veut reproduire, on examine la place qui semble la plus favorable, on recule, on se rapproche suivant l'importance que l'on veut donner à telle ou telle partie, et, une fois le tableau composé sur nature, l'objectif doit en donner une image complète, et pour cela il doit être de foyer convenable, assez court pour embrasser complétement l'ensemble, assez long pour ne pas prendre plus que cet ensemble, et perdre ainsi inutilement sur la dimension.

Le chercheur focimétrique a justement pour but de déterminer quelle doit être la longueur focale de l'objectif par rapport à la grandeur de l'épreuve que l'on veut obtenir; il suffit, pour connaitre cette longueur, de regarder sur l'instrument à quel chiffre s'arrête le petit indicateur qui marche avec la platine mobile qui sert de cadre au sujet à reproduire. Ce chiffre représente le rapport entre la longueur focale nécessaire et le grand côté de l'épreuve pris comme unité. Supposons que l'indicateur s'arrête sur le chiffre $1\frac{1}{2}$: cela veut dire que l'objectif à employer doit avoir un foyer se rapprochant de $1\frac{1}{2}$ fois le côté de la glace dépolie ou mieux de l'épreuve que l'on veut obtenir; si la glace a 0,20 de côté, l'objectif devra

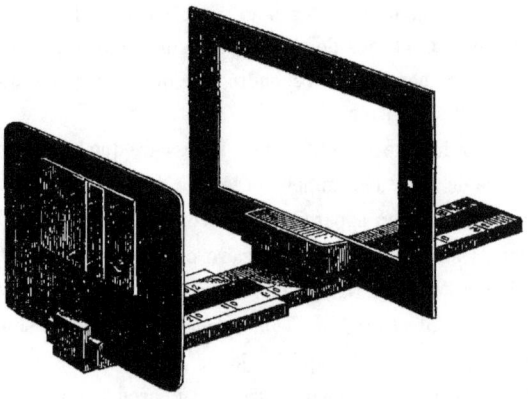

avoir 0,30. Si elle a 0,14, il devra se rapprocher de 0,21; si l'indicateur s'est arrêté sur le chiffre $\frac{3}{4}$, pour une glace de 0,20 il faudra un objectif de 0,15; pour une glace de 0,14 il faudra environ $0^m,115$, et ainsi de suite.

Atelier. — Les autres parties du matériel ne nous présentent aucune modification importante. On a proposé divers modèles de construction pour l'atelier, et les avis sont très-partagés; selon nous, cette question peut se résumer d'une manière bien simple : un grand atelier de hauteur moyenne, largement éclairé du haut et des côtés latéraux, fermé au nord et au sud, nous paraît réunir les meilleures conditions : longueur pour ne pas être forcé d'exagérer les courts foyers, largeur pour permettre de disposer le modèle et la chambre noire dans les sens les plus divers, excès de lumière parce qu'il est toujours facile d'en retirer et qu'un opérateur de goût saura, au moyen de quelques rideaux et de divers systèmes d'écrans et de fonds, disposer son éclairage dans tel sens qui lui conviendra le mieux. L'étude de l'éclairage et de la pose est une question d'art fort difficile sur laquelle nous nous déclarons incompétent; l'opérateur doit en faire sa préoccupation constante. On peut consulter, à ce sujet, les Ouvrages de MM. van Monckhoven, Liebert, la brochure spéciale de M. Klary, mais surtout faire de nombreux essais par soi-même et bien connaître le jour ou les jours divers de son propre atelier; des règles absolues sur ce sujet tendraient à jeter tous les portraits dans le même moule, tandis qu'un opérateur véritablement artiste doit varier ses poses et son éclairage.

De l'avis d'un grand nombre de photographes, la rapidité obtenue d'abord dans un atelier nouvellement construit va diminuant avec le temps; il y a deux causes à ce ralentissement : la première, qu'il est facile de combattre par des nettoyages énergiques et fréquents, est due au dépôt des matières étrangères, de bistre, etc., amenées par l'atmosphère; la seconde provient de l'altération même de la matière vitreuse, altération étudiée et mise en évidence par M. Gaffield.

Le verre à vitre blanc et surtout celui qui est très-légèrement teinté de vert dans la masse, comme ils le sont presque tous si on les regarde sur la tranche, ne tardent pas à prendre une faible teinte jaune par l'action de la lumière, teinte inappréciable à l'œil, mais qui suffit cependant pour ralentir sensiblement la rapidité des opérations photographiques; cette teinte jaune est transitoire : après quelques années, la transformation est complète et la coloration jaune disparaît. Les verres très-légèrement violacés, par suite de l'introduction dans la pâte d'une faible quantité d'oxyde de manganèse, ne présentent pas les mêmes inconvénients; il s'en trouve accidentellement parmi les verres du commerce : ils devraient être spécialement recherchés toutes les fois qu'on n'emploie pas les vitrages bleus.

ÉPREUVES NÉGATIVES. — COLLODION HUMIDE.

Nettoyage des glaces. — Nous avons indiqué l'acide nitrique étendu de son volume d'eau comme donnant un très-bon résultat pour décaper rapidement les glaces. Dans la pratique, surtout si l'on n'a pas une installation spéciale, ce mélange est d'un emploi assez désagréable, tant à cause des vapeurs qu'il répand que par le danger de taches que présente le maniement d'une masse considérable d'acide.

M. Carey-Lea a paré à l'inconvénient des vapeurs acides en substituant une solution ne donnant ni vapeurs ni odeurs, formée de

Bichromate de potasse..................	60^{gr}
Acide sulfurique......................	60
Eau ordinaire........................	1000^{cc}

Toutefois l'action est moins énergique et elle est même insuffisante si la glace est recouverte d'un bon vernis.

Nous préférons actuellement employer une lessive de carbonate de soude, soit :

Carbonate de soude....................	50^{gr}
Eau ordinaire........................	1000^{cc}

Si l'on veut une action très-énergique, il suffit d'ajouter 25 grammes de chaux vive que l'on éteint préalablement avec un peu d'eau. Ce traitement des glaces peut se faire à froid, il demande seulement quelques heures pour enlever les couches collodionnées, vernies, albuminées, etc.; l'action est plus rapide si l'on opère à chaud; on facilite le nettoyage s'il est nécessaire en grattant un peu avec un couteau à palette. En doublant les proportions de carbonate de soude et de chaux, la réaction se fait en quelques minutes; mais cette lessive devient tellement caustique qu'on doit éviter de la toucher, car elle dissout rapidement la peau.

Après ce traitement, les glaces sont d'abord rincées à l'eau, passées dans un bain légèrement acidulé par l'acide chlorhydrique (5 d'acide pour 100 d'eau), afin d'enlever les dernières traces du dépôt de carbonate de chaux qui se forme toujours, rincées de nouveau, puis essuyées au papier de soie; on peut même les laisser sécher sur l'égouttoir.

Ainsi traitées, les glaces sont parfaitement nettoyées, décapées et prêtes à subir le dernier polissage.

Bien des formules ont été données pour le polissage des glaces; l'alcool, l'ammoniaque étendue, les vieux collodions, le cyanure de potassium, les solutions alcooliques de savon ont été successivement proposés avec addition de tripoli ou de terre pourrie. Nous condamnons, d'une manière absolue, l'emploi du cyanure de potassium qui, dans cette application, ne présente que des dangers sans aucune compensation.

Pour notre usage, nous préférons le mélange suivant :

$$\text{Eau} \ldots\ldots\ldots\ldots\ldots\ldots\ldots\ldots 200^{cc}$$
$$\text{Terre pourrie} \ldots\ldots\ldots\ldots\ldots\ldots 75^{gr}$$

On y ajoute la quantité d'eau iodée nécessaire pour obtenir la teinte rouge clair, environ un quart du volume. L'eau iodée, dont nous ferons un usage assez fréquent, est préparée comme il suit :

$$\text{Eau} \ldots\ldots\ldots\ldots\ldots\ldots\ldots\ldots 250^{cc}$$
$$\text{Iodure de potassium} \ldots\ldots\ldots\ldots 5^{gr}$$
$$\text{Iode en paillettes} \ldots\ldots\ldots\ldots\ldots 1^{gr},25$$

La dissolution se fait mieux en ne secouant pas le flacon.

On peut remplacer le polissage des glaces par un albuminage préalable; dans ce cas, après avoir rincé la glace et l'avoir laissé sécher spontanément sur le support, on la couvre d'une couche d'albumine très-étendue, comme nous l'expliquons plus loin (page 28), et on la remet à sécher sur le support. On peut craindre cependant, avec ce procédé, que le bain d'argent ne soit altéré à la longue par le contact de l'albumine.

Collodion. — Les formules diverses de collodion, déjà si nombreuses, ont été toujours en augmentant; il est peu de photographes de profession ou d'amateurs qui n'aient leur formule particulière à laquelle ils attribuent une réussite due surtout à l'habitude. Nous nous bornerons donc à ajouter une seule formule à celles que nous avons données, page 146 de la *Chimie photographique*, parmi lesquelles nous recommandons les deux premières. Cette formule nouvelle est une simple moyenne calculée sur l'ensemble d'une foule de formules recueillies dans les Ouvrages français et étrangers; nous nous sommes efforcé de simplifier les rapports et nous avons éliminé toute complication de fractions qui n'ont aucune valeur.

Avec des produits aussi purs qu'il est possible de se les procurer, on fait un collodion normal, en mettant dans un flacon d'un litre:

$$\text{Éther sulfurique rectifié à 62 degrés} \dots \quad 600^{cc}$$
$$\text{Coton-poudre} \dots \quad 10 \text{ à } 12^{gr}$$

On agite de manière à distendre toutes les fibres du coton; celui-ci ne doit pas se dissoudre même partiellement: ce serait l'indice que l'éther contient de l'alcool; d'autre part on mesure:

$$\text{Alcool rectifié à 40 degrés} \dots \quad 300^{cc}$$

et l'on ajoute cet alcool dans l'éther par petites parties en agitant chaque fois; on voit alors le coton se gonfler, se diviser de plus en plus et disparaître complétement.

En opérant comme nous le conseillons, on évite la formation de grumeaux gommeux que l'on aurait ensuite beaucoup de peine à dissoudre.

Ce collodion, mis au frais, se conserve très-longtemps.

Après vingt-quatre heures de repos, les parties non dissoutes se sont déposées au fond du flacon et l'on peut sans filtration décanter doucement la quantité que l'on veut iodurer.

La liqueur iodobromurée est composée de:

$$\text{Alcool absolu} \dots \quad 250^{cc}$$
$$\text{Iodure d'ammonium} \dots \quad 10^{gr}$$
$$\text{Iodure de cadmium} \dots \quad 10$$
$$\text{Bromure de cadmium} \dots \quad 10$$

Après solution parfaite, on filtre ou on laisse reposer au moins vingt-quatre heures ; on ajoute 10 centimètres cubes de cette liqueur iodobromurée pour 90 centimètres cubes de collodion normal, ce qui constitue pour 100 centimètres cubes de collodion la dose généralement admise de $0^{gr},80$ d'iodure et $0^{gr},40$ de bromure solubles, 60 centimètres cubes d'éther pour 40 centimètres cubes d'alcool, et de 1 à $1^{gr},20$ de coton. Si ce dosage donne des couches un peu trop transparentes à la sensibilisation dans le bain d'argent, on augmente la dose de liqueur iodobromurée.

Généralement, il faut ajouter dans ce collodion préparé une parcelle d'iode pour lui donner une teinte franchement ambrée ; si les premiers essais donnent un négatif piqué de petites comètes blanches ou noires, on y remédie de suite par une nouvelle parcelle d'iode dans le collodion. Si le négatif est enfumé, il faut employer le même remède ou acidifier très-légèrement le bain de nitrate d'argent, soit une à deux gouttes d'acide nitrique pour 500 centimètres cubes de bain. On doit cependant tâcher de reconnaître si le voile enfumé provient du collodion ou du bain pour appliquer le remède à l'un ou à l'autre. On essaye le bain de nitrate d'argent au papier de tournesol, et, s'il lui communique la plus légère teinte rouge, il est suffisamment acide : c'est le collodion qu'il faut traiter. Si, au contraire, le collodion a une teinte franchement ambrée et persistant pendant plusieurs jours, il est probable que le voile vient du bain d'argent.

Bain d'argent. — Dans le procédé au collodion humide, l'état du bain d'argent a une importance au moins aussi grande que la bonne qualité du collodion. S'il est facile de faire un bain d'argent excellent au début, en employant du nitrate d'argent pur ou du nitrate d'argent recristallisé, c'est-à-dire purifié par une seconde cristallisation dans l'eau distillée, comme le recommandent les opérateurs anglais, il n'est pas facile de le conserver longtemps à cet état, car les plaques collodionnées qui y sont plongées peuvent l'altérer rapidement en y introduisant des éléments étrangers dus, soit au coton qui s'y dissout partiellement, ainsi que l'a démontré M. Camuzet, soit aux impuretés de l'alcool ou de l'éther, soit enfin aux nitrates alcalins ou métalliques qui résultent forcément de la formation des iodure et bromure d'argent.

Parmi ces impuretés, celles qui ont la plus fâcheuse influence sont celles qui résultent des éléments organiques; mais ce sont aussi celles dont on peut se débarrasser le plus facilement par le procédé si simple de la solarisation, c'est-à-dire de l'exposition prolongée en pleine lumière et même au soleil. Nous pensons, conformément au conseil donné précédemment, que tout photographe doit avoir deux bains d'argent dont il se sert alternativement, utilisant l'un pendant que l'autre se purifie au soleil.

Sous l'influence des rayons lumineux, la majeure partie des matières organiques est brûlée par le nitrate d'argent qui est réduit en même temps, et de très-faibles quantités d'acide nitrique mises en liberté contribuent pour leur part à rendre les épreuves plus brillantes et plus pures.

Cette solarisation a un effet plus prompt si, avant d'exposer le bain à la lumière, on a eu le soin de le rendre légèrement alcalin, soit par un peu de carbonate de soude, soit par de l'oxyde d'argent; mais alors le bain ne peut revenir de lui-même à l'état acide, et il faudra l'acidifier par tâtonnements avant de s'en servir; il nous paraît préférable d'exposer le bain au soleil sans le modifier : la réaction se fait plus lentement, mais en restant dans de bonnes conditions.

Pour le bain d'argent, on donne comme dosage moyen :

$$\text{Nitrate d'argent pur et cristallisé} \dots \dots \dots \quad 7^{gr}$$
$$\text{Eau distillée} \dots \dots \dots \dots \dots \dots \dots \dots \dots \quad 100^{cc}$$

En hiver, on peut monter la dose de nitrate d'argent à 8 grammes pour 100 d'eau.

Lorsqu'il y a des poses prolongées, faites au collodion humide, il arrive fréquemment qu'il se produit au développement des réductions et des taches dues à une dessiccation partielle. Ces réductions se forment d'autant plus vite que l'on a employé un bain d'argent plus ancien, par conséquent plus alcoolique et plus chargé d'iodure d'argent.

Dans ces conditions, il est bon de sensibiliser la glace collodionnée dans un bain ordinaire, et, quand la réaction est complète, on passe la glace pendant quelques instants dans un second bain de même force que le premier, mais n'ayant que peu ou pas servi. Ce second bain n'étant ni alcoolique, ni chargé d'impuretés, la dessiccation se fait moins rapidement, et il devient possible de prolonger la pose sans qu'il se forme trop de réductions ; on peut aussi retarder l'évaporation en mettant dans la chambre noire une cuvette contenant un mélange d'eau et d'alcool à parties égales ou un buvard imprégné de ce même mélange ; l'atmosphère de la chambre noire se sature de ces émanations et il est possible d'obtenir une pose beaucoup plus longue.

Quelques opérateurs se préoccupent beaucoup de l'affaiblissement du bain d'argent par la sensibilisation d'un grand nombre de glaces ; nous croyons qu'il n'est pas nécessaire de s'en inquiéter, car 170 parties d'azotate d'argent sont décomposées par 182 d'iodure de cadmium, ou 144 d'iodure d'ammonium, ou 136 de bromure de cadmium, ou 98 de bromure d'ammonium, ces sels supposés anhydres. Si nous établissons une moyenne, nous voyons qu'à très-peu près, pour décomposer 1 gramme d'azotate d'argent, il faut 1 gramme des iodures et bromures dissous dans le collodion ; or, dans un litre de collodion, il y a (formule courante) 12 grammes d'iodure et bromure ; dans un litre de bain d'argent, il y a 70 à 80 grammes d'azotate ; il faudrait donc que le litre de collodion en entier passât dans le litre de bain d'argent pour que le titre de celui-ci baissât de 1 à $1\frac{1}{4}$ pour 100. Dans ces conditions, c'est le volume du bain d'argent qui diminue plus vite que son titre, et l'on sera sûr de rester dans les conditions normales, si, pour le ramener à son volume primitif, on fait la quantité de bain neuf nécessaire à 8 ou 9 pour 100 au lieu de 7 pour 100.

Néanmoins, dans le cas où l'on voudrait titrer le bain négatif, il ne faut pas avoir recours au pèse-sel, dont les indications seraient faussées par la présence de l'alcool, de l'éther et autres substances étrangères ; on peut employer les moyens que nous avons donnés page 407 et suivantes de la *Chimie photographique*.

Le titre du bain d'argent doit être proportionné aux quantités d'iodure et de bromure solubles que contient le collodion, un peu aussi à la nature du coton-poudre. Avec un bain trop faible, tantôt il se fait sur la glace une sorte de moiré mat irrégulier, des jaspures, que l'on aperçoit mieux par transparence après la sensibilisation ; ces jaspures se manifestent de préférence du côté de l'angle d'écoulement ; tantôt il se forme des raies mates, longues, régulières et serrées comme des dents de peigne ; ces raies commencent par le côté de la glace qui, le premier, est recouvert par la nappe liquide au moment de la sensibilisation ; elles s'avancent quelquefois au tiers et même à la moitié de la glace.

Lorsque ces accidents se sont produits, nous les avons toujours vu disparaître en ajoutant au bain 1 à 2 pour 100 de nitrate d'argent. Si le collodion est très-chargé de bromure soluble, ou même préparé au bromure seul, on doit employer des bains d'argent très-riches à 15, 18 et même 20 pour 100, sinon la double décomposition est excessivement longue : jusqu'à présent on a rarement employé les bromures seuls pour le collodion humide.

Mise au point. — La mise au point ordinaire, soit pour le portrait, soit pour le paysage, est facile : on doit, autant que possible, maintenir la chambre noire horizontale pour ne pas déformer les lignes ; il est donc préférable, pour l'atelier, d'avoir un pied qui puisse se baisser très-bas ou une sorte d'estrade pour élever le modèle ; pour le paysage, au contraire, il est souvent favorable d'avoir un pied qui puisse s'élever assez haut pour voir au-dessus d'une foule d'accidents de terrain qui apportent soit une gêne, soit même une impossibilité à la prise d'un point de vue ; mais, si rien ne s'y oppose, le meilleur est de prendre ce point de vue tel qu'on le voit, plutôt de bas que de haut.

Lorsqu'il s'agit de reproductions rigoureuses, la mise au point est plus difficile, car il faut satisfaire à une série de conditions indispensables que nous devons d'abord rappeler.

La glace dépolie, l'objectif et par conséquent les lentilles qui le forment doivent se trouver dans une série de plans parallèles ; lorsqu'on peut placer l'appareil verticalement, il est facile de s'assurer de ce parallélisme au moyen du fil à plomb. L'axe optique de l'objectif, c'est-à-dire la ligne imaginaire qui passe par le centre des diverses lentilles, doit tomber perpendiculairement sur le *milieu* de la glace dépolie, sur laquelle le point correspondant à cet axe optique sera marqué par l'intersection de deux lignes formant la croix. Pour connaître ce point d'une manière certaine, on couvre les deux lentilles de l'objectif avec deux papiers opaques percés d'une très-petite ouverture centrale correspondant au centre de chaque lentille, on obtient ainsi sur la glace dépolie un cercle lumineux, dont le centre est l'axe optique. La chambre noire doit être construite avec assez de soin pour que, dans les mouvements de la glace dépolie, il ne se produise pas de dérangement dans le parallélisme.

La chambre noire étant ainsi disposée par le seul fait d'une bonne construction, il est nécessaire que le sujet à reproduire, qui dans ces circonstances présente toujours une surface plane (gravures, cartes de géographie, tableaux, plans, etc.), soit placé devant la chambre noire, dans un plan parallèle à ceux de la glace dépolie et de l'objectif, et le milieu du sujet doit être le prolongement de l'axe optique sus-mentionné, si bien que la ligne droite, partant du point milieu de la glace dépolie, passant par le centre des lentilles de l'objectif, doit tomber perpendiculairement sur le point marqué comme étant le point milieu de l'image ou de la partie de l'image à reproduire.

M. Huguenin, chargé de la reproduction des Cartes géographiques pour l'Atlas des ports de France, nous a donné, pour la communiquer à la Société de Photographie, une excellente méthode pour chercher rapidement ces diverses conditions et vérifier si elles sont réalisées.

Il prend une petite glace ronde ou carrée de $0^m,10$ environ de diamètre ou de côté; au moyen de trois vis calantes fixées au dos, il règle l'aplomb de cette glace de telle sorte que, mise sur un plan, la face étamée soit parallèle à ce plan; ce miroir ainsi disposé servira pour toutes les reproductions.

On pose le miroir sur le milieu de la surface à reproduire, et, le maintenant dans cette position par une simple attache, on regarde sur le verre dépoli de la chambre noire.

Supposons que du premier coup les positions soient exactes et le parallélisme parfait, l'image de l'objectif se reflétera sur le milieu du miroir, et, comme les rayons qui forment cette image tombent perpendiculairement, ils seront renvoyés rigoureusement sur eux-mêmes, passeront par les lentilles de l'objectif et viendront former sur la glace dépolie une image ronde dont le centre sera le point marqué comme étant le prolongement de l'axe optique. Si, au contraire, le parallélisme n'est pas exact, l'image de l'objectif se fera sur la glace dépolie, en dehors du milieu tracé, et l'on devra rectifier ou faire rectifier la position du modèle jusqu'à ce qu'on ait réalisé les conditions voulues, ce à quoi l'on parvient très-rapidement.

Développement. — Pour le collodion humide, les formules de révélateur généralement employées n'ont pas subi de modifications notables ; c'est toujours la solution de sulfate de protoxyde de fer plus ou moins diluée. On a proposé un grand nombre de mélanges ou d'additions dans le bain de fer ; la gélatine, l'albumine, le sucre, le sucre de lait ont été préconisés tour à tour ; l'emploi de ces diverses formules donne peut-être plus de pureté dans les transparences du cliché, mais moins de rapidité. La formule que nous avons adoptée, parce qu'elle est à la fois simple et d'un bon emploi dans la pratique, est :

Eau ordinaire..............................	1000^{cc}
Acide pyroligneux (acétique ordinaire)......	50
Alcool....................................	50
Sulfate double de fer et d'ammoniaque.......	50^{gr}

Quelques praticiens proposent une solution plus étendue et ne mettent que 30 grammes de sulfate double de fer et d'ammoniaque pour 1 litre d'eau.

La quantité d'alcool doit être augmentée peu à peu, à mesure que le bain d'argent devient lui-même plus alcoolique ; on s'en aperçoit dès que la solution de fer mouille irrégulièrement la glace qu'on développe.

Si le révélateur produit des espèces de rayons partant du point où il a été versé pour s'étendre sur l'image, on doit ajouter un peu plus d'acide pyroligneux.

Lorsqu'on recherche les épreuves douces, très-développées et très-fouillées, il est bon de laver abondamment le cliché avec cette solution de sulfate de fer, en la versant à plusieurs reprises, de manière à éliminer l'excès d'argent ; l'épreuve se développe ainsi doucement sans que les grandes lumières prennent trop d'intensité. Après ce développement, qui est fait avec très-peu de nitrate d'argent, si l'épreuve n'atteint pas l'intensité désirable, on peut lui donner la vigueur avec un peu de solution d'argent très-faible à 2 ou 3 pour 100, additionnée d'alcool à 5 pour 100, et d'acide acétique à 5 pour 100, que l'on fait suivre d'une nouvelle nappe du bain de fer ci-dessus (*voir* pages 183 et 184 de la *Chimie photographique*). L'épreuve peut être renforcée soit avant le fixage, soit après, soit même après le vernissage ; mais il faut alors la dévernir avec beaucoup de soin ; dans ces conditions le renforcement ne se fait pas sans quelques dangers pour le cliché. Lorsqu'on emploie, après le fixage, des solutions de renforcement quelconques, il est nécesssaire que les lavages soient très-soignés et que les solutions de renforcement soient très-acides.

Il convient parfois d'avoir des négatifs très-vigoureux et en même temps très-purs : tel est le cas pour les reproductions de gravures, de plans, etc., surtout lorsque ces négatifs doivent ensuite servir pour les tirages aux encres grasses. On doit alors préférer les collodions vieillis, renfermant peu ou point de bromure et donnant au développement des images franchement heurtées; on doit poser juste le temps nécessaire pour obtenir tous les détails : l'excès de pose est nuisible, car il empâte les traits.

Mais le plus souvent, dans ces circonstances, les parties noires du cliché sont beaucoup trop transparentes, et il faut avoir recours à un renforcement énergique que l'on obtient par divers moyens. On doit rejeter ceux qui produiraient un nouveau dépôt d'argent abondant et grossier, tel que le sulfate de fer mélangé d'azotate d'argent; cette méthode amènerait rapidement l'empâtement des traits délicats ou un voile général sur l'épreuve.

On peut employer, comme moyen de renforcement, le bichlorure de mercure, soit seul, soit suivi d'autres réactifs, comme l'hyposulfite de soude, le sulfhydrate d'ammoniaque, ou mieux la solution de monosulfure de sodium à 5 pour 100; l'eau iodée donne aussi de bons résultats.

Sur le cliché fixé et bien lavé versez une solution saturée de bichlorure de mercure (cette substance, nommée aussi *sublimé corrosif*, est un poison très-énergique); l'eau en dissout à froid 7 grammes pour 100 centimètres cubes d'eau environ; on facilite la dissolution par quelques gouttes d'acide chlorhydrique : le premier effet est de rendre le cliché plus noir; on peut s'arrêter à ce moment. Si on laisse l'action continuer, peu à peu on voit l'image tourner au blanc bleuté; arrivée à ce point, on la lave bien et l'on peut substituer au bichlorure une solution d'hyposulfite de soude à 15 pour 100 qui ramène l'épreuve vers le noir. On peut aussi employer le sulfhydrate d'ammoniaque, mais à la condition d'opérer à l'air libre à cause de son odeur repoussante; le monosulfure de sodium, dont l'odeur est à peine sensible, le remplace avantageusement. Les vernis résineux alcooliques font tomber l'intensité de ces clichés; il faut les gommer et, s'il est nécessaire, les vernir par-dessus la gomme.

L'eau iodée peut donner un renforcement léger ou très-énergique, à la volonté de l'opérateur. Nous l'employons de la manière suivante :

On met dans un verre moitié eau et moitié eau iodée, faite suivant la formule :

Eau......................................	250^{cc}
Iodure de potassium......................	5^{gr}
Iode en paillettes........................	$1^{gr},25$

et le cliché bien fixé et bien lavé est couvert avec ce liquide que l'on verse et reverse plusieurs fois sur la glace, en ayant soin de changer chaque fois la place sur laquelle on verse, parce que le choc du liquide versé accélère l'action sur ce point en déplaçant l'eau dont le collodion est imprégné; on met toute son attention pour avoir une action régulière. On voit alors le cliché changer rapidement de teinte, parce qu'il se forme une quantité d'iodure d'argent qui va toujours croissant. On doit s'arrêter bien avant que l'épreuve passe au jaune, ce qui serait le résultat final : on se contente généralement d'un ton brun moins perméable aux rayons lumineux que le ton primitif de l'épreuve, on lave avec beaucoup de soin, on passe *rapidement* dans une solution très-faible d'hyposulfite de soude (5 pour 100 au plus); sans cette dernière précaution, le cliché se modifie peu à peu sous l'influence de la lumière et devient tellement opaque qu'on ne peut plus l'utiliser; cette propriété pourrait être employée, à la rigueur, comme moyen de renforcement, mais il serait peut-être difficile de l'arrêter au moment voulu. On arrivera à telle intensité que l'on voudra si, après avoir passé à l'eau iodée et avoir bien lavé, on couvre le cliché, en plein jour, avec la solution faible de nitrate d'argent acidulée préparée pour renforcer. L'iodure d'argent formé devient immédiatement sensible, car il y a iodure d'argent avec excès de nitrate, et l'épreuve remonte en la couvrant avec la solution pyrogallique acide formée de :

Eau......................................	250^{cc}
Acide pyrogallique........................	1^{gr}
Acide acétique, environ...................	10^{cc}

Ce nouveau développement se fait plus lentement et mieux si, au lieu d'acide pyrogallique seul, on emploie le mélange de :

Eau.		1000^{cc}
Acide gallique.		3^{gr}
» pyrogallique.		3
» acétique.	15 et même	30^{cc}

Ce révélateur, qui ne pourrait convenir pour le premier développement de l'image faite au collodion humide, parce qu'il serait beaucoup trop lent, convient au contraire très-bien toutes les fois qu'on veut remonter une épreuve; il se maintient limpide beaucoup plus longtemps et il est facile de surveiller son action.

Fixage. — Nous n'avons rien à dire du fixage, pour lequel nous préférons toujours l'hyposulfite de soude à 20 pour 100. Quelques auteurs ne craignent pas d'indiquer le cyanure de potassium et on l'emploie dans beaucoup d'ateliers, parce qu'il est plus commode, parce qu'il donne des épreuves plus éclatantes; en réalité il ronge facilement les demi-teintes, et si le dépôt d'argent qui forme l'épreuve prend plus d'éclat, si le négatif est plus séduisant par réflexion, il n'en est pas meilleur. C'est un produit des plus dangereux au moment de son emploi et dangereux encore par les suites qu'il amène : on doit autant que possible éviter son usage dans les opérations photographiques.

Vernis. — Le simple vernis à la gomme laque, formé de 10 parties de *bonne* gomme laque blonde pour 100 centimètres cubes d'alcool à 40 degrés, nous a toujours donné la satisfaction la plus complète au point de vue de la résistance à la chaleur et à l'action du nitrate d'argent; nous avons tel cliché qui tire depuis plus de dix ans sans être endommagé : aussi nous n'indiquons que cette formule en faisant la recommandation de bien laver le cliché avant de le vernir, pour éliminer toute trace d'hyposulfite de soude qui, sans cela, viendrait cristalliser comme un givre à la surface et perdrait l'épreuve, ensuite de bien sécher la couche de collodion et de ne chauffer la glace qu'à une douce température toujours très-supportable à la main.

Il arrive quelquefois, quand on a opéré avec des collodions vieillis ou altérés, lorsque les glaces n'ont pas été suffisamment nettoyées, qu'il se produit des réductions d'argent dans les parties claires du cliché; en séchant, ces parties deviennent irisées, et le plus souvent le collodion se soulève et se déchire en se détachant de la glace. Dans ces conditions, il est rare qu'on ait une bonne épreuve; il se peut néanmoins qu'on ait intérêt ou plaisir à la conserver telle quelle; il suffit alors, après un dernier lavage et égouttage, de passer sur le cliché à deux reprises une solution de gomme arabique à 10 pour 100; on laisse sécher et l'on vernit ensuite sans crainte de voir le collodion se déchirer. Il est bon d'avoir toujours sous la main cette solution de gomme prête pour tous services. On peut en faire à l'avance 1 litre qui se conserve, si on a la précaution d'y ajouter quatre à cinq gouttes d'acide phénique ou d'essence de girofle.

Modifications au procédé du collodion humide. — Nous plaçons ici entre les deux méthodes humide et sèche quelques considérations et quelques modifications données pour les préparations du collodion humide et ayant pour but d'augmenter en même temps la rapidité et la conservation de la préparation.

La présence du nitrate d'argent dans le collodion humide avait toujours été présentée comme une des plus puissantes causes d'accélération, parce qu'elle donne en quelque sorte, à l'état naissant, les sels sensibles iodure et bromure d'argent, et surtout parce qu'elle favorise l'action lumineuse par l'affinité de l'argent pour l'iode et le brome. On a laissé passer sans une suffisante attention un Mémoire du Dr Müller, lu devant la Société de Londres, sur le *Pouvoir diactinique ou transparence de certains corps pour les rayons chimiques de la lumière*. Dans le tableau qui accompagne le Mémoire publié en 1863, nous voyons que l'acide nitrique seul ou combiné est très-difficilement traversé par les rayons chimiques; c'est ainsi que le nitrate de potasse, le nitrate de soude, le nitrate d'argent retardent considérablement l'impression lumineuse [1] en arrêtant les rayons bleus et violets, et en ne laissant passer que les rayons les moins réfrangibles (rouge, orangé, jaune, vert).

Les essais faits en 1868 par M. le général Mongin [2], bien qu'ils n'aient

---

[1] *Bulletin de la Société française de Photographie*, année 1866, p. 232. — *La Photographie au point de vue chimique*; par M. SPILLER.
[2] *Bulletin de la Société française de Photographie*, année 1868, p. 72.

pas reçu alors toute l'attention qu'ils méritaient, étaient donc parfaitement logiques et s'appuyaient sur cette théorie ; par un simple lavage et en laissant les glaces dans l'eau distillée, M. Mongin les conservait pendant un temps indéterminé et il obtenait, même après dix jours de préparation, une sensibilité au moins égale, sinon supérieure, à celle des préparations au collodion humide ordinaire; dans ce procédé, les glaces couvertes d'un collodion iodobromuré, sensibilisées avec soin et bien lavées, sont mises dans une auge de gutta-percha disposée avec des rainures comme une boîte à glaces ; cette auge est renfermée elle-même dans un seau de même substance hermétiquement fermé. L'auge et le seau remplis d'eau distillée communiquent par quelques ouvertures, de manière à permettre aux mouvements de l'eau de se faire doucement. sans déchirer les couches sensibles.

Sutton fit un pas de plus dans cette même voie, et, dans une brochure publiée à Londres en 1873, il a résumé, sous le titre de *Nouveau procédé au collodion humide*, l'ensemble des essais faits par lui depuis 1868.

Il reconnaît que, pour accroître considérablement la sensibilité du collodion humide, il ne suffit pas d'éliminer le nitrate d'argent ; car, si on enlève un liquide rebelle à l'action lumineuse, on enlève également le corps capable d'accélérer la réaction par son affinité pour l'iode et le brome ; il faut donc après le lavage ajouter une substance organique possédant cette même affinité ou même accroître cette affinité en donnant à cette matière une réaction alcaline. En 1863, M. Bartholomew avait déjà conseillé l'emploi d'un préservateur alcalin, mais seulement pour les préparations sèches ; il donnait la formule :

$$\begin{array}{ll} \text{Gélatine}\dots\dots\dots\dots\dots\dots\dots & 2^{gr} \\ \text{Eau}\dots\dots\dots\dots\dots\dots\dots\dots & 250^{cc} \\ \text{Carbonate de soude}\dots\dots\dots\dots & 1 \text{ à } 5^{gr} \end{array}$$

C'est en suivant ces principes que Sutton publia une série de conseils et de formules qui ne sont pas encore entrés dans la pratique courante du laboratoire et qui pourtant méritent de sérieux essais.

Formules. — Faire un bon collodion normal avec la quantité de coton convenable, de l'éther anhydre et de l'alcool très-concentré, y ajouter $2^{gr},30$ de bromure de cadmium desséché ; il est nécessaire que la couche soit très-opaque pour avoir toute sa sensibilité. Le bain d'argent doit être fait avec du nitrate très-pur et neutre à la dose de 16 grammes pour 100 centimètres cubes d'eau au moins; on y ajoute une ou deux gouttes d'acide nitrique par 100 centimètres cubes du bain pour neutraliser l'oxyde d'argent libre qu'il pourrait contenir; la glace plongée dans ce bain y reste le temps nécessaire pour que la double décomposition puisse s'opérer : on ne doit pas craindre de la laisser trop longtemps, l'essai ayant démontré qu'elle était encore très-bonne après vingt-quatre heures d'immersion.

Après la sensibilisation, on lave la glace avec soin dans l'eau de pluie ou dans l'eau distillée et on la place dans une grande cuvette ou une auge à rainures où elle demeure jusqu'au moment de l'emploi.

Lorsqu'on veut utiliser la glace, on la retire de la cuvette, on la rince sous un filet d'eau de pluie ou d'eau distillée, on égoutte et l'on choisit la solution organique de recouvrement suivant la sensibilité que l'on veut obtenir.

Si l'on ne cherche pas une extrême rapidité, on fait le recouvrement avec 1 partie d'albumine additionnée de 3 à 6 parties d'eau; si l'on veut le plus haut degré de sensibilité, on prend $0^{gr},60$ de bonne gélatine (gélatine de Nelson), que l'on fait dissoudre dans 100 centimètres cubes d'eau distillée; on y ajoute $0^{gr},20$ de carbonate de soude. Ces solutions doivent être employées fraîches; elles ne se conservent ni l'une ni l'autre.

Si l'on ne doit pas employer la glace immédiatement, si on veut la conserver quelques heures, soit avant, soit après l'exposition, il suffit de remplacer par de la glycérine pure la moitié de la quantité d'eau indiquée; la glace se conserve en très-bon état pendant vingt-quatre heures au moins; avec ces préparations, on obtient une sensibilité bien supérieure à celle du collodion humide.

Pour le développement, on prépare les solutions suivantes :

1° Bromure de potassium.................... 1^{gr}
    Eau distillée............................. 100^{cc}
2° Ammoniaque liquide concentrée............ 1^p
    Eau distillée...... .... 1^p

Mettez dans un verre gradué 30 centimètres cubes d'eau pure, deux gouttes de la solution de bromure de potassium n° 1 et $0^{gr},10$ d'acide pyrogallique (environ). Lavez la glace à l'eau distillée, ajoutez au mélange ci-dessus une goutte ou deux de la solution ammoniacale n° 2, versez doucement sur la glace et promenez une minute ou deux sur toute la surface : l'image apparaîtra avec une légère teinte rougeâtre. Ajoutez dans le verre une goutte de bromure de potassium, une goutte d'ammoniaque, mélangez avec le révélateur, versez de nouveau sur la glace et répétez cette opération jusqu'à ce que l'image soit suffisamment intense. N'ajoutez l'ammoniaque que par gouttes avec beaucoup de précaution pour ne pas voiler l'image d'une manière irréparable. **En doublant les doses, on peut diminuer de moitié le temps nécessaire au développement, mais on augmente proportionnellement les tendances de l'image à se couvrir d'un voile général.**

On lave, on fixe, on lave bien de nouveau et l'on remonte l'épreuve avec les procédés usuels s'il est nécessaire.

ÉPREUVES NÉGATIVES SUR PRÉPARATIONS SÈCHES.

Quelque nombreuses et ingénieuses qu'aient été et que soient encore les diverses inventions pour opérer au collodion humide en pleine campagne, il est peu d'opérateurs, à part les photographes de profession, qui ne préfèrent les procédés secs.

Mais ces procédés ont aussi leurs inconvénients et l'on est encore à la recherche d'un collodion sec réunissant la facilité des manipulations et la rapidité du collodion humide.

Les défauts du collodion sec, à moins qu'il ne soit employé par des mains très-expérimentées, sont en général plus de lenteur dans l'impression, un peu de sécheresse dans l'ensemble, une opposition trop accentuée entre les clairs et les ombres, souvent le manque partiel ou total d'adhérence de la couche sensible sur la glace, l'impossibilité de connaître immédiatement le succès ou l'insuccès; enfin les préparations et le développement demandent plus de soin et plus de temps que pour le collodion humide.

Nous pouvons dire, d'une manière générale, qu'actuellement on remédie à la plupart de ces défauts; mais cependant il n'a pas encore été possible de s'arrêter à un procédé fixe, unique, qui puisse, comme le collodion humide, réunir tous les avantages; de là un nombre considérable de procédés très-différents les uns des autres, parmi lesquels nous choisirons les principaux; pour l'étude des autres, nous renvoyons aux diverses publications périodiques, comme le *Bulletin de la Société française de Photographie*, le *Moniteur de la Photographie*, le *Bulletin belge*, etc., dans lesquels nos lecteurs trouveront tous les renseignements et une abondance de formules souvent semblables, dont la multiplicité nuirait à la clarté désirable de notre Ouvrage.

MODIFICATIONS GÉNÉRALES.

Nous comprenons sous ce titre les modifications qui peuvent être appliquées aux procédés secs, quels qu'en soient d'ailleurs la formule et l'ensemble, et dont le but est d'atténuer ou même de corriger complétement les défauts que nous venons de signaler. Ces modifications comprennent l'emploi des couches minces préalables ou des réserves faites sur les bords pour maintenir l'adhérence des couches sensibles sur la glace, la substitution des bromures employés seuls ou en très-forte proportion pour obtenir à la fois plus de sensibilité et plus d'harmonie, l'addition de substances solubles tendant au même résultat, le développement alcalin au lieu du développement acide, etc.

Adhérence des couches sensibles. — Les soulèvements, les ampoules, les déchirements, qui se présentaient si souvent dans les procédés secs et constituaient un de leurs plus graves inconvénients, sont évités entièrement par l'emploi des couches minces préalables ou le polissage au talc; on les évite partiellement par l'emploi des bandes de vernis ou de corps gras appliqués sur les bords de la glace.

1° Le polissage au talc peut être indiqué comme le procédé le plus commode et peut-être le plus sûr; lorsque la glace est nettoyée à la manière ordinaire, on prend soit un polissoir en peau de daim, semblable à celui dont on se servait autrefois pour les plaques daguerriennes, soit un fort tampon recouvert de peau de chamois; on en saupoudre la surface avec un peu de poudre de talc (vulgairement craie de Briançon, poudre à bottes, poudre à gants), on brosse l'excédant et on passe le polissoir sur la glace trois ou quatre fois en tous sens, jusqu'à ce qu'on le sente glisser comme sur une surface savonnée; le polissoir préparé sert pour les autres glaces en y projetant chaque fois une minime quantité de talc. Nous avons essayé ce moyen sur deux cents glaces sèches préparées par le procédé Taupenot : pas une seule n'a présenté de soulèvement. Ce procédé, indiqué par M. Chardon, est donc excellent; mais nous saurions d'autant moins en expliquer la cause qu'il est aussi employé dans un but complétement opposé. En effet, lorsqu'on veut décoller les clichés sur gélatine ou émailler des épreuves positives, on recommande encore l'emploi de la poudre de talc pour faciliter la séparation du collodion et de la glace.

2° Les couches minces préalables permettent d'obtenir le même résultat; on emploie dans ce but soit la gélatine, soit l'albumine très-étendue; mais, la gélatine ayant sur les bains d'argent une action plus fâcheuse que l'albumine, nous préférons l'emploi de cette dernière, dont la préparation est moins longue que celle de la gélatine.

On prend deux blancs d'œufs sur lesquels on verse 1 centimètre cube d'acide acétique cristallisable, préalablement étendu de 20 à 30 centimètres cubes d'eau distillée, on agite le mélange pendant une ou deux minutes avec une baguette de verre, l'albumine devient très-fluide; on l'étend de 1 litre d'eau distillée, il se sépare une foule de filaments blanchâtres insolubles; on filtre, et le liquide est bon pour l'usage: il ne se conserve que peu de temps, de deux à huit jours, suivant la température.

Au moment de s'en servir, on filtre une large quantité de cette solution albumineuse dans un vase à bec, tel qu'un verre à expériences ou un vase à précipité, ou tout autre, et l'on recommence la filtration, qui se fait très-rapidement, jusqu'à ce que le liquide, regardé par transparence, ne présente aucun grain de poussière; on enlève les moindres bulles qui pourraient se trouver à la surface, au moyen d'un fragment de papier propre et, sur la glace préalablement bien nettoyée et passée au blaireau, on verse le liquide qui doit s'étendre comme le collodion; on aide l'extension, s'il est nécessaire, avec une baguette de verre bien propre, et on reverse l'excédant dans un large entonnoir muni de son filtre et posé sur un second vase à bec, de manière à trouver de nouveau un liquide prêt à servir quand celui de la première filtration est épuisé. La glace est posée sur un égouttoir en porcelaine bien propre ou directement sur le séchoir. Cette opération est si facile qu'en moins d'une heure on peut couvrir ainsi une cinquantaine de glaces qui sont sèches une ou deux heures après, suivant le milieu dans lequel elles sont placées et elles se conservent ensuite indéfiniment, prêtes à recevoir les autres préparations.

Dans la préparation de l'albumine, on a employé l'acide acétique qui laisse une légère réaction acide, ce qui n'a aucun inconvénient. Cependant on peut saturer cet acide par un excès d'ammoniaque pure : le liquide s'étend mieux sur la glace ; l'acidité ou l'alcalinité ne paraît avoir aucune action sur les opérations suivantes, la sensibilisation des glaces sèches se faisant toujours dans des bains acides.

Si, cependant, on devait opérer dans les conditions du collodion humide, le mieux serait de ramener le liquide à l'état de neutralité par une goutte ou deux d'ammoniaque s'il est acide, une goutte ou deux d'acide acétique s'il est alcalin, ce qui est facile à vérifier dans les deux cas avec un peu de papier de tournesol : le bleu devient rouge par l'acide, le rouge devient bleu par l'alcali, et ni l'un ni l'autre ne change dans un liquide neutre.

L'emploi de glaces ainsi préparées est tellement commode pour éviter toutes taches et tout soulèvement qu'il a été conseillé pour toutes les préparations, même pour le collodion humide ; seulement il faut se rappeler qu'alors il sera très-difficile, sinon impossible, de détacher le cliché et de l'enlever de la glace au moyen de la pellicule de gélatine.

Quelques opérateurs préfèrent à l'albumine l'emploi d'une légère solution de caoutchouc dans le chloroforme ou la benzine. Nous reprocherons seulement à ce procédé d'être plus coûteux, de donner des surfaces poissantes qui retiennent la poussière bien plus que l'albumine sèche, et d'introduire dans le collodion que l'on verse à leur surface des matières résineuses inutiles et probablement nuisibles.

3° Le vernissage des bords de la glace est indiqué dans les traités de collodion sec, entre autres pour le procédé au tannin, lorsque la couche de collodion a une tendance d'autant plus grande à quitter les bords de la glace que les bains successifs ont été plus acides ; on maintient alors la pellicule au moyen d'une légère bande de vernis appliquée sur les bords du collodion. Ce moyen ne vaut pas le précédent, parce qu'il arrive souvent que le collodion peut avoir soit une déchirure, soit une simple piqûre inaperçue ; le liquide révélateur pénètre alors par ce point : tantôt il soulève la couche partiellement et il se produit une tache résultant d'un développement par les deux faces ; tantôt le liquide soulève la couche tout entière et celle-ci, retenue seulement par les quatre bords, fait une poche très-difficile à laver, qui se déforme, quelquefois même crève tout d'un coup au grand détriment de l'épreuve.

Si, malgré ces inconvénients, on croit devoir se contenter de vernir les bords de l'épreuve, on peut employer soit un peu de vernis, vendu dans le commerce sous le nom de *vernis au pinceau*, soit une faible solution de caoutchouc dans la benzine, ou le vernis à la gomme laque; on l'applique sur les bords du collodion avec un pinceau, de manière à former une bande de 2 ou 3 millimètres. Un procédé plus simple, employé par M. Franck de Villecholles, consiste à graisser les bords de l'épreuve; il se contente de passer tout autour un peu de suif au moyen d'une chandelle, ce qui réussit aussi bien que le vernis.

Emploi des préparations bromurées. — De l'ensemble des diverses recherches faites sur le bromure d'argent formé en présence d'un excès de nitrate d'argent, qu'on enlève ensuite par les lavages, il semble résulter que le bromure d'argent est plus sensible que l'iodure à de faibles rayons lumineux, qu'il est plus facilement impressionné par les rayons verts, qu'il ne se solarise pas, ou du moins se solarise difficilement par un excès de pose, tandis que l'iodure d'argent pur est rapidement solarisé, que l'impression lumineuse sur le bromure d'argent est développée par une solution gallique ou pyrogallique alcaline, tandis que l'iodure d'argent ne donne que de faibles traces d'image (Clouzard), ou même n'en donne aucune, les faibles traces pouvant être attribuées à de minimes quantités de bromure contenues accidentellement dans l'iodure; que la rapidité du bromure d'argent, employé seul pour la préparation des glaces sèches, est plus grande que celle de l'iodure d'argent seul, lorsqu'on emploie le développement alcalin.

Mais, à côté de ces propriétés très-favorables, le bromure d'argent présente quelques inconvénients.

Lorsqu'un bromure soluble est dissous dans le collodion, il ne se transforme que très-difficilement en bromure d'argent; le bain sensibilisateur doit être à un titre exceptionnel, s'élevant jusqu'à 18 et 20 grammes pour 100 centimètres cubes d'eau. La double décomposition dans le bain ne s'opère qu'avec une extrême lenteur: la glace collodionnée doit y séjourner au moins un quart d'heure. Il est difficile d'obtenir des couches régulières, et, malgré le soin avec lequel divers opérateurs ont donné leurs formules, de nombreux insuccès ont retardé la généralisation des procédés au bromure seul.

Aussi, dans les formules les plus usitées, dans celles dont l'application est la plus facile, tout en donnant régulièrement des épreuves satisfaisantes, on emploie le mélange de l'iodure et du bromure, et, pour le collodion sec comme pour le collodion humide, nous verrons que le mélange est fait le plus souvent dans des proportions de deux tiers d'iodure pour un tiers de bromure.

Lorsqu'on voudra, dans un procédé quelconque, employer les bromures seuls, il faut se rappeler qu'il est nécessaire d'incorporer dans le collodion une dose considérable de bromure soluble pouvant s'élever jusqu'à 3 pour 100 ; il faut surtout faire usage de bromures solubles dans le mélange d'alcool et l'éther : tels sont le bromure de cadmium, le mélange de bromure de cadmium et d'ammonium, tandis que le bromure de potassium est presque insoluble. Le titre du bain d'argent doit s'élever d'autant plus que la dose de bromure est plus considérable ; le préservateur sera de préférence le tannin ou ses dérivés (acide gallique ou pyrogallique) ; si l'on veut une grande sensibilité, la quantité de bromure d'argent formé dans la couche doit être assez épaisse pour que celle-ci présente presque l'opacité d'une plaque de porcelaine : la préparation doit être faite en prenant les plus grandes précautions contre l'action de la lumière, même contre la lumière jaune, qui doit être aussi faible que pourront le permettre les nécessités des manipulations, et aussitôt que la glace sera sensibilisée, on la mettra dans une obscurité complète.

Lorsqu'on a le gaz à sa disposition dans l'atelier, il est assez facile d'obtenir la lumière jaune monochrome, qui n'aura qu'une action excessivement faible sur les préparations ; il suffit d'introduire dans la flamme d'un bec de Bunsen un petit panier en fil de platine dans lequel on a placé un fragment de chlorure de sodium fondu ; il est probable que, si l'on mêlait au chlorure de sodium un peu de chlorure de strontium qui, isolé, donnerait une lumière rouge, on ferait la couleur jaune orangé, moins active encore que le jaune pur.

Développement alcalin. — Ce mode de développement, qui a suivi de près le procédé dit *au tannin*, constitue sur les solutions révélatrices acides une amélioration telle, que nous pensons qu'il doit toujours lui être substitué. Il permet de diminuer considérablement le temps de pose, dans la proportion d'un tiers et même de moitié pour les procédés employés couramment ; les clichés obtenus sont moins facilement heurtés, l'apparition de l'image se fait rapidement avec beaucoup de modelé : seulement le plus souvent l'épreuve reste trop légère pour pouvoir donner un bon positif ; mais il est facile de la remonter en faisant succéder convenablement au révélateur alcalin le révélateur acide, additionné d'un peu de nitrate d'argent. Quelquefois l'épreuve est voilée, soit par excès de pose, soit par excès de sensibilité, soit parce que la surface sensible a retenu quelques traces de nitrate d'argent, soit parce que la solution alcaline est trop concentrée. Pour parer à ces défauts, on ajoute à la solution une très-minime quantité de bromure de potassium, qui maintient la pureté de l'image, mais ralentit le développement. La quantité toujours très-petite du bromure de potassium doit être augmentée proportionnellement si, d'après un premier essai, on voit que les glaces préparées dans les mêmes conditions doivent être préservées d'une manière plus énergique.

Jusqu'à présent on n'a pas encore suffisamment étudié la théorie du développement de l'image par la solution révélatrice alcaline ; il est connu en Chimie que le tannin et ses dérivés (acide gallique, pyrogallique, etc.) deviennent très-avides d'oxygène, sont des réducteurs puissants, lorsqu'ils sont mélangés à une solution alcaline, ammoniaque, potasse, soude ou carbonate de ces alcalis, etc. ; ils réduisent instantanément le nitrate d'argent et, si l'on voulait les utiliser comme révélateurs dans les conditions d'une épreuve contenant encore quelques traces de nitrate d'argent, l'image serait complétement voilée et perdue. C'est pour cela que l'habitude fut prise d'employer les révélateurs acides, qui, beaucoup moins énergiques, n'ont pas d'action visible sur le bromure et l'iodure d'argent même impressionnés par la lumière. Dans ces conditions, ils ne développent l'épreuve qu'autant qu'ils se trouvent mélangés de nitrate d'argent libre dont les molécules réduites lentement se portent sur les points touchés par la lumière et dessinent l'image conformément à la théorie que nous en avons donnée.

Dans le développement alcalin, l'action n'est plus la même, le pouvoir réducteur est augmenté, et il y a lieu de croire, jusqu'à ce qu'il soit fait un travail concluant, que cette réduction se porte sur le bromure, peut-être même un peu sur l'iodure d'argent ; le bromure est très-probablement ramené à l'état métallique en quantité proportionnelle à l'action de la lumière et il ne paraît pas qu'aucun élément puisse venir former dépôt et augmenter l'intensité des noirs ; aussi l'épreuve faite sur des couches sensibles opalines reste-t-elle légère et incapable de donner un bon positif, si elle n'est convenablement remontée au révélateur acide, tandis que celles qu'on obtient avec des couches opaques de bromure d'argent peuvent être amenées à l'intensité voulue par le révélateur alcalin seul, parce que celui-ci agit sur une épaisseur de bromure beaucoup plus considérable. Avouons que, malgré les recherches théoriques faites de côté et d'autre, l'action *latente* de la lumière sur les sels d'argent n'est pas encore suffisamment expliquée ; elle dérive certainement d'une loi générale qui régit le bromure, l'iodure et le chlorure d'argent (ou autres sels), loi qui procède d'une action réductive, mais que nous ne pouvons encore préciser.

Les formules de solutions alcalines révélatrices sont nombreuses, le plus souvent compliquées d'une manière qui nous semble inutile : nous en donnons ici une fort simple, avec laquelle on obtient de bons résultats ; et plus loin, en décrivant divers procédés de collodion sec, nous laisserons à chacun de ces procédés la formule alcaline donnée par son auteur, tout en faisant remarquer que tous ces procédés pourraient marcher avec une formule alcaline qu'on aurait choisie, et que toutes les formules alcalines pourraient être appliquées à un même procédé.

On prépare les solutions suivantes :

$1°$ Carbonate d'ammoniaque............ 10^{gr}
Eau.......................... 1000^{cc}
Bromure de potassium.............. $0^{gr},10$
$2°$ Acide pyrogallique.................. 10^{gr}
Eau.......................... 1000^{cc}

Le n° 1 se conserve très-longtemps sans altération, le n° 2 s'altère beaucoup plus vite, même avec l'eau distillée ; il serait bon de ne le préparer que pour quelques jours.

Développement au carbonate d'ammoniaque. — Mettez la glace à développer dans une cuvette à fond de verre, dans laquelle vous ferez suivre successivement toutes les opérations sans qu'il soit nécessaire de retirer cette glace.

On commence par mouiller l'épreuve avec la quantité d'eau distillée nécessaire ; cette eau reversée dans un verre peut servir pour toute une série de glaces.

Sur la glace mouillée et égouttée, on verse la quantité nécessaire pour la couvrir d'un mélange fait au moment et à parties égales du n° 1 et du n° 2, puis on balance la cuvette et l'on regarde venir l'image ; aussitôt qu'elle paraît suffisamment accusée dans toutes ses parties et avant qu'elle ne s'égalise d'une teinte générale, on rejette le liquide alcalin, on égoutte et, sans qu'il soit nécessaire de laver, on verse une même quantité de la solution acide :

Eau.............................	1000^{cc}
Acide gallique...................	3^{gr}
Acide pyrogallique...............	3^{gr}
Acide acétique cristallisable.....	15^{cc}

L'acide acétique de cette solution sature immédiatement toute l'alcalinité de l'opération précédente, et l'épreuve peut subir sans danger le contact du nitrate d'argent. On met alors dans un verre quelques gouttes d'une solution d'argent à 3 ou 4 grammes pour 100 centimètres cubes d'eau distillée, on y déverse la solution qui est dans la cuvette et l'on reverse le tout sur la glace ; si l'on est dans les conditions convenables de pose et de préparation, l'image monte rapidement : on l'arrête au moment voulu.

Nous croyons le carbonate d'ammoniaque préférable à la solution d'ammoniaque indiquée par un grand nombre d'opérateurs, parce qu'il a moins de tendance à voiler l'épreuve et parce que le titre d'une solution d'ammoniaque est excessivement variable, qu'il est ennuyeux, sinon difficile, de le vérifier, et que dans ces conditions les dosages sont moins exacts qu'avec le carbonate d'ammoniaque toujours facile à peser.

Nous avons essayé de remplacer le carbonate d'ammoniaque par un autre produit plus ordinaire, plus stable, qu'il est possible de se procurer facilement en toutes circonstances ; ce produit est le sucrate de chaux, il nous a donné d'excellents résultats, on le prépare et on l'emploie de la manière suivante :

On prend un morceau de chaux vive que l'on éteint en le plongeant dans l'eau et le maintenant plongé jusqu'à ce qu'il ne se dégage plus de bulles d'air, on le retire alors et on le met sur une assiette ou toute autre surface propre. La combinaison de la chaux et de l'eau s'effectue avec un grand dégagement de chaleur et de vapeur et il en résulte une poudre blanche, sèche, très-fine, qui est la chaux éteinte (hydrate de chaux).

On prend, d'autre part, une solution d'eau sucrée contenant 10 grammes de sucre pour 100 centimètres cubes d'eau, on y ajoute de la chaux éteinte en quantité suffisante pour qu'il en reste un notable excès insoluble après agitation. L'excès de chaux tombe au fond du flacon et le liquide limpide qui surnage constitue le sucrate de chaux. Cette solution mise dans un flacon bien bouché se conserve indéfiniment pour l'usage ; il suffit de l'agiter à de longs intervalles pour que sa composition reste constante. Son prix est presque nul ; pour le développement on y ajoute un peu de bromure de potassium ; soit la formule :

Eau.......................... 100^{cc}
Sucre blanc.................... 10^{gr}
Chaux éteinte.................. (un excès)
Bromure de potassium........... 1^{gr}

D'autre part, on fait une solution de :

Acide pyrogallique.............. 1^{gr}
Eau distillée.................. 100^{cc}

On commence par laver la glace à l'eau distillée ; on verse cette eau de lavage dans un verre gradué, pour 100 centimètres cubes, on ajoute 5 centimètres cubes de sucrate de chaux et l'on reverse le mélange sur l'épreuve.

Le plus souvent le préservateur contenait de l'acide gallique ou pyrogallique ou du tannin, alors l'image commence à apparaître ; on ajoute au liquide 4 à 5 centimètres cubes de la solution pyrogallique : l'épreuve s'accentue avec rapidité, le liquide noircit presque immédiatement, mais l'image lavée reste très-pure. On la renforce comme il est dit ci-dessus. Ce procédé donne des épreuves très-fouillées dans tous les détails.

Le sucrate de chaux nous a parfaitement réussi dans le développement des épreuves au collodion albuminé (procédé Taupenot) et souvent lorsque l'image n'apparaissait qu'à peine sous le révélateur au carbonate d'ammoniaque, il a suffi d'y ajouter quelques centimètres cubes de sucrate de chaux pour la faire complétement sortir en quelques secondes.

MANIPULATIONS GÉNÉRALES DES PROCÉDÉS SECS.

Dans les procédés qui vont suivre, les opérations sont en quelque sorte toujours les mêmes ; elles se succèdent dans le même ordre, doivent être faites avec les mêmes précautions : les formules seules changent plus ou moins. Nous pensons donc préférable de compléter ici les renseignements nécessaires sur ces opérations, afin qu'après avoir encore répété en détail les manipulations pour un ou deux procédés nous n'ayons plus pour les autres qu'à indiquer les formules.

Le nettoyage des glaces est le même que pour le collodion humide (*voir* (p. 10 et 11), et le plus souvent il faut chercher à remédier aux soulèvements et déchirements de la couche sensible par les méthodes indiquées (p. 27); puis, sur la surface convenablement préparée, on étend le collodion.

Dans tous les procédés secs, le collodion doit, autant que possible, donner une couche pour ainsi dire poudreuse, c'est-à-dire sans ténacité, sans élasticité, telle qu'elle résulte de l'emploi d'un pyroxyle très-désagrégé par les acides ; la couche obtenue sera, après dessiccation, plus poreuse, moins imperméable aux réactifs qui doivent développer l'image. Les collodions vieillis rentrent dans ces conditions; il se fait, par le temps et sous l'influence des réactifs, un travail de désagrégation des molécules du coton-poudre; aussi voyons-nous dans maintes formules la recommandation, comme condition de succès, de laisser vieillir le collodion préparé pendant plusieurs semaines et même plusieurs mois; cependant, lorsque le coton-poudre est dans les conditions demandées, on peut très-bien employer un collodion nouvellement préparé.

L'extension de la couche doit être faite avec plus de soin que pour le collodion humide, dont la masse spongieuse permet aux réactifs d'en pénétrer largement et facilement l'épaisseur : les réactions se font alors plus vite et les défauts ne s'accusent pas ; mais, dans le collodion sec, le développement se fait avec plus de difficulté, et les défauts de la surface, tels que moutonnages, jaspures, rides, etc., s'accentuent d'une manière presque certaine.

On doit également attendre un peu plus longtemps avant de passer la glace dans le bain sensibilisateur : la couche de collodion prend alors plus de cohésion et a moins de tendance à se détacher.

Le bain d'argent, d'après l'ensemble général des formules données, doit être franchement acide ; comme ce bain est suivi de lavages très-soignés, il ne paraît pas que cette acidité soit nuisible ; d'autre part elle facilite beaucoup la pureté des glaces et retarde la formation de précipités qui donnent à la couche sensible un aspect poudreux et criblent l'image de points à jour. Le bain doit être filtré dès que le liquide commence à se troubler ; généralement il peut servir pour douze ou quinze glaces sans qu'il soit nécessaire de le passer sur le filtre. Comme on doit éviter le plus possible de toucher directement la glace avec les doigts, autant pour ne pas les noircir que pour éviter le contact de la couche sensible avec des matières étrangères, on relève la glace de la main droite avec le crochet et l'on en saisit l'angle avec la main gauche, mais en interposant, entre le pouce et l'index, un petit fragment de papier qui seul a le contact du liquide et que l'on jette ensuite. La glace soutenue par le crochet et les deux doigts est mise à égoutter ; on la reprend de la même manière pour la plonger dans la cuvette de lavage.

Le mode de lavage dépend beaucoup de la facilité avec laquelle on peut se procurer et disposer l'eau convenable. La qualité de l'eau a une influence sur le résultat final. Lorsque les eaux sont trop chlorurées ou carbonatées, si elles ont passé sur des surfaces cimentées, elles empâtent les épreuves et donnent de mauvais résultats ; si elles contiennent de l'acide carbonique libre en proportion notable, ce qu'on reconnaît facilement quand l'eau, abandonnée dans un verre pendant la nuit, tapisse les parois de bulles gazeuses, elles ralentissent considérablement la sensibilité (du moins d'après notre expérience) ; si elles sortent d'un réservoir contenant des détritus organiques, elles produisent le plus souvent des voiles ; il est donc prudent, même après une analyse sommaire faite avec les réactifs ordinaires, de vérifier par l'expérience de quelques glaces la qualité des eaux communes du pays où l'on opère ; des eaux d'apparence pure sont quelquefois détestables ; d'autres peuvent être, comme l'eau de la Seine, chargées de quelques sels et pourtant bien réussir pour certains procédés comme le collodion albuminé, et ne pas réussir pour d'autres comme le tannin : l'expérience directe sera le meilleur guide.

Dans le doute il est préférable d'employer l'eau distillée ou l'eau de pluie récoltée avec soin, c'est-à-dire quand une grande averse a suffisamment lavé les toits et les conduits, et quand le réservoir en zinc (et non en ciment) a été nettoyé avec soin.

Le mode de lavage varie suivant la manière dont on peut distribuer l'eau ; mais supposons les conditions les plus défavorables, celles où, n'ayant ni réservoir, ni conduit, ni provision, on prend l'eau distillée dans une tourie et l'on cherche à l'employer avec économie. On place alors trois cuvettes à la suite l'une de l'autre, on filtre dans chacune la quantité d'eau nécessaire pour baigner largement chaque glace. A la sortie du bain d'argent la glace est posée diagonalement face en dessus, l'angle inférieur dans un gros verre commun présentant une base solide, et l'angle supérieur appuyé contre le mur garni d'un papier (un journal déployé, assujetti avec deux épingles, fait parfaitement l'affaire). On a ainsi un égouttage plus complet procurant un lavage meilleur, plus économique et plus rapide.

Après quelques minutes la glace est mise dans la première cuvette, agitée à plusieurs reprises et abandonnée pendant le temps nécessaire pour en sensibiliser une seconde. En retirant la glace du premier lavage, on la fait également égoutter dans un verre, puis passer dans la seconde cuvette, égoutter de nouveau et passer dans la troisième, égoutter encore et l'on rince à la pissette. Ce rinçage, fait au-dessus de la dernière cuvette, laisse une eau suffisamment pure pour être employée aux lavages. Lorsque l'eau de la première cuvette devient trouble et blanchâtre par suite de la précipitation d'un peu d'iodure d'argent, on la met aux résidus, on avance les autres cuvettes d'un rang; la première est mise la dernière et reçoit les eaux de la pissette qui sont bientôt en volume suffisant pour baigner complétement la glace. Ce lavage méthodique est à la fois sûr et économique.

Après les lavages on verse les préservateurs qui, tous ou presque tous, auraient une action sur le nitrate d'argent et seraient une cause de taches, de voiles et d'accidents de toutes sortes, s'il en venait la moindre trace en contact, soit avec le bain d'argent lui-même, soit avec les glaces encore

ÉPREUVES NÉGATIVES SUR PRÉPARATIONS SÈCHES. 39

imparfaitement lavées; et, comme le préservateur doit être versé sans économie sur une glace déjà mouillée de tous côtés, il est impossible que les mains n'en soient pas imprégnées. Si l'on travaille avec un aide, la manipulation est très-simplifiée, parce que l'un des deux touche seul au préservateur; à défaut d'aide, il est bon de faire de suite le lavage de trois à quatre glaces sur lesquelles on verse successivement le liquide préservateur. On se lave ensuite les mains avec soin et l'on recommence l'opération; quelque manière que l'on adopte, il faut que les mains touchées par ce liquide n'en conservent plus traces avant de reprendre la sensibilisation et le lavage de nouvelles glaces.

Ces opérations faites, on doit procéder au séchage; les glaces doivent sécher régulièrement, rapidement, à l'abri de la poussière et dans une position telle que pas un point de la surface sensible ne soit en contact avec le support; car le point de contact entretient un reste d'humidité qui, suivant les positions, fait des traînées ou des retours dont la sensibilité différente se traduit par des taches sur le cliché.

Notre séchoir est des plus simples : sur la ligne médiane d'une planche de $0^m,40$ à $0^m,50$ de long, sur $0^m,15$ à $0^m,20$ de large, on visse ou l'on plante verticalement des bâtons de bois ou de verre dont la hauteur égale le petit côté des glaces employées, soit par exemple $0^m,27$ pour les glaces de $0^m,27$ sur $0^m,35$. Contre les bâtons espacés de $0^m,15$ les uns des autres on accote le dos des glaces préparées, en leur donnant un peu de pied par le bas : le bas de la glace porte sur deux baguettes de verre creuses ou pleines que l'on place dans la longueur de la planche et qu'on élève sur de petits tasseaux pour que le liquide écoulé ne puisse pas remonter; lorsque le séchoir est garni de ses glaces, on étend par-dessus quelques feuilles de papier joseph pour les garantir de la poussière et on laisse sécher dans une obscurité complète, à l'abri de l'humidité.

Il est possible de faire ce genre de séchoir dans les plus petites localités, avec un bout de planche, quelques tubes que l'on trouve toujours chez le pharmacien, si l'on n'a pas eu la précaution d'en emporter, ou même quelques baguettes de bois. Si l'on craint le contact du bois à la base, on couvrira les baguettes avec quelques doubles de papier buvard.

Quelques opérateurs poussent les précautions plus loin et demandent que les préparations soient séchées à l'étuve. Il est facile de faire ou de faire faire une étuve : une boîte de bois suffisamment grande est peinte ou vernie extérieurement et intérieurement pour que le bois ne puisse reprendre l'humidité ambiante ; elle est placée de manière à former armoire ; à l'intérieur on laisse dans le bas une hauteur de $0^m,20$ à $0^m,25$ inoccupée, pour y placer les divers systèmes qui doivent absorber l'humidité ; au-dessus, on disposera soit un séchoir à demeure, soit des tasseaux pour recevoir un séchoir portatif. Les portes fermeront aussi bien que possible et seront en outre recouvertes d'un rideau noir épais, qu'on laissera tomber de manière à intercepter tout filet de lumière ; avec cette disposition il n'est pas nécessaire de maintenir dans l'obscurité la pièce où est placée l'étuve. La dessiccation peut être faite par l'absorption de l'humidité ; on emploiera dans ce cas une capsule en porcelaine que l'on placera sur le fond de l'étuve et dans laquelle on mettra soit du chlorure de calcium fondu, soit de l'acide sulfurique (mais le maniement de ce liquide lourd et corrosif est toujours dangereux), soit de la pierre ponce imprégnée d'acide sulfurique, ce qui est préférable. Cette pierre ponce que l'on achète concassée, tamisée en fragments réguliers, est légèrement mouillée avec l'acide sulfurique, puis chauffée à l'air jusqu'à ce qu'elle commence à répandre des vapeurs intenses ; on laisse refroidir bien à l'abri de l'humidité et l'on place la capsule dans le séchoir-étuve. Toutes ces substances ont le défaut de se saturer très-vite d'humidité, il faut les chauffer de nouveau, assez fortement pour les ramener à leur premier état. Il nous semble préférable de mettre, dans le bas de l'étuve, un ou deux cruchons de grès remplis d'eau très-chaude, ou même quelques briques chaudes, ou tout autre système donnant de la chaleur sans émanations : la température intérieure s'élève, les glaces sèchent rapidement, et dans ces conditions il est inutile que la boîte soit peinte, vernie ou bien fermée ; il sera bon, au contraire, qu'il se fasse un léger courant d'air de bas en haut, ce que l'on obtient en ménageant dans le fond et dans la partie supérieure quelques ouvertures. L'air chaud s'élève doucement, se sature de l'humidité qu'il enlève aux glaces et sort par la partie supérieure.

On peut encore disposer dans le fond une ouverture recouverte par une plaque de tôle, sous laquelle on allume à l'extérieur une veilleuse ou un faible bec de gaz. Il faut, dans ce cas, que les produits de la combustion ne puissent pénétrer dans l'étuve ; il est, du reste, facile de disposer

ÉPREUVES NÉGATIVES SUR PRÉPARATIONS SÈCHES.

une sorte de tiroir avec une petite cheminée qui rejette ces produits au dehors.

Une bonne disposition d'étuve doit être utile et commode lorsqu'il s'agit d'opérer commercialement ; jusqu'ici nous avons toujours pu nous en passer, et nous rappellerons que les installations les plus faciles sont toujours les meilleures.

PROCÉDÉS SECS DIVERS.

Procédés à l'albumine. — Quelques opérateurs, et nous sommes de ce nombre, préfèrent les préparations albuminées comme donnant des épreuves supérieures pour la finesse, le détail dans les lointains, la netteté et la franchise dans les traits. Les glaces préparées à l'albumine seule semblent supérieures à toutes autres pour la reproduction des gravures, des dessins, surtout s'il s'agit de clichés destinés à la photogravure en creux ou en relief ; celles préparées au collodion albuminé (procédé Taupenot) demandent des soins moins minutieux que celles préparées à l'albumine pure et sont parfaites pour le paysage ; aussi, bien que ces procédés soient déjà connus, nous croyons utile de les décrire de nouveau, en y ajoutant les améliorations qui y ont été apportées.

Procédé à l'albumine de M. Gobert. — La description de ce procédé nous a été donnée entièrement par M. Gobert, praticien des plus habiles et des plus soigneux, qui nous a montré des reproductions irréprochables, destinées à la gravure et à la typographie. Il n'y a dans l'application qu'un seul écueil, la poussière dont il est difficile de se garer, même en apportant les plus grands soins.

Nettoyage des glaces. — Pour le procédé à l'albumine, il est absolument nécessaire d'abandonner le verre ordinaire, il faut se servir uniquement de glaces bien polies : un nettoyage rigoureux est indispensable.

On projette sur la glace quelques gouttes d'acide chlorhydrique et on la frotte avec un tampon imbibé de teinture d'iode :

$$\text{Alcool} \dots \dots \dots \dots \dots \dots \dots 100^{cc}$$
$$\text{Iode} \dots \dots \dots \dots \dots \dots \dots \dots 15$$

Après avoir frotté en tous sens, on essuie avec un tampon de papier joseph, puis avec un linge fin et bien propre.

Sur cette glace, dont on a écarté toutes les poussières avec un blaireau, on étend l'albumine après l'avoir préparée d'après la formule suivante :

Albumine d'œufs frais..................	100^{cc}
Iodure d'ammonium....................	1^{gr}
Bromure de potassium.................	0,25
Iode.................................	0,25

On bat le mélange en neige avec une fourchette de bois ou un petit balai d'osier ; il faut éviter les instruments de métal, qui seraient attaqués par l'iode ou abandonneraient des parcelles métalliques.

Après quelques heures de repos, on décante l'albumine déposée, on la filtre au papier ; la première filtration est très-lente, mais, après cette première filtration, la seconde, faite sur un filtre neuf, marche très-rapidement : le liquide passe comme de l'eau.

Au moment de se servir de l'albumine, on doit toujours la filtrer, et même répéter cette opération sur le même filtre deux ou trois fois de suite, de manière à rejeter à l'intérieur du filtre toutes les poussières, toutes les fibres qui se détachent toujours du papier. Le liquide regardé par transparence doit être d'une limpidité absolue, sans qu'on puisse voir flotter aucun corps étranger : de ce soin dépend la pureté des glaces.

Pour étendre l'albumine on plonge dans le liquide le bec effilé d'une pipette qui a été elle-même bien nettoyée et dans laquelle on a passé deux ou trois fois le liquide pour le rejeter sur le filtre, on prélève la quantité reconnue nécessaire pour la surface à couvrir ; puis, tenant la glace de la main gauche avec une bonne ventouse, on fait à la partie supérieure, du coin gauche au coin droit, une large bande d'albumine que l'on étend ensuite sur toute la surface de la glace en s'aidant de la pipette comme d'une baguette de verre. On fait descendre le liquide jusqu'à la partie inférieure, et l'on reverse le trop grand excès dans un second flacon.

On a ainsi sur la glace un peu plus d'albumine qu'il n'est nécessaire. Par une série d'inclinaisons variées en tous sens, on en régularise la répartition uniforme sur toute la surface : c'est ce tour de main qui constitue la difficulté principale du procédé. En même temps on examine sa préparation avec soin, mais rapidement ; si l'on aperçoit quelques grains de poussière ou quelques petites bulles d'air, on les enlève avec la pointe d'une plume d'oie; retournant alors la glace, toujours adhérente à la ventouse, on accroche celle-ci au moyen d'un anneau *ad hoc* à une ficelle suspendue au plafond, et l'on donne à tout le système un mouvement lent de rotation.

Sous l'influence de la force centrifuge l'excès d'albumine est régulièrement projeté par les bords; l'expérience peut seule indiquer le degré de mouvement et le temps nécessaires pour qu'il reste sur la glace une couche qui ne soit ni trop mince, ni trop épaisse.

La ventouse étant décrochée, on essuie avec un tampon de papier joseph les bourrelets qui peuvent rester sur les bords de la glace et l'on porte celle-ci à sécher.

Cette dessiccation doit être faite rapidement, en maintenant la glace parfaitement horizontale. Le meilleur système consiste à la poser face en dessous, à quelques centimètres d'une plaque de fonte régulièrement chauffée. Pour cela, on met sur la plaque de fonte trois petits blocs à caler, terminés chacun par une aiguille verticale. Ces blocs sont écartés de manière à correspondre à la dimension de la glace, et celle-ci est posée sur les trois aiguilles face en dessous, ce qui la met à l'abri de la poussière; les aiguilles portent sur deux des angles et sur le milieu du bord opposé. En très-peu de temps la dessiccation est complète, l'air chaud pouvant circuler librement entre cette glace et la plaque de fonte.

Cet ensemble de préparations ne demande que quelques minutes; pendant le temps nécesaire pour sécher une première glace, on en prépare une seconde et successivement. Les glaces sont ensuite rangées au fur et à mesure dans une boîte à rainure bien propre, et mises à l'abri de l'humidité : le temps paraît ne leur faire subir aucune altération.

Avant de procéder à la sensibilisation, il est bon, sinon indispensable, d'exposer chaque glace aux vapeurs d'iode en les posant au-dessus d'une cuvette dont le fond est recouvert d'iode en paillettes; les boîtes qui servaient autrefois pour le daguerréotype sont parfaites pour cet usage. Après un temps d'exposition, variable suivant la température et la quantité d'iode, mais qui peut aller jusqu'à trente minutes, la glace prend une riche teinte jaune d'or; on la laisse quelque temps à l'air libre pour que l'excès d'iode se volatilise, et l'on est dans les meilleures conditions pour la sensibilisation.

Cette sensibilisation se fait en immergeant la glace d'un coup dans un bain composé de :

Eau..............................	100^{cc}
Azotate d'argent....................	10^{gr}
Acide acétique cristallisable..........	10^{cc}

Après trois minutes d'immersion, la glace est relevée, puis lavée abondamment avec le plus grand soin.

La couche préparée doit avoir pris une teinte opale, bien accentuée, mais l'opacité n'est jamais grande ; si la teinte opale n'est pas suffisamment marquée, c'est que la couche d'albumine restée sur la glace est trop mince.

La sensibilité de cette préparation se conserve très-bien pendant cinq à six jours, au delà elle décroît. Il est probable, comme cela a lieu dans le procédé Taupenot au collodion albuminé, que, si, après un dernier lavage, on couvrait la glace par une solution d'acide gallique, la sensibilité serait conservée pendant des semaines.

Après l'impression, dont la durée est subordonnée à toutes les variations de sujets, de lumière, d'objectifs et de diaphragmes, l'image est développée par une solution d'acide gallique à saturation.

La glace est plongée dans ce liquide, et l'on ajoute quelques gouttes d'une solution d'acide pyrogallique dans l'alcool absolu, à la dose de 10 grammes d'acide pyrogallique pour 100 centimètres cubes d'alcool.

Ce développement se fait très-bien sur le pied à caler ; on peut le faire également à la cuvette ou à la main.

L'addition de nitrate d'argent doit se faire très-légèrement et avec beaucoup de précaution, en mettant dans un verre quelques gouttes d'une solution faible, y reversant le liquide révélateur, afin d'avoir un mélange bien homogène, puis étendant de nouveau le liquide sur la glace.

L'image terminée est lavée et fixée à l'hyposulfite de soude, jamais au cyanure de potassium qui soulève et détache la couche d'albumine.

Généralement il n'est pas nécessaire de vernir l'épreuve ; l'albumine, coagulée par les opérations précédentes, offre une résistance suffisante aux frottements. Toutefois, si le cliché est destiné à tirer des épreuves positives aux sels d'argent, il sera préférable de vernir, parce que la plus petite trace de nitrate d'argent et d'humidité produirait des taches irrémédiables.

Collodion albuminé. Procédé Taupenot. — L'ensemble du procédé Taupenot consiste à préparer sur glace ou sur verre une couche d'un bon collodion, qui, après avoir été sensibilisé et bien lavé, est recouvert d'une nappe d'albumine bromo-iodurée qu'on laisse sécher. En présence de l'iodure et du bromure alcalins, la sensibilité de la première couche est annulée, l'albumine pénètre le collodion, sèche en même temps que lui, et lui conserve sa perméabilité. En cet état la glace n'a aucune sensibilité, et peut être exposée au jour ; elle se conserve indéfiniment dans un endroit sec, à l'abri de la poussière.

Lorsqu'on veut lui donner la sensibilité, on la passe au bain d'acétonitrate d'argent : les iodures et bromures alcalins sont alors transformés en iodures et bromures d'argent impressionnables ; la couche de collodion reprend sa sensibilité, l'albumine est coagulée, mais elle garde sa porosité, qu'on a augmentée le plus souvent par l'addition de substances solubles, et cette couche, bien lavée pour éliminer tout excès de nitrate d'argent et séchée, peut se conserver sensible pendant un temps plus ou moins long.

Cette préparation a des qualités intermédiaires entre l'albumine et le collodion ; plus rapide que la première, elle donne plus de finesse et de fermeté que le second, et nous croyons que, dans la pratique, ce procédé est un de ceux que nous devons le plus recommander, bien qu'il demande un peu d'étude et de soins lorsqu'on veut s'en rendre maître.

Un des écueils du collodion albuminé était la facilité avec laquelle la couche se soulevait par ampoules dans les préparations, soit par suite d'un nettoyage insuffisant des glaces, soit par l'emploi de solutions d'albumine et de collodion ne se pénétrant pas suffisamment ; de là, cette recommandation faite autrefois d'employer des collodions très-étendus, à couches minces, pour que l'albumine pût les traverser et arriver directement sur la glace.

Maintenant, on peut obvier facilement à ces soulèvements, même avec des collodions assez épais, par l'emploi des couches préalables, et plus simplement encore par le polissage au talc (*voir* p. 27). Lorsque les glaces ont subi ces préparations préalables elles sont prêtes pour les suivantes : on peut les conserver ainsi en les mettant à l'abri de la poussière dans des boîtes à rainures très-propres et en ayant le soin de tourner dans un même sens toutes les faces préparées ; car, lorsque la couche préliminaire d'albumine est sèche, on distingue difficilement le côté préparé de celui où le verre est à nu, et le polissage au talc ne laisse aucune trace.

La glace est ensuite couverte d'un bon collodion bromo-ioduré ; la formule donnée autrefois par M. le comte O. Aguado (*Chimie photographique*, p. 146) est excellente et meilleure encore si l'on y ajoute 2^{gr}, 50 de bromure de cadmium par litre et, si l'on ne trouve pas la couche suffisamment opaline, on y met une même quantité d'iodure de cadmium ; le collodion doit être suffisamment fluide pour bien s'étendre sans former ni stries, ni nuages moutonneux. Si ces défauts se présentent malgré l'emploi d'un collodion de densité convenable, on doit presque toujours les attribuer au coton ; il faut alors faire une préparation nouvelle en recherchant un coton plus attaqué par les acides ; préparé à une température élevée, ce coton est généralement plus cassant et plus poudreux ; il faut aussi tenir compte de la dextérité avec laquelle on étend la couche de collodion ; on doit éviter les retours, les moutonnages que causerait une inclinaison trop rapide ; le mieux est de verser le liquide lentement et régulièrement sur la glace et d'incliner celle-ci pour déverser l'excédant par l'angle inférieur et ne pas l'agiter pendant quelques instants.

La glace collodionnée est posée par l'angle sur quelques doubles de papier joseph et appuyée contre le mur la face en dessous ; après une minute et même moins, suivant la température, on la relève et on l'immerge dans un bain formé de :

Eau..............................	100^{cc}
Nitrate d'argent.................	7 à 8^{gr}
Acide nitrique...................	3 à 4 gouttes

Le même bain peut servir pour un grand nombre de glaces, à la condition de le filtrer assez fréquemment, après douze ou quinze glaces par exemple, pour éliminer les poussières, les pellicules de collodion et les autres substances insolubles que chaque immersion de glace peut y apporter ; on doit vérifier de temps en temps l'acidité par un papier bleu de tournesol (cette acidité doit être franchement accusée) ; il est bon d'exposer le bain au soleil dans l'intervalle des préparations.

ÉPREUVES NÉGATIVES SUR PRÉPARATIONS SÈCHES.

Après le temps nécessaire pour la sensibilisation du collodion, quand la couche ne gagne plus en opacité, on relève la glace, on l'égoutte, on la lave à trois eaux, en la faisant passer successivement dans trois cuvettes où on l'agite chaque fois ; on doit employer, soit de l'eau de pluie, soit de l'eau distillée : une mauvaise qualité d'eau est une cause d'insuccès ; on rince ensuite en versant un filet d'eau avec la pissette, et l'on fait égoutter en posant le coin inférieur de la glace dans un verre ou tout autre vase, et en appuyant l'angle supérieur *face en dessus* sur un papier appliqué le long du mur.

Un égouttage convenablement fait assure la régularité des opérations. Si, après le dernier rinçage, on versait la préparation albuminée sur une glace mal égouttée, cette préparation glisserait sur la surface, il n'en resterait que quelques traces, et son action serait très-incomplète. Si, d'autre part, on attendait trop longtemps, la couche commencerait à se dessécher, et l'albumine s'étendrait mal. On doit choisir le moment où la glace tenue verticalement ne laisse plus écouler de gouttes, on y verse alors l'albumine que l'on a préparée d'avance, d'après les indications suivantes.

Dans la préparation de l'albumine, nous remplaçons toujours le battage en neige des blancs d'œufs par la méthode, beaucoup plus simple et plus rapide, indiquée par M. Ackland : on met l'albumine dans un vase un peu haut, comme une large éprouvette ou un verre à pied, et, pour 100 centimètres cubes de blancs d'œufs, on ajoute 10 centimètres cubes d'eau acidulée par 1 centimètre cube d'acide acétique cristallisable ; on agite doucement avec un agitateur en verre jusqu'à ce que le mélange soit devenu bien homogène et bien fluide, ce que la main apprécie parfaitement et l'on abandonne au repos pendant deux heures : il se fait alors une séparation, un précipité peu abondant tombe au fond du vase, un magma plus léger se réunit à la partie supérieure et, entre les deux, on a une haute couche d'albumine limpide. On recueille cette albumine en la filtrant d'abord sur un petit morceau d'éponge fine ou sur un tampon de coton mouillé : elle passe comme de l'eau si l'on a la précaution de décanter la partie limpide, soit en retenant le magma supérieur, soit mieux avec un siphon de verre ; lorsque la partie claire est filtrée, on verse tout le reste dans l'entonnoir, et en peu de temps tout est égoutté. Le plus souvent nous versons sur le magma qui refuse de filtrer une assez grande quantité d'eau, et nous filtrons ce reste à part pour faire l'albumine étendue destinée aux couches préalables.

L'albumine limpide ainsi préparée garde une réaction nettement acide, provenant de l'acide acétique ; on peut, soit l'employer telle, soit la rendre neutre ou alcaline par quelques gouttes d'ammoniaque : les différences dans le résultat final ne sont pas très-sensibles, l'albumine acide paraît donner des clichés un peu plus brillants.

A cette albumine filtrée on ajoute, pour 100 centimètres cubes,

$$
\begin{array}{ll}
\text{Iodure d'ammonium} \dots \dots \dots \dots & 1^{cc} \\
\text{Bromure d'ammonium} \dots \dots \dots \dots & 0,50 \\
\text{Quelquefois dextrine} \dots \dots \dots \dots & 3 \text{ à } 4^{gr}
\end{array}
$$

Nous avons souvent employé le sucre au lieu de la dextrine à cause de la facilité de sa dissolution ; mais nous y avons renoncé, ainsi qu'à toutes autres matières sucrées, parce que les préparations sucrées absorbent l'humidité et se ternissent par les plus légères variations atmosphériques, tandis qu'avec la dextrine les glaces une fois sèches conservent toujours leur surface nette et brillante. On peut très-bien réussir avec l'albumine iodobromurée sans addition d'aucune autre substance.

L'emploi de la dextrine n'est donc pas indispensable ; elle donne un peu plus de rapidité, mais elle est une complication dans la préparation. On doit la mettre dans un mortier, ajouter de l'eau peu à peu et la broyer avec le pilon jusqu'à ce que l'on ait une solution sirupeuse que l'on chauffe au bain-marie et que l'on ajoute à l'albumine après refroidissement. On filtre alors une première fois sur le papier ; la filtration, empêchée par certaines parties gommeuses de la dextrine, est très-longue.

Au moment de la préparation des glaces on fait une dernière filtration, pour cela, on prend un vase à bec bien propre, et l'on place dessus l'entonnoir de manière que la douille descende presque au fond du vase pour éviter la formation des bulles d'air ; le premier liquide qui passe rince l'entonnoir, la surface extérieure du filtre, la surface intérieure du vase, et entraîne toutes les poussières qui auraient pu rester ; on rejette ces premiers liquides sur le filtre et l'on continue la filtration. Lorsque le vase est suffisamment plein, on attend quelques minutes pour que les bulles entraînées remontent à la surface; on les enlève avec un peu de papier, et l'albumine est alors prête à être versée.

La glace égouttée est tenue à plat de la main gauche; de la main droite on verse régulièrement à la partie supérieure une bande allant d'un angle à l'autre et couvrant environ le quart ou le cinquième de la surface; on fait descendre doucement cette bande jusqu'à la partie inférieure, on en laisse écouler quelques gouttes et l'on fait revenir la nappe à son point de départ; on la laisse redescendre une dernière fois, on rejette l'excédant de liquide, et la glace est mise verticalement à égoutter sur l'angle posé dans un verre commun, le dos appuyé contre le mur garni de papier buvard, de sorte qu'aucun point de la surface préparée ne touche sur un corps étranger. Lorsqu'elle est suffisamment égouttée, elle fait place à une autre, et elle est portée sur le séchoir (p. 39).

Il arrive souvent que l'on emploie les jours de mauvais temps pour préparer un assez grand nombre de glaces; si ce nombre est plus considérable que le séchoir n'en peut porter, on reprend les premières glaces et on les met à sécher en les dressant sur la tranche et en les appuyant presque verticalement contre le mur garni de buvard. La dessiccation est très-longue: elle demande de cinq à dix heures.

Si la couche d'iodure et de bromure d'argent est très-épaisse dans le collodion, il est nécessaire d'employer une plus grande quantité d'albumine iodurée et d'en maintenir le contact, en mettant la glace pendant quelques secondes à plat sur une surface de niveau : sans cela la réaction serait incomplète et donnerait des glaces ne pouvant pas se conserver et se couvrant au développement d'un voile partiel ou total.

Ces premières préparations de sensibilisation, lavage, albuminage peuvent être faites, sans aucun inconvénient, à une faible lumière du jour, telle que serait, par exemple, celle d'un appartement à persiennes fermées; mais il est alors nécessaire que les glaces sèches soient de nouveau exposées au jour, sans quoi elles ne donneraient que des épreuves voilées ou même pas d'épreuves. Il faut en effet que la première action de la lumière sur la couche sensible soit détruite par l'iodure et le bromure alcalin, et cela ne sera fait que si ces réactifs sont aidés par une nouvelle insolation. Ce phénomène, qui peut paraître bizarre au premier abord, s'explique facilement.

Après la première sensibilisation, la lumière diffuse, même la lumière artificielle longtemps prolongée, a agi sur la couche sensible comme un réducteur, c'est-à-dire comme séparant un peu d'iode et un peu de brome de l'iodure et du bromure d'argent; ces sels sont devenus alors aptes à noircir sous le révélateur. Cette propriété sera annulée par l'iodure et le bromure alcalins contenus dans l'albumine, à cette condition que ceux-ci pourront à leur tour céder l'iode et le brome nécessaires pour ramener la couche sensible à son premier état, et ils ne le feront qu'autant que la lumière les aura frappés.

Les glaces, à cet état, n'ont aucune sensibilité, et elles peuvent être conservées indéfiniment, même au grand jour; il est bon de les nettoyer au dos en les mettant retournées sur la presse à nettoyer, les frottant d'abord avec une éponge ou un linge humide, puis avec un tampon de papier joseph.

Lorsqu'on veut leur donner la sensibilité on les plonge d'un coup dans un bain d'acétonitrate d'argent formé de

Eau....................................	100^{cc}
Nitrate d'argent.........................	7
Acide acétique critallisable...............	7

On les laisse dans ce bain, sans les agiter, pendant une demi-minute : si on les remuait aussitôt après les avoir plongées, l'albumine qui n'est pas coagulée instantanément éprouverait, ainsi que les substances qu'elle tient en dissolution, comme un léger mouvement de déplacement général, et la surface serait altérée. Après trente secondes, l'action est terminée, on relève la glace, on lave à plusieurs eaux de pluie ou eaux distillées et filtrées, on rince à la pissette et la glace bien séchée se conserve ensuite pendant deux ou trois jours; mais, si l'on veut une conservation de plusieurs mois, et cela est toujours plus prudent, il suffit, après le dernier lavage, d'égoutter et de verser à deux reprises un flot d'une solution gallique filtrée, à raison de 5 grammes d'acide gallique pour 1 litre d'eau distillée. Cette dernière préparation sera particulièrement favorable pour le développement alcalin. Après trois mois de conservation, des glaces ainsi préparées sont aussi bonnes que le premier jour.

Le bain d'argent dans lequel on fait cette dernière sensibilisation ne tarde pas à brunir et même à devenir complétement noir; il n'y a pas lieu de s'en inquiéter, il peut servir indéfiniment : il suffit de compléter le volume nécessaire, en ajoutant une solution neuve faite dans les mêmes conditions, sauf la dose de nitrate d'argent qu'on doit porter à 9 ou 10 grammes pour 100 centimètres cubes d'eau.

La sensibilité de cette préparation est moyenne, on peut évaluer qu'il faut environ quatre minutes pour prendre une vue avec un objectif simple de 0,40 de foyer, ayant un diaphragme de 0,12 à 0,15 d'ouverture, étant donné un bon éclairage. Si l'on développe par le procédé alcalin, il faut diminuer la pose de moitié. Nous ferons observer que, pour les vues, l'excessive rapidité avec des éclairages trop vifs donne une réussite moins heureuse qu'une pose prolongée avec une lumière moyenne dont l'effet général est beaucoup plus doux, et, sauf de rares exceptions, la question principale est d'avoir une belle épreuve et non de faire vite.

Lorsque les épreuves ont été préparées de manière à se conserver, c'est-à-dire lorsqu'elles ont été passées à l'acide gallique, on peut retarder le développement autant qu'on le désire ; le plus souvent même, sous l'acide gallique, ce développement commence seul, et l'image est légèrement visible quand on la sort du châssis.

On peut développer l'épreuve de deux manières, soit avec le révélateur acide, soit avec le révélateur alcalin ; les formules de révélateur, de l'un et de l'autre genre, peuvent varier à l'infini. Pour le révélateur acide, si l'on fait dominer l'acide pyrogallique, les clichés ont une plus grande tendance à devenir bruns ou rougeâtres ; si, au contraire, c'est l'acide gallique qui domine, le cliché prend une teinte verdâtre très-peu perméable à la lumière : il faut en tenir compte, car l'image doit alors rester beaucoup plus légère. Voici la formule que nous employons :

Eau....................................	1000^{cc}
Acide gallique.........................	3^{gr}
Acide pyrogallique.....................	3^{gr}
Acide acétique cristallisable...........	15^{cc}

Le plus commode est de faire le développement dans une cuvette ; on verse sur la glace la quantité nécessaire de cette solution pour la mouiller largement, et l'on met dans un verre 4 à 5 centimètres cubes d'une solution de nitrate d'argent à 4 pour 100 (nous supposons pour une glace $0,21 \times 0,27$). On déverse dans le verre le liquide qui a mouillé la glace et

4.

l'on reverse le tout sur l'épreuve ; puis on suit le développement qui, dans des conditions non appréciées encore, se fait avec plus ou moins de rapidité.

Si l'on fait le développement, en posant l'épreuve à plat dans la cuvette, l'image en dessus, il faut agiter continuellement le liquide, sans quoi il se produit une série d'ondulations moirées sur toute la surface, ondulations qui proviennent probablement d'une inégalité de densité, résultant dans le liquide révélateur de la réduction du nitrate d'argent. On évite toujours cet inconvénient en mettant l'épreuve face en dessous dans la cuvette, seulement il se présente encore assez souvent une autre difficulté dont il faut tenir compte, et qui résulte du défaut de planimétrie des verres employés ou du fond même de la cuvette ; il faut, quand on développe l'épreuve face en dessous, que la nappe de révélateur comprise entre le fond de la cuvette et la couche sensible soit à peu près régulière, ou, s'il y a une irrégularité dépendant de ce défaut de planimétrie entre les deux surfaces, elle doit être compensée par une plus grande épaisseur de liquide, sans quoi le développement est inégal, il se fait de larges parties plus claires qui ôtent toute valeur au cliché. Il suffit de coller aux coins de la glace quatre boulettes de cire jaune qui établissent une séparation franche entre la cuvette et le cliché, et permettent un développement très-régulier.

Dans tous les procédés secs, le développement alcalin présente de tels avantages sur le précédent, par la rapidité et la finesse, par les détails faciles dans les ombres, qu'on doit presque toujours le substituer au développement acide. La formule que nous avons indiquée (p. 33) donne de bons résultats ; en doublant et triplant les doses pour une même quantité d'eau, on peut diminuer le temps de pose, mais on est peut-être moins maître de l'action ; du reste, l'opérateur peut varier les proportions à sa fantaisie, et il trouvera dans les divers procédés donnés plus loin quelques autres formules, dont il pourra faire l'essai. Nous répétons ici les indications données plus haut ; on prépare deux solutions :

$1°$ Eau.................................... 1000^{cc}
Carbonate d'ammoniaque................... 10^{gr}
Bromure de potassium..................... $0,10$
$2°$ Eau.................................... 1000^{cc}
Acide pyrogallique....................... 10^{gr}

ÉPREUVES NÉGATIVES SUR PRÉPARATIONS SÈCHES.

Au moment du développement mettez la glace, face en dessus, dans une cuvette, et couvrez-la d'eau distillée; aussitôt qu'elle est mouillée et pénétrée, reversez l'eau distillée dans un verre, et, après égouttage, remplacez l'eau par un mélange à volume égal de la solution n° 1 et de la solution n° 2; l'image apparaît presque immédiatement, on en suit le développement dans tous ses détails.

Si, par suite d'une dose trop faible de bromure dans les préparations, l'image n'apparaissait que très-légèrement ou même pas du tout, il suffirait d'ajouter quelques centimètres cubes de sucrate de chaux (page 35) pour la faire sortir immédiatement.

L'épreuve, tout en se développant, doit rester très-pure; si elle se couvre d'un voile général, c'est qu'il y a eu trop de pose ou une mauvaise préparation : on peut remédier à l'excès de pose, surtout pour les glaces suivantes, en mettant dans la solution alcaline quelques gouttes d'une solution de bromure de potassium à 10 pour 100 d'eau. On peut arrêter l'action du révélateur avant de voir tous les détails apparaître dans les parties correspondant aux grands noirs de l'épreuve, parce que ces détails, encore invisibles, s'accentuent suffisamment dans l'opération du remontage, qui est le plus souvent nécessaire. En effet, à moins que l'on n'ait employé des couches sensibles très-épaisses et formées exclusivement ou presque exclusivement de bromure d'argent, l'image résultant du développement alcalin est trop légère pour qu'il soit possible d'en tirer un bon positif; mais on arrive à produire des images aussi intenses qu'on le veut, en faisant succéder le développement acide à l'apparition par la solution alcaline.

Pour cela, aussitôt que l'épreuve est apparue suffisamment sous le liquide alcalin, on rejette celui-ci; on égoutte, et, sans qu'il soit nécessaire de laver, on le remplace par la quantité voulue du mélange gallique et pyrogallique donnée ci-dessus (p. 51). L'acide acétique qui domine dans cette solution sature immédiatement toute trace d'alcalinité sur l'épreuve; on peut alors retirer la glace, mettre quelques gouttes de la solution d'argent à 4 pour 100 et continuer le développement, qui marche rapidement. La glace est ensuite lavée, séchée et resserrée pour faire le fixage au retour ou fixée de suite, si on le préfère. On pourrait se contenter du développement par la solution alcaline, et, si l'on a l'expérience suffisante, laver la glace et remettre au retour le remontage et le fixage, ce qui est précieux en voyage où quelquefois le temps et la fatigue ne permettraient pas de donner tous les soins nécessaires à un développement complet.

Les épreuves sont fixées dans un bain d'hyposulfite de soude à 20 pour 100; il est bon de les mouiller, de les détremper un peu avant de les fixer : cela facilite l'action du fixateur et la rend plus rapide. Après fixage, on lave à grande eau, et l'épreuve est vernie avec une dissolution alcoolique de gomme laque à 10 pour 100, comme les autres clichés. Nous ferons la même remarque que ci-dessus : l'épreuve non vernie serait assez dure pour supporter les tirages, mais elle serait rapidement tachée au contact du nitrate d'argent.

En général, c'est une bonne précaution de faire un essai du cliché avant de vernir, pour savoir s'il est au point voulu. Si le cliché paraît trop faible, on le remonte facilement par un nouveau développement à l'acide gallique et pyrogallique (p. 51), dans lequel on doit avoir le soin de doubler la dose d'acide acétique cristallisable ; cet excès d'acide assure la conservation des clairs de l'épreuve qui, sans cela, auraient une grande tendance à se teinter en jaune rougeâtre. Si, au contraire, le cliché est trop dur, on peut l'affaiblir en passant à la surface une solution très-faible de cyanure de potassium *dans l'alcool,* environ 2 pour 100, mais c'est une opération délicate. Si l'on se servait d'une solution aqueuse, l'albumine se détacherait en se plissant, et le cliché serait le plus souvent perdu.

Si le cliché est empâté et voilé, on peut le ramener à un meilleur état, en versant à la surface la solution d'iode dans l'iodure de potassium, dont nous avons donné la formule plus haut (page 11) ; on promène bien également cette solution sur l'épreuve de manière à en régulariser l'action ; aussitôt qu'elle a commencé, on l'arrête : il s'est formé une couche générale d'iodure d'argent qu'on dissout dans l'hyposulfite de soude ; on lave, et si l'action n'a pas été suffisante, on recommence avec les mêmes précautions. Si, au contraire, l'action a été trop vive, l'épreuve est trop affaiblie ; il faut alors la laver avec beaucoup de soin et recommencer un nouveau développement qui, le plus souvent, donnera un cliché heurté.

Ce sont, toutefois, des opérations délicates, souvent dangereuses pour le cliché, et les dernières surtout ne doivent être essayées qu'en cas de nécessité absolue.

Procédé de collodion sec à l'albumine diluée et à l'acide gallique.

de M. de Constant-Delessert. — L'auteur a fait de nombreux essais sur les meilleurs procédés secs et il s'est arrêté à l'emploi de l'albumine très-diluée, mélangée de caramel et d'acide gallique, pour former la couche préservatrice du collodion. Dans une brochure spéciale (¹), il a décrit avec les soins les plus minutieux tous les détails nécessaires : nous nous bornerons donc à une analyse rapide du mode d'opérer.

Ce procédé diffère du précédent en ce que l'albumine est très-étendue et non iodurée, ce qui n'exige plus une deuxième sensibilisation.

La glace est d'abord couverte d'une couche préalable d'albumine, comme nous l'avons indiqué page 28, puis collodionnée avec un collodion qu'on doit choisir de nature poreuse, condition indispensable, d'après l'auteur, pour la réussite des procédés secs ; elle est sensibilisée au bain d'argent, lavée, rincée avec grand soin en la maintenant toujours à l'abri de la lumière, et enfin couverte du préservateur. Ici nous emprunterons textuellement les indications de M. A. de Constant-Delessert :

« Il suffit d'un seul blanc d'œuf dont on ôte le germe avec soin, et, après y avoir ajouté 10 centimètres cubes d'eau pure, on bat en neige avec une fourchette de bois ou de corne : il faut éviter dans ce battage tous les instruments de métal. Après deux ou trois heures de repos, on trouve assez d'albumine pour en prendre 4 centimètres cubes que l'on étend de 140 centimètres cubes d'eau distillée, on secoue vigoureusement ; on ajoute $0^{gr},5o$ d'acide gallique et 2 grammes de caramel concassé, et, lorsque la dissolution est complète, on filtre deux fois sur du papier blanc. »

Par les raisons que nous avons expliquées ci-dessus à propos du collodion albuminé, procédé Taupenot, nous pensons que la dextrine serait préférable au caramel, non au point de vue d'une plus grande sensibilité, mais comme attirant moins facilement l'humidité atmosphérique.

« Ce recouvrement ou préservateur forme un liquide de couleur brune, renfermant 1 partie d'albumine d'œuf pour 35 parties d'eau. Cette proportion peut paraître singulière ; mais, dit l'auteur, c'est après bien des essais que je l'ai adoptée comme la plus favorable, car elle suffit à former un vernis préservateur ; elle a assez de densité pour s'interposer utilement

---

(¹) *Le Collodion sec mis à la portée de tous* ; par A. DE CONSTANT-DELESSERT. — Paris, librairie de Gauthier-Villars, quai des Augustins, 55.

dans les pores du collodion et pas assez de ténacité pour résister au lavage ou au ramollissement, qui précède le développement.

» Cette préparation étant facile et peu coûteuse, on ne doit pas chercher à la conserver au delà de trois à quatre jours. Pour s'en servir, on prend successivement chaque glace qui a séjourné dans le dernier bain d'eau de lavage, et, après l'avoir fixée sur la ventouse, on verse dessus une petite quantité de la solution qui entraîne l'eau de lavage et qu'on laisse tomber; puis un second versement couvre la glace et y est maintenue environ une minute, après quoi on relève doucement la glace et on la place debout sur du buvard pour égoutter. »

Les glaces terminées sont mises à sécher à l'abri de la poussière.

Le développement peut être fait, soit par le procédé acide, soit par le procédé alcalin. Pour ce dernier, M. A. de Constant-Delessert donne la formule suivante :

Préparez trois solutions :

N° 1. Alcool .... 30^{cc}
Acide pyrogallique .... 4^{gr}

N° 2. Eau distillée .... 30^{cc}
Carbonate d'ammoniaque .... 1^{gr}

N° 3. Eau distillée .... 40^{cc}
Bromure de potassium .... 1^{gr}

La glace est d'abord immergée dans l'eau pendant une ou deux minutes, rincée, puis couverte d'une solution formée de

Eau .... 30^{cc}
Solution n° 1 (acide pyrogallique)......... 20 à 30 gouttes.

On promène ce liquide sur l'épreuve, il ne fait apparaître aucune image; on le déverse dans un verre dans lequel on a mis :

Solution n° 2 (carbonate d'ammoniaque)... 10 gouttes
Solution n° 3 (bromure de potassium)..... 2 à 3 gouttes

On reverse le tout sur la glace, et immédiatement l'image apparaît et se renforce de plus en plus. On renouvelle la solution s'il est nécessaire, et le plus souvent l'épreuve arrive à l'intensité voulue; sinon on lave la glace et l'on renforce l'image avec le mélange d'acide pyrogallique acidulé et de nitrate d'argent en très-faible proportion.

Après avoir donné les trois procédés qui précèdent, nous arrivons à cette liste si nombreuse de procédés divers pour lesquels la différence consiste le plus souvent dans la variété des solutions préservatrices. Les matières tannantes ou dérivés du tannin ou analogues, semblent être employées de préférence, puis les substances sucrées; certains produits légèrement basiques ou neutres sont tour à tour préconisés, et de cet ensemble on pourrait peut-être formuler de la manière suivante le rôle des préservateurs : 1° maintenir une certaine perméabilité dans la couche collodionnée, et à ce titre toutes les substances solubles sans action sur les sels d'argent pourraient être employées ou du moins essayées; 2° anéantir toutes traces de nitrate d'argent libre sans compromettre la sensibilité, si l'on veut obtenir une conservation suffisamment prolongée; c'est le rôle que jouent le tannin et les dérivés du tannin (acide gallique et pyrogallique) ainsi que les produits en contenant, tels que le thé et le café, certains vins, etc.; 3° aider le rôle réducteur de la lumière par une certaine affinité pour l'iode et le brome. Il est probable que le meilleur préservateur sera celui qui réunira ces trois conditions; l'emploi pratique des matières tannantes additionnées de sucre, gomme, dextrine confirme cette théorie; pourtant il semblerait encore prématuré d'émettre une affirmation complète à cet égard. M. Bartholomew a trouvé un excellent préservateur dans une substance basique qui est la morphine et M. Chardon a employé la salycine avec succès, et même, lorsqu'on emploie les couches collodionnées contenant de fortes doses de bromure d'argent, on arrive à supprimer complétement tout préservateur.

Le type du procédé au tannin est celui donné dans la *Chimie photographique*, 4ᵉ éd., p. 211; ceux qui suivent n'en sont que des variantes dans lesquelles on a cherché à obtenir plus de rapidité par l'addition de matières solubles qui augmentent la porosité de la couche, telles que la gomme, la dextrine, le glucose, le sucre, ou plus de sensibilité pour les couleurs non actiniques par l'emploi plus accentué ou même exclusif des bromures.

Procédé au tannin et à la dextrine (M. Gaillard).
Collodion :

Éther	70^{cc}
Alcool à 40 degrés	20
Solution bromo-iodurée	10
Coton-poudre	1^{gr}

Iode quantité nécessaire pour donner la couleur vin de Madère.
La solution bromo-iodurée est composée de :

Alcool à 40 degrés	100^{cc}
Iodure d'ammonium	2^{gr}
Iodure de cadmium	6
Bromure de cadmium	6

Bain d'argent :

Eau distillée	100^{cc}
Azotate d'argent cristallisé	10^{gr}
Acide acétique cristallisable	10^{cc}

Après une immersion de cinq minutes dans ce bain, la glace est bien lavée à l'eau distillée d'abord, puis à l'eau ordinaire et rincée à l'eau distillée, puis plongée dans une cuvette contenant la solution préservatrice qui est composée de :

1° Eau distillée	300^{cc}
Tannin	20^{gr}

Filtrez (¹).

2° Eau	700^{cc}
Dextrine (²)	50^{gr}

(¹) Nous rappellerons que, pour avoir une solution de tannin bien claire, il suffit d'y ajouter, pour 100 centimètres cubes, quelques gouttes d'une solution chaude de gélatine à 10 pour 100 d'eau ; il se fait immédiatement un précipité abondant qui enserre, comme dans un filet, toutes les particules insolubles : c'est en petit la méthode employée pour clarifier les vins.

(²) Pour faire facilement la solution de dextrine, il faut employer la manière indiquée ci-dessus, p. 48.

Versez peu à peu la solution de tannin dans la dextrine et filtrez. Cette préparation se conserve plusieurs mois sans altération.

La glace retirée du bain est mise à sécher ; elle doit ensuite présenter un aspect aussi brillant que les glaces albuminées.

La pose pour le paysage, grandeur 0,21 × 0,27, objectif simple, est d'environ une minute.

Le développement se fait en mouillant la glace à l'eau distillée et la couvrant du mélange suivant :

$$\begin{aligned}
&\text{Eau}\dots\dots\dots\dots\dots\dots\dots\dots\dots\dots\ 500^{cc} \\
&\text{Acide pyrogallique}\dots\dots\dots\dots\dots\dots\ 2^{gr},5 \\
&\text{Acide acétique cristallisable}\dots\dots\dots\ 5^{cc} \\
&\text{Alcool}\dots\dots\dots\dots\dots\dots\dots\dots\dots\dots\ 75
\end{aligned}$$

On additionne ce mélange d'une petite quantité d'azotate d'argent à 3 ou 4 pour 100 d'eau acidulée par 8 centimètres cubes d'acide acétique pour 100 centimètres cubes de la solution : le fixage se fait à l'hyposulfite de soude.

M. Plücker, pour la préparation des glaces sèches rapides destinées à son stéréographe de poche (ou à tout autre système d'appareils), a légèrement modifié ce procédé en ajoutant au préservateur 5 grammes d'acide gallique, ce qui favorise la longue conservation de la sensibilité.

Avec les formules de préservateurs contenant des agents réducteurs comme le tannin, l'acide gallique ou pyrogallique, il nous paraît plus prudent de ne pas employer le préservateur en plein bain, parce que, s'il restait quelques traces de nitrate d'argent libre sur une glace, toutes les suivantes seraient perdues : mieux vaut l'étendre à la main et répéter deux fois la couche.

Le développement alcalin est employé de préférence par M. Plücker, qui l'applique de la manière suivante :

Exposer l'épreuve pendant deux minutes aux vapeurs ammoniacales en la mettant sur une boîte ou cuvette dans le fond de laquelle on a versé quelque peu d'ammoniaque liquide ou un mélange dégageant ces vapeurs, comme un sel ammoniacal quelconque (chlorhydrate, sulfate, azotate d'ammoniaque) additionné de chaux en poudre, ou de potasse, ou de soude caustique ; l'image apparaît alors dans tous ses détails ; un peu d'humidité, celle qui résulte de la projection de l'haleine, favorise la réaction. Après cette première fumigation, on couvre le cliché avec une solution de :

$$\begin{array}{ll} \text{Carbonate d'ammoniaque}\dots\dots\dots\dots & 2^{gr} \\ \text{Bromure de potassium}\dots\dots\dots\dots & 0^{gr},2 \\ \text{Eau}\dots\dots\dots\dots\dots\dots\dots\dots\dots & 250^{cc} \end{array}$$

qu'on mélange ensuite avec quelques gouttes d'une solution pyrogallique.

Par ces moyens on obtient beaucoup de détails dans les verdures et les ombres; puis, après un bon lavage, on fait monter le cliché à l'intensité nécessaire, au moyen de l'acide pyrogallique acidulé et additionné après son passage sur l'épreuve de quelques gouttes de nitrate d'argent. Faisons observer une fois de plus qu'après tout développement alcalin, lorsqu'on veut remonter l'épreuve, il ne faut pas que le nitrate d'argent en touche la surface avant qu'une solution acide, qui sera l'acide pyrogallique mélangé d'acide acétique, ait préalablement assuré la neutralisation de toutes traces d'alcalinité.

Procédé à la gomme et à l'acide gallique. — Nous avons donné le procédé à l'albumine gallique de M. de Constant-Delessert. Voici le procédé à la gomme gallique de M. Manners-Russel-Gordon; il y a entre les deux assez de ressemblance pour que les obesrvations, les précautions données pour l'un soient également applicables à l'autre.

Ce mode d'opérer a été beaucoup plus pratiqué en Angleterre qu'en France : il donne, dit-on, de très-bons résultats; son écueil est la facilité avec laquelle la couche se détache de la glace, écueil commun à toutes les formules dans lesquelles la gomme arabique entre en proportions notables.

Pour assurer l'adhérence de la couche de collodion sur la glace, on commence par couvrir la surface de celle-ci avec une solution de caoutchouc à la dose de 0,20 pour 100 centimètres cubes de chloroforme, puis on y étend un bon collodion ordinaire additionné de $0^{gr},50$ de bromure de cadmium pour 100 centimètres cubes ou un collodion spécial préparé suivant la formule :

$$\begin{array}{ll} \text{Éther}\dots\dots\dots\dots\dots\dots\dots\dots & 50^{cc} \\ \text{Alcool}\dots\dots\dots\dots\dots\dots\dots\dots & 50^{cc} \\ \text{Coton-poudre, environ}\dots\dots\dots\dots & 1^{gr},20 \end{array}$$

ÉPREUVES NÉGATIVES SUR PRÉPARATIONS SÈCHES.

  Iodure de cadmium .... 0^{gr},60
  Iodure d'ammonium.................. 0^{gr},20
  Bromure de cadmium................ 0^{gr},60

La glace collodionnée est plongée dans un bain de nitrate d'argent pur et neutre à la dose de 8 pour 100 d'eau ; elle doit y séjourner de dix à quinze minutes. En sortant du bain, elle est lavée d'abord par immersions successives et prolongées dans deux cuvettes d'eau distillée, puis dans une troisième cuvette contenant une grande abondance d'eau distillée, rincée à la pissette et couverte du préservateur formé de :

  N° 1. Gomme arabique.............. 24^{gr}
        Sucre candi................... 6^{gr}
        Eau........................... 150^{cc}
  N° 2. Acide gallique................. 1^{gr},4
        Eau........................... 150^{cc}

On mélange les deux solutions par parties égales au moment de s'en servir et l'on filtre.

Sur la glace rincée on verse d'abord un peu de la solution que l'on y fait courir et que l'on rejette, puis on y verse une seconde quantité plus abondante que l'on maintient quelque temps en la promenant sur la glace, on relève celle-ci, on laisse égoutter et l'on met à sécher.

Pour éviter les auréoles lors de la pose, on couvre l'envers des glaces sèches avec un mélange de :

  Terre de Sienne broyée à l'eau......... 60^{gr}
  Dextrine........................... 20^{gr}
  Glycérine.......................... 1^{cc},5

On ajoute à ce mélange pâteux une ou deux gouttes d'acide phénique, et on le conserve en tubes ou en flacons.

(Cette nécessité de couvrir le verso des glaces d'un enduit opaque et sale, qu'il faut ensuite ôter pour le développement, nous semble une complication et un ennui lorsque tant d'autres procédés peuvent donner facilement de belles épreuves ; en outre, sans vouloir nier l'influence de la réflexion lumineuse sur la face postérieure de la glace et sur les surfaces qui sont derrière, nous pensons qu'elle a été très-exagérée en voulant en faire l'unique cause des halos ou auréoles qui le plus souvent sont dues au mode de développement ou mieux au supplément d'azotate d'argent que fournissent les couches de révélateur voisines des parties qui en absorbent beaucoup: cet azotate n'étant pas absorbé dans les parties claires renforce les noirs justement sur la limite qui sépare les grands clairs et les grands noirs. Ce défaut apparaît avec une facilité d'autant plus grande qu'il suffit de moindres quantités d'argent pour faire apparaître l'image, et tous les préservateurs au tannin, à l'acide gallique ou pyrogallique sont justement dans ces conditions.)

Le temps de pose des glaces préparées par ce procédé est double ou triple de celui du collodion humide; le développement se fait de la manière suivante :

Après nettoyage du verso avec une éponge humide, on plonge la glace dans un bain abondant d'eau ordinaire, de manière à enlever toutes traces du préservateur, puis on mélange une partie d'une solution de :

$$\begin{array}{lr}\text{N° 1. Gélatine}\ldots\ldots\ldots\ldots\ldots\ldots & 5^{gr} \\ \text{Acide acétique cristallisable}\ldots\ldots & 75^{cc} \\ \text{Eau}\ldots\ldots\ldots\ldots\ldots\ldots\ldots\ldots & 500^{cc}\end{array}$$

Avec trois parties d'une solution de

$$\begin{array}{lr}\text{N° 2. Sulfate de fer}\ldots\ldots\ldots\ldots\ldots & 25^{gr} \\ \text{Eau}\ldots\ldots\ldots\ldots\ldots\ldots\ldots\ldots & 500^{cc}\end{array}$$

Dans ce mélange on verse quelques gouttes d'une solution de nitrate d'argent à 2 ou 3 pour 100 d'eau; on verse sur la glace, et, après apparition complète de l'image, on renforce par les solutions pyrogalliques acidulées ordinaires. Ce mode de développement est remarquable surtout par l'emploi du bain de fer pour faire apparaître l'image sur glaces sèches.

Procédé au café et à la gomme indiqué par M. de Constant-Delessert. — Les glaces sont nettoyées et couvertes d'une couche préalable, comme nous l'avons indiqué d'une manière générale. Le collodion employé doit être de nature poreuse, c'est-à-dire que, versé sur la glace, il ne doit pas y former une pellicule tenace, mais bien une couche se séparant facilement sous le doigt ; il doit être en outre de bonne qualité et donner des épreuves vigoureuses au collodion humide.

Sensibilisation dans un bain d'argent à 8 pour 100 d'eau, franchement acidifié par l'acide nitrique : on laisse la glace dans le bain cinq à six minutes.

Lavages abondant à l'eau de pluie ou distillée.

Solution préservatrice.

1° Café moka en poudre..................	15^{gr}
Sucre...........................	6^{gr}
Eau bouillante.....................	150^{cc}
2° Eau distillée........................	150^{cc}
Gomme arabique....................	6^{gr}
Sucre blanc........................	0,5

Mélangez les deux après refroidissement, filtrez, couvrez bien uniformément la glace de ce mélange et faites sécher.

La pose est trois à quatre fois plus longue que pour le collodion humide.

Au café on peut substituer le thé, le *quassia amara*, etc., etc., et théoriquement il est probable que les infusions de toutes matières contenant du tannin produiront un effet analogue (feuilles et écorces de chêne, de noyer, de bouleau, de sumac, etc., etc.).

On développe en trempant l'épreuve dans une cuvette d'eau pendant trois ou quatre minutes ; on égoutte et l'on remplace par la quantité d'eau nécessaire, dans laquelle on ajoute six à dix gouttes d'une solution saturée de carbonate d'ammoniaque : l'image apparaît, on reverse la solution alcaline dans un verre, on y mélange deux ou trois gouttes d'une solution alcoolique d'acide pyrogallique à 20 pour 100. Tous les détails s'accentuent et l'on fait monter l'épreuve à la manière ordinaire par la solution gallique et pyrogallique acide additionnée de nitrate d'argent.

Voici un procédé plus simple encore, dont nous avons vu d'excellents résultats entre les mains de M. Aléo :

Sur une glace bien nettoyée, couverte de la couche mince d'albumine préalable, versez un bon collodion contenant de l'iodure et du bromure de cadmium et d'ammonium en quantités égales, à raison de 1^{gr},50 du mélange pour 100 centimètres cubes de collodion ; sensibilisez au bain de nitrate d'argent acide, lavez et recouvrez d'une solution d'acide gallique à

3 grammes pour 1000 d'eau, laissez sécher. Les glaces se conservent un temps indéterminé avant comme après l'insolation, leur sensibilité est moyenne; il faut trois à quatre minutes de pose à l'objectif simple pour avoir les verdures en bonne lumière; développez avec les solutions alcalines et renforcez comme il est dit ci-dessus.

On peut encore employer comme préservateur une solution de salicine (M. Chardon) ou une solution de morphine (M. Bartholomew), à la dose de 1 gramme pour 700 à 800 centimètres cubes d'eau.

Nous rappellerons seulement que la morphine et les sels de morphine sont des poisons très-énergiques, que leur présence dans le laboratoire offre toujours quelques dangers, et à ce titre nous ne voulons pas insister sur leur emploi; il est probable qu'un grand nombre d'autres substances organiques solubles dans l'eau, légèrement basiques ou neutres, présenteraient les mêmes avantages sans les mêmes dangers.

Procédés au bromure. — Nous avons indiqué (p. 30) les avantages et les inconvénients généraux de l'emploi des bromures sans iodure. Voici quelques formules pour ce mode d'opérer :

Formule de M. Jeanrenaud. — La glace est nettoyée avec le plus grand soin ; l'auteur préfère un polissage fait avec le mélange suivant :

Alcool ordinaire....................	100^{cc}
Eau................................	100
Savon de Marseille.................	25

Filtrez.
Après solution, ajoutez :

Terre pourrie......................	100^{gr}

Sans mettre de couche préalable, on couvre la glace avec un collodion très-fortement bromuré :

Éther sulfurique rectifié...............	650^{cc}
Alcool à 40 degrés.....................	350^{cc}
Coton-poudre.........................	9 à 12^{gr}
Bromure de cadmium..................	35^{gr}
Brome pur............................	quelques gouttes.
Solution alcoolique de chlorure de cuivre à 4 pour 100.......................	10^{cc}

Lorsque le collodion a fait prise, on met la glace avec précaution et sans temps d'arrêt dans un bain d'argent composé de :

Nitrate d'argent cristallisé..............	20^{gr}
Eau distillée........................	100^{cc}
Acide nitrique......................	3 gouttes

Le bain doit rougir très-franchement le papier de tournesol.

La glace restera immergée dans ce bain pendant dix minutes au moins; elle doit devenir presque entièrement opaque si l'on veut obtenir une grande sensibilité. La glace est ensuite égouttée, lavée avec beaucoup de soin à l'eau distillée ou à l'eau de pluie, rincée et recouverte du préservateur composé de la manière suivante :

Eau............................	500^{cc}
Tannin...........................	20^{gr}
Acide nitrique.....................	2^{cc}

Filtrez.

Préparez d'autre part :

Eau.............................	500^{cc}
Gomme...........................	10^{gr}
Alcool (après solution)................	10^{cc}

Filtrez.

Mélangez les deux solutions filtrées.

Dans ses derniers essais, M. Jeanrenaud s'est abstenu de tous préservateurs et a obtenu les mêmes résultats.

Le bromure d'argent étant d'une grande sensibilité aux plus faibles rayons de la lumière actinique, il faut opérer dans une pièce où il ne doit parvenir aucune trace de lumière diffuse et ne s'éclairer qu'avec une lumière jaune aussi faible que possible et très-éloignée.

Après leur préparation, les glaces sont mises à sécher rapidement dans l'obscurité absolue et à l'abri de tout courant d'air : le séchage à l'étuve est recommandé. Elles peuvent alors se conserver un temps considérable; après un an, elles sont encore excellentes.

Le temps de pose est assez rapide, mais on ne peut le déterminer que par l'expérience, soit environ une ou deux minutes pour les épreuves $0,21 \times 0,27$ avec un objectif simple, un diaphragme moyen.

Pour développer, il faut d'abord vernir les bords, ou les assurer comme nous l'avons dit p. 29; puis on immerge la glace dans une solution d'acide gallique à saturation, dans laquelle on ajoute peu à peu, après avoir retiré la glace et en agitant, quelques gouttes d'une solution faible de nitrate d'argent ; pour activer le développement, on peut y mélanger un peu d'une solution d'acide pyrogallique faite à raison de 10 grammes pour 100 centimètres cubes d'alcool.

Au moyen d'un développement lent, habilement conduit et ménagé, on obtient beaucoup de fouillé et de détail dans les ombres et les verdures. On doit se garder avec soin de l'excès de nitrate d'argent : on perdrait ainsi toute la douceur et l'harmonie générale de l'épreuve. On fixe ensuite à l'hyposulfite de soude à 20 pour 100 d'eau ; ce fixage se fait très-rapidement, de préférence à une faible lumière, car le bromure d'argent encore non dissous noircirait et voilerait l'épreuve. Si le cliché doit ensuite être détaché sur gélatine, comme il sera expliqué plus loin, il faut, après l'avoir bien lavé, le mettre dans une solution d'acide chlorhydrique à 5 pour 100 d'eau, jusqu'à ce qu'il manifeste une grande facilité à se détacher de la glace, le laver de nouveau et le laisser sécher.

Procédé de M. Chardon. — M. Chardon a donné un procédé au bromure d'urane et de cadmium mélangés, qui, entre ses mains, arrive à une sensibilité et à une harmonie très-remarquables ; mais il y a une telle difficulté pour se procurer le bromure d'urane à l'état convenable qu'il faut se résoudre à le préparer soi-même.

Pour cela on dissout dans un même volume d'eau, d'une part, du bromure de baryum, et d'autre part du sulfate d'urane en quantités équivalentes. Soit la proportion de 166 parties de bromure de baryum (formule $BaBr\,2HO$) pour 144 parties de sulfate d'urane (formule $UO, SO^3\,4HO$) : les deux solutions sont versées l'une dans l'autre ; il se forme immédiatement un précipité abondant de sulfate de baryte, et le bromure d'urane reste en solution. Comme il est presque impossible que les produits soient tellement purs, les pesées tellement rigoureuses, qu'on puisse obtenir une double décomposition d'une perfection théorique, sans qu'il y ait un léger excès de l'un ou de l'autre produit, on fera bien, avant le mélange, de réserver un dixième de l'une et de l'autre solution, et l'on fera l'essai doucement, en ajoutant dans le liquide éclairci un peu de la solution de bromure de baryum : s'il se fait un précipité, on continue, en examinant chaque fois, de verser goutte à goutte le bromure de baryum, jusqu'à cessation de tout précipité. Si le bromure de baryum n'a eu aucune action, on essaye le sulfate d'urane exactement dans les mêmes conditions, et, quand on s'est assuré ainsi qu'il n'y a excès ni de l'un ni de l'autre, on termine par quelques gouttes de la solution de bromure de baryum, parce que mieux vaut le bromure de baryum en excès que le sulfate d'urane, puis on filtre et l'on concentre le produit dans une capsule de porcelaine, d'abord sur un feu doux, ensuite au bain-marie. Le bromure d'urane a une grande tendance à se décomposer ; on lui donne plus de stabilité en ajoutant dans la capsule une quantité égale de bromure de cadmium, on évapore presque à sec. Il est facile de savoir la quantité obtenue, car 166 grammes de bromure de baryum fourniront 176 parties de bromure d'urane (formule $UBr\,4HO$), qui, ajoutées à une quantité égale de bromure de cadmium, donneront 352 parties pour la somme totale du produit supposé sec ; on ajoute la quantité nécessaire d'alcool à 40 degrés, pour faire une dissolution à 20 pour 100.

Cette préparation faite, le reste rentre à peu près dans les conditions ordinaires, sauf les dosages.

Collodion.

Éther sulfurique...............	60^{cc}
Coton-poudre................	$1^{gr},25$ à $1^{gr},50$
Alcool à 40 degrés...........	15^{cc}
Solution alcoolique du bromure	25^{cc}

Ce qui donne un collodion bromuré à la dose énorme de 5 de bromure pour 100 centimètres cubes de collodion normal. On peut l'employer tel quel ; mais, pour faciliter la décomposition, toujours difficile dans le bain d'argent, on commence par faire une émulsion en ajoutant, pour 100 grammes de collodion, $0^{gr},30$ d'azotate d'argent préalablement dissous dans le moins d'alcool possible ; cette addition se fait une heure environ avant d'employer le collodion. Cette quantité d'azotate d'argent n'est pas suffisante pour donner la sensibilité au collodion. Celle-ci s'obtient par une immersion dans un bain d'azotate d'argent à 15 pour 100 d'eau, acidulé franchement par l'acide nitrique (3 centimètres cubes par litre).

Après un séjour d'un quart d'heure dans le bain d'argent, égouttage, lavage, on recouvre la glace avec le préservateur suivant :

1°	Eau........................	250^{cc}
	Acide azotique............	3 gouttes
	Tannin...................	10^{gr}
2°	Eau........................	250^{cc}
	Gomme arabique...........	5^{gr}
3°	Alcool.....................	10^{cc}
	Acide gallique............	1^{gr}

On filtre chaque solution sur du papier blanc, on mélange le n° 1 et le n° 2, puis on y ajoute la solution n° 3 et l'on filtre de nouveau dans une cuvette où l'on plonge la glace.

Après quelques instants de séjour, la glace égouttée est mise à sécher.

Le temps de pose varie de dix à soixante secondes.

On peut s'abstenir de tout préservateur.

L'image est révélée au moyen du développement alcalin, pour lequel on prépare à l'avance les diverses solutions qui suivent :

1°	Eau........................	500^{cc}
	Carbonate d'ammoniaque.....	50^{gr}
2°	Eau........................	100^{cc}
	Bromure de potassium.......	10^{gr}
3°	Alcool à 36 degrés.........	100^{cc}
	Acide pyrogallique.........	1^{gr}

Pour développer un cliché $0,21 \times 0,27$, on met dans une cuvette les proportions suivantes :

Eau........................	400^{cc}
Solution n° 1..............	100
» n° 2..............	5 à 20^{cc}

Sans lavage préalable, mais après avoir verni ou graissé les bords, on plonge la glace dans ce bain ; après quelques instants on la retire, on ajoute au liquide 3 ou 4 centimètres cubes de la solution pyrogallique n° 3.

Le développement dure de cinq à quinze minutes ; si l'épreuve venue dans tous ses détails n'est pas assez intense pour le tirage, on ajoute au bain 50 centimètres cubes de la solution n° 1 (carbonate d'ammoniaque). L'épreuve prend une grande vigueur en séchant : on doit en tenir compte.

Le reste des opérations est identique au procédé précédent.

Collodiobromures. — Les manipulations longues et un peu délicates des divers procédés du collodion sec ont poussé les expérimentateurs à chercher quelques moyens de préparation plus simple et plus rapide. En 1865, MM. Sayce et Bolton proposaient des formules de collodio-bromure un peu différentes des premiers essais faits en ce genre par M. Gaudin, et consistant à supprimer la sensibilisation dans le bain d'argent et à faire directement, dans le collodion, le bromure d'argent nécessaire à la sensibilisation de la glace ; cette préparation, dite *émulsion de bromure d'argent*, versée sur la glace, était ensuite lavée avec soin et couverte d'une solution de tannin.

Ce mode d'opérer fut le point de départ de nombreux essais et de nombreuses formules qui peuvent toutes se résumer de la manière suivante :

Emploi exclusif des bromures solubles dans le collodion ; transformation des bromures solubles en bromure d'argent par l'addition plus ou moins considérable de nitrate d'argent, de sorte que, suivant la formule indiquée, il reste un léger excès de nitrate d'argent ou il se fait une décomposition rigoureusemen exacte ; lavage des glaces pour enlever l'excès de l'un ou de l'autre réactif et conservation de la sensibilité au moyen d'un préservateur. La difficulté dans cette opération est d'ajouter le nitrate d'argent, de telle sorte que le bromure d'argent reste en suspension ou, comme on le dit, à l'état d'émulsion, au lieu de se rassembler à l'état de grumeaux.

Ce procédé serait une réelle amélioration si, faisant aussi bien que les autres, il permettait de supprimer les lavages et le préservateur ; mais, en ne supprimant que l'immersion dans le bain d'argent, et en ne donnant pas, jusqu'ici du moins, des résultats aussi réguliers que les précédents, il ne nous paraît pas remplir complétement les espérances des auteurs. Nous nous bornerons à indiquer trois formules, et encore ces formules ont-elles été si souvent modifiées, améliorées, puis changées de nouveau par leurs auteurs, qu'on voit que nous sommes encore dans la période des recherches plutôt que dans la période des applications.

Formule de M. Carey-Lea ([1]). — Collodion :

$$
\begin{array}{ll}
\text{Éther} & 625^{cc} \\
\text{Alcool} & 300^{cc} \\
\text{Pyroxyle, environ} & 13^{gr} \\
\text{Bromure de cadmium} & 9^{gr},75 \\
\text{Bromure d'ammonium} & 3^{gr},25 \\
\end{array}
$$

Pour rendre ce collodion sensible, il faut ajouter pour 100 centimètres cubes de collodion 2 grammes de nitrate d'argent que l'on commence par pulvériser finement au mortier de porcelaine, et que l'on dissout à chaud dans 25 centimètres cubes d'alcool. Après dissolution on introduit peu à peu cet alcool dans le collodion, en agitant chaque fois ; on ajoute, en outre, au collodion 5 gouttes d'eau régale par 100 centimètres cubes, afin de le rendre franchement acide.

La quantité d'argent introduite ainsi dans le collodion est plus considérable qu'il n'est nécessaire ; l'excédant est éliminé en totalité, ou pour la plus grande partie, dans les lavages qui suivent l'extension sur la glace.

L'émulsion doit être préparée au moins douze heures avant l'emploi ; elle doit être faite et conservée à l'abri de toute lumière.

La glace bien nettoyée, enduite d'une bande de vernis au caoutchouc sur le bord, est couverte avec l'émulsion, bien lavée et plongée dans le liquide préservateur formé de :

$$
\begin{array}{ll}
\text{Acide sulfocarminique} & 40^{gr} \\
\text{Eau} & 275^{cc} \\
\text{Gomme arabique} & 6^{gr} \\
\text{Sucre} & 6^{gr} \\
\end{array}
$$

Elle reste ainsi immergée de cinq à dix minutes ; on l'essuie au dos et on laisse sécher.

L'acide sulfocarminique est formé de 45 grammes de cochenille pulvérisée que l'on mélange au mortier avec 30 grammes d'acide sulfurique

---

([1]) *Bulletin de la Société française de Photographie*. Année 1874, p. 97.

fumant; on laisse huit jours en contact dans un flacon bouché, on délaye ensuite le magma en le versant dans 850 centimètres cubes d'eau; on sature l'acide par un léger excès de chaux éteinte jusqu'à ce que le liquide bleuisse le papier de tournesol; on filtre et on lave sur le filtre jusqu'à ce que l'on ait un volume de $2^{lit},250$ de liquide, que l'on conserve pour l'usage sous le nom d'*acide sulfocarminique*.

Les glaces ainsi préparées ont, paraît-il, une grande sensibilité, surtout si on les développe au moyen du révélateur alcalin; on passe la glace dans une solution de :

1° Eau..............................	125^{cc}
Solution contenant $3^{gr},5$ d'acide pyrogallique pour 30 centimètres cubes d'alcool....	2^{cc}

On enlève la glace et l'on ajoute :

Solution de bromure de potassium......	5 gouttes
Solution de carbonate d'ammoniaque....	15

(Il est probable que le titre des solutions ci-dessus est, pour le bromure de potassium, 10 pour 100 d'eau, et pour le carbonate d'ammoniaque à saturation.)

On remonte et l'on fixe par les solutions ordinaires.

Procédé de M. Stuart Wortley. — Ce procédé n'a jamais été donné, à notre connaissance du moins, de manière à former un ensemble suffisamment clair et précis; la nouveauté de la formule est l'emploi du nitrate d'urane mélangé aux sels d'argent.

Le collodiobromure se prépare en mélangeant :

Collodion normal.....................	30^{gr}
Bromure de cadmium anhydre et pur....	$0^{gr},45$
Nitrate d'urane......................	$1^{gr},92$
Nitrate d'argent préalablement dissous dans un peu d'alcool.....................	$1^{gr},15$

L'émulsion bromurée est étendue sur les glaces comme à l'ordinaire, et on lave. Après lavage, on les recouvre d'un préservateur laissé au choix de l'opérateur, et, après une pose égale et même quelquefois moindre que celle demandée pour le collodion humide, on développe par un révélateur alcalin, sur lequel l'auteur donne encore peu de renseignements. On pourra essayer l'un quelconque des procédés ci-dessus ; l'addition, dans le développement de quelques gouttes, d'une solution de bromure de potassium est le plus souvent nécessaire pour éviter les voiles.

Procédé de M. Vogel. — Nous avons dit plus haut qu'une des difficultés du procédé au collodiobromure était la formation d'une émulsion laiteuse et régulière, parce que souvent le précipité de bromure d'argent se rassemblait sous forme caséeuse et caillebottée. M. Vogel a cherché à tourner la difficulté en dissolvant d'abord le nitrate d'argent dans le collodion et ensuite le bromure soluble ; il donne la formule suivante :

Prenez un collodion normal contenant 5 grammes de papier pyroxyle pour 100 centimètres cubes d'un mélange de 25 centimètres cubes d'alcool et 75 centimètres cubes d'éther sulfurique ; ajoutez 2 grammes de nitrate d'argent préalablement dissous dans 30 centimètres cubes d'alcool à l'ébullition ; versez ensuite, doucement et en agitant, 25 centimètres cubes d'une solution alcoolique de 6 grammes de bromure de cadmium pour 100 centimètres cubes d'alcool. Si cette émulsion est trop épaisse, ajoutez 10 centimètres cubes d'éther.

La glace, couverte de cette préparation, est lavée à l'eau distillée, plongée dans une solution de morphine contenant 1 gramme de morphine pour 1 litre d'eau, et on la met à sécher.

On développe en passant l'épreuve dans une solution pyrogallique neutre à 5 grammes pour 1000 d'eau, et en ajoutant ensuite dans ce liquide 5 à 10 gouttes d'une solution de 10 grammes de potasse caustique pour 100 centimètres cubes d'eau. Après développement, on remonte s'il est nécessaire, on lave et l'on fixe par les procédés ordinaires.

Il est possible de préparer un collodio-bromure que l'on verse sur la glace et que l'on peut employer aussitôt sec, sans lavage et sans préservateur. Nous avons vu entre les mains de M. Woodbury de fort jolies épreuves, obtenues avec une préparation faite par M. Mawdsley de Londres. Cette méthode si simple deviendra d'un emploi général, lorsque la formule sera connue ou lorsqu'on en aura trouvé une équivalente.

DE LA RETOUCHE ET DU TRANSPORT DES CLICHÉS.

Retouche des clichés.—Théoriquement le cliché photographique devrait sortir pur et complet des diverses manipulations chimiques qui ont servi à le produire, sans qu'il soit nécessaire d'y faire la moindre retouche. Les perfectionnements de la Photographie et l'habileté du photographe doivent tendre à obtenir régulièrement ces résultats, mais, si l'on y parvient quelquefois, il est rare qu'une épreuve, de quelque nature qu'elle soit, n'ait pas besoin de réparations, souvent même de corrections, s'il s'agit du portrait; ces corrections deviennent parfois tellement exagérées, qu'elles modifient complétement le travail de la lumière.

Aussi nous nous bornerons à indiquer quelques moyens de faire les réparations nécessaires; la retouche telle qu'on la comprend actuellement, c'est-à-dire la transformation d'un cliché, est une spécialité qui intéresse principalement l'application de la Photographie à l'obtention des portraits et qui demande une main très-habile et très-exercée ([1]).

Comme il est très-difficile que l'on puisse juger de la valeur d'un cliché par l'inspection seule, à moins d'une grande expérience, le mieux est de commencer par le gommer ou même par le vernir, et d'en tirer une épreuve positive complétement terminée et collée sur bristol; on examine alors le cliché et l'épreuve, et l'on peut trop souvent constater toute une série de défauts divers; il peut y avoir des piqûres à jour plus ou moins nom-

---

([1]) *Retouche photographique*, brochure par un spécialiste, publiée chez H. Carette, 31, rue d'Enghien.

breuses, des lignes d'intensité différentes, des duretés trop accentuées, des faiblesses dans les fonds, dans les ciels, des valeurs trop égales dans les derniers plans, etc., etc. Il y a donc lieu de chercher à atténuer ces défauts si l'on ne peut les faire disparaître complétement ; on y parvient par quelques corrections faciles.

Comme instrument nécessaire, mentionnons d'abord le pupitre spécial, bien connu actuellement des photographes, se composant de trois pièces ou châssis à charnières se développant en forme de Z. Le châssis horizontal du bas encadre une glace étamée qui renvoie la lumière sur le châssis incliné du milieu ; celui-ci est formé par une glace dépolie assez grande pour qu'on puisse y poser le cliché ; le châssis supérieur horizontal est en bois plein et fait abat-jour ; il peut soutenir un voile noir qui, tombant des deux côtés et en avant, empêche l'opérateur d'être gêné par la lumière extérieure, lui permet de voir l'épreuve par transparence sans fatigue et d'en juger tous les défauts ; les autres instruments sont une bonne loupe achromatique, quelques petits pinceaux, des crayons Faber de consistance différente, de la pierre ponce très-fine destinée à granuler légèrement le trop grand poli du vernis, des estompes, du papier noir ou orangé, de l'encre de Chine, etc. Au lieu d'employer l'encre de Chine simplement délayée dans l'eau, on fera bien d'y ajouter une très-petite quantité de sucre et de gomme, pour empêcher la couleur de s'écailler après le séchage.

L'examen comparatif du cliché et de l'épreuve positive permet de constater quelles sont les retouches indispensables.

S'il s'agit de masquer complétement des parties entières, comme un ciel trop transparent ou rempli de taches et d'inégalités, on commence par coller en plein au dos de l'épreuve un papier noir ou jaune orangé ([1]) ; et, pendant qu'il est encore humide, on le déchiquète avec une pointe, de manière à suivre les contours de l'épreuve en laissant environ 2 millimètres de marge en dehors de ses contours, puis, retournant le cliché et le plaçant sur le pupitre à retouche, on suit les contours d'abord avec un pinceau fin ou une plume d'oie mouillée d'encre de Chine, de manière à

([1]) Papier jaune orangé, n° 409. — Maison Barthélemy, rue Saint-Séverin.

former une ligne exacte n'empiétant pas sur les parties qui doivent venir au tirage de l'épreuve positive, et, avec un pinceau plus gros, on complète largement le premier trait, de manière à rejoindre et à dépasser la silhouette du papier.

On rebouche également avec l'encre de Chine tous les trous, les éraillures et les autres défauts qui se seraient produits dans les clichés, surtout dans les épreuves de voyage, où il est difficile de prendre toutes les précautions nécessaires ; mais on procède alors par petites applications en employant la couleur presque sèche et l'on tâche de donner à ces rebouchages la même valeur transparente que celles du milieu dans lequel on les fait, afin de ne pas avoir dans les positifs des points blancs nécessitant une correction nouvelle.

Quelquefois le papier positif trop sec ou un frottement quelconque produit dans l'épreuve terminée et vernie une ou plusieurs rayures très-fines, semblables à un trait de gravure ; il suffit le plus souvent de mettre sur les rayures un peu de plombagine, un peu de crayon gratté et d'y passer le doigt pour que cette gravure soit remplie et bouchée.

Lorsqu'il faut atténuer certaines parties trop transparentes, on frotte cette partie avec un peu de poudre de pierre ponce pour dépolir légèrement le vernis, ou bien on y passe quelques-unes de ces préparations spéciales vendues dans le but de faciliter la retouche, puis avec le crayon on cherche et l'on arrive à égaliser les teintes. Le même moyen, appliqué aux portraits, permet non-seulement de régulariser les teintes, mais aussi de faire disparaître certains défauts du modèle, et c'est en procédant ainsi qu'un retoucheur habile refait même complétement les modèles, mais le plus souvent aux dépens de la vérité.

Quelquefois il n'est pas nécessaire de procéder avec autant de soin ; quelques parties du cliché ont besoin d'une teinte générale qui leur donne un peu plus d'intensité, soit pour rendre ces parties plus légères comme demi-teintes, si l'épreuve est trop uniforme, soit pour permettre à d'autres parties trop dures d'arriver au point voulu si le cliché est heurté ; on peut ainsi accentuer la séparation des plans, adoucir des masses de verdure trop foncée, etc. Pour cela, on emploie des couches de collodion ou de vernis teinté, appliquées au dos de l'épreuve. On peut prendre du collodion normal, coloré avec des couleurs d'aniline rouge, jaune ou verte (le rouge résiste mal à la lumière) ; mieux vaut du vernis ordinaire à la gomme laque, auquel on donne une teinte plus ou moins foncée, suivant le besoin, avec l'acide picrique ou des couleurs d'aniline jaune. Pour appliquer le vernis, on commence par bien nettoyer le dos de la glace, on chauffe légèrement et l'on y étend une couche du vernis teinté comme on le croit convenable ; avec une pointe ou un crayon, on délimite les parties qu'on doit laisser et celles qu'on doit enlever, puis avec un pinceau trempé dans un mélange d'eau et d'ammoniaque à parties égales on mouille toutes les surfaces à enlever : le vernis se plisse et se détache sous l'alcali, on l'enlève rien qu'en essuyant. On fait ainsi très-rapidement des teintes plates générales d'un très-bon effet ; si la jonction des deux parties est dure et visible au tirage, on l'atténue par une série de petites hachures faites à la pointe sèche sur le vernis coloré.

Les clichés ainsi réparés doivent être tirés à l'ombre de préférence. Mentionnons seulement pour mémoire un moyen qui, pour être convenablement appliqué, demande un véritable artiste et qui a été employé par M. Dans-Hugo. Un portrait est fait sur un fond blanc, de manière à donner sur le cliché un fond uniforme noir ; l'artiste, sans toucher au portrait photographique, fait à la pointe, sur ce fond noir, un fond de fantaisie s'harmonisant avec la pose et le désir du modèle.

La retouche des épreuves positives se fait avec l'encre de Chine mélangée d'un peu de carmin ou de bleu, suivant la teinte de l'épreuve ; elle est quelquefois difficile sur le papier albuminé : le contact d'une eau légèrement ammoniacale ou simplement un peu de salive permet de mouiller plus facilement la surface albuminée.

Décollage des clichés, transport sur gélatine. — Le prix élevé des glaces, leur fragilité, la place considérable demandée pour leur emmagasinage et la nécessité récente d'avoir facilement des clichés retournés, ont fait rechercher les moyens de reporter sur des supports minces et souples l'image fixée sur la glace.

Dès 1855, M. Gaillard indiquait un procédé qui, légèrement modifié, est encore celui qu'on emploie aujourd'hui, et qui consiste à couvrir l'épreuve, préalablement mouillée et tiédie, avec une couche de belle gélatine dissoute au bain-marie dans la quantité d'eau qu'elle avait pu absorber à froid ; après dessiccation complète, on coupe la gélatine à quelques millimètres des bords de la glace : l'épreuve adhère à la gélatine, se sépare de la glace, et donne un cliché pelliculaire plus ou moins épais, suivant la quantité de matière employée.

Après avoir essayé les transports sur papier, sur gutta-percha, sur couches alternées de caoutchouc et de collodion au ricin, sur collodion au ricin seul (collodion cuir), on est revenu au transport sur gélatine et l'on a adopté une série de modifications qui rendent ce procédé très-pratique ; ce sont : le passage du cliché dans l'eau légèrement acidulée pour faciliter l'enlèvement de la couche de collodion; l'adjonction à la gélatine d'une petite quantité de glycérine, pour lui conserver une certaine souplesse, même après parfaite dessiccation ; l'extension d'une couche de collodion riciné ou glycériné sur la surface externe de la gélatine, pour qu'elle ne soit plus exposée directement aux variations atmosphériques, au contact des doigts, etc., puisque la gélatine se trouve ainsi collodionnée sur ses deux faces; les procédés permettant de dévernir les clichés pour que les anciennes épreuves puissent être transportées aussi bien que les nouvelles, ou pour que les nouvelles puissent être essayées sans danger avant l'opération du transport.

En 1868, M. Jeanrenaud donnait des formules qu'il a quelque peu modifiées depuis et qui se résument de la manière suivante : le cliché, fixé, lavé et terminé, est passé dans un bain d'eau de 100 centimètres cubes pour 7 centimètres cubes d'acide chlorhydrique et séché; puis couvert par chacun de ses angles avec une solution de :

Alcool à 40 degrés....................	75^{cc}
Eau................................	20^{cc}
Acide chlorhydrique...................	5^{cc}

et séché sans lavage. Le cliché est prêt à recevoir la couche de gélatine. La seconde opération acide a pour but de rendre le décollage si facile, dit M. Jeanrenaud, qu'aucun cliché ne résiste à ce traitement.

On prépare la gélatine en dissolvant 20 grammes de belle gélatine dans 100 centimètres cubes d'eau, et y ajoutant 4 centimètres cubes de glycérine; on ajoute ensuite 40 centimètres cubes d'une solution d'alun à 2 grammes d'alun pour 100 d'eau. La glace étant préalablement chauffée, on verse à la surface cette gélatine très-chaude filtrée sur un linge fin, on en laisse une couche plus ou moins épaisse, suivant la force de la pellicule que l'on veut obtenir, on met la glace de niveau et on laisse prendre en gelée avant de relever. La quantité d'acide chlorhydrique (7 pour 100) indiquée par M. Jeanrenaud paraît trop considérable lorsqu'il s'agit de clichés obtenus au collodion humide, elle est bonne pour ceux obtenus au collodion sec, à la condition toutefois qu'on n'ait pas employé l'albumine pour leur préparation.

Dans le procédé de M. Rousselon, le cliché est d'abord fait à la manière ordinaire, complétement terminé, verni à la gomme laque et essayé; s'il est bon, on commence par le dévernir, et on le détache sur gélatine.

Pour dévernir un cliché, on emploie une solution formée de :

Eau distillée..........................	150^{cc}
Potasse caustique.....................	8^{gr}
Carbonate de potasse..................	0^{gr},40
Alcool à 36 degrés....................	500^{cc}

On filtre après solution.

Ce liquide est versé sur la glace vernie en quantité suffisante pour la couvrir; on facilite son égale répartition sur toute la surface avec une baguette de verre; on le promène quelques instants et le vernis à la gomme laque disparaît presque immédiatement ; le vernis Sœhnée ou autres demandent une proportion de potasse un peu plus forte.

Cette méthode de dévernir convient à tous les clichés, au collodion humide, au collodion sec, au collodion albuminé; on aurait pu craindre pour ces derniers les soulèvements d'albumine que cause ordinairement le contact des solutions alcalines, mais cette action se trouve neutralisée par la présence de l'alcool. La possibilité de dévernir un cliché, quel qu'il soit, peut rendre de réels services en dehors même du transport sur pellicule; toutefois, lorsque le cliché a été gommé avant d'être verni, l'opération du *dévernissage* présente quelques dangers pour l'épreuve.

La solution à dévernir étant rejetée, le cliché est lavé avec soin à l'eau distillée, puis placé pendant quelques minutes dans un bain formé de 100 centimètres cubes d'eau pour 2 centimètres cubes d'acide chlorhydrique. Sous l'action de l'acide le collodion tend à se soulever; dès que l'on voit un des coins se détacher, on retire la glace, on la rince et on la met à sécher.

Pour le transport sur gélatine, on commence par préparer la solution, en prenant :

Belle gélatine blanche....................	100^{gr}
Eau distillée............................	700

On fait dissoudre au bain-marie et l'on ajoute ensuite :

Glycérine	en été.......................	15^{gr}
	en hiver.....................	12
Solution d'alun de chrome à 10 pour 100 d'eau.		10^{cc}

On passe cette solution à travers un linge fin et on la maintient tiède pendant qu'on prépare le cliché.

On expose la face collodionnée à la vapeur d'eau chaude émanant d'une bassine jusqu'à ce que cette surface soit régulièrement couverte partout de gouttelettes de vapeur condensée, ce qui échauffe la glace, humecte la face externe du collodion, et facilite l'extension de la solution gélatineuse. On verse sur cette surface une couche très-égale de la gélatine préparée, on met la glace bien de niveau et on laisse prendre; lorsqu'il n'y a plus de danger que la gélatine coule, on relève la glace et on la met à sécher, ce qui demande, suivant la saison et la température, de douze à vingt-quatre heures. Lorsque la dessiccation est parfaite, on couvre la surface gélatinée avec un bon collodion normal, contenant environ 1 à 1 $\frac{1}{2}$ pour 100 de coton-poudre et autant d'huile de ricin ou de glycérine; on laisse de nouveau sécher complétement, puis on coupe cette pellicule à 2 ou 3 millimètres des bords de la glace : elle se détache le plus souvent seule en entraînant le cliché.

Dans le cas où le cliché présenterait dans la pellicule de collodion quelques déchirures ou quelques petits trous laissant le verre à nu, il faut frotter la place avec un peu de fiel de bœuf avant d'étendre la gélatine; sans cette précaution celle-ci adhérerait au verre, ce qui occasionnerait des déchirures et le plus souvent la perte du cliché.

Si, par exception, le cliché refuse de se détacher facilement, il faut se garder de l'arracher : on le perdrait; on doit alors tremper la glace dans l'eau et y immerger en même temps une feuille de gros buvard coupée de même grandeur; on superpose la glace et la feuille, on retire les deux immédiatement, on donne un coup de raclette sur le papier et l'on abandonne à plat pendant le temps nécessaire pour que la gélatine reprenne l'humidité et se détende. Après une demi-heure environ, on enlève le buvard humide, on le remplace par un papier sec sur lequel on enroule la pellicule qui se détache alors facilement. On laisse ensuite sécher le cliché entre deux buvards qui maintiennent la planimétrie.

Lorsqu'il s'agit de clichés préparés par le procédé Taupenot, l'adhérence de la glace est telle, qu'on est obligé de modifier le procédé de la manière suivante :

On commence par dévernir, s'il y a lieu, par le moyen indiqué ci-dessus, page 78, on plonge ensuite la glace pendant 10 minutes environ dans une solution de

$$\begin{array}{ll}\text{Eau} & 1000^{cc} \\ \text{Carbonate de soude} & 50 \\ \text{Chaux éteinte} & 25\end{array}$$

(laissez ce mélange en contact pendant 12 heures environ et filtrez avant de vous en servir.)

Lorsqu'on voit que la pellicule tend à se détacher, ce que l'on constate en cherchant à la soulever avec une lame, on retire la glace, on laisse sécher sans lavage et l'on opère comme il est dit plus haut pour gélatiner et détacher l'épreuve. L'emploi d'un rouleau de bois un peu gros sur lequel on entraîne la pellicule facilite la séparation.

Les clichés sur gélatine sont ensuite conservés dans des registres de papier buvard bien plans. Lorsque la pellicule est suffisamment mince, on peut tirer indifféremment sur les deux faces. Le cliché enlevé se trouve prêt pour les opérations qui nécessitent l'emploi d'une épreuve retournée : telles sont certaines méthodes de tirage dites au *charbon* ou aux *encres grasses*.

Autres moyens de retourner les clichés. — Il est des circonstances où l'opérateur préfère obtenir immédiatement le cliché retourné sur la glace, sans passer par le transport sur gélatine. On peut employer plusieurs moyens : le plus simple est de placer devant l'objectif un prisme ou une glace à faces parallèles ; mais, s'il s'agit de grandes épreuves, c'est un procédé coûteux, les prismes et glaces à faces parallèles étant d'un prix fort élevé ; de plus, quelle que soit leur pureté, c'est un obstacle nouveau qui ralentit notablement l'action de la lumière.

On peut arriver à peu près au même résultat en modifiant le châssis négatif, de telle sorte que la couche sensible soit retournée et qu'elle ne reçoive l'impression lumineuse qu'au travers de la glace ; ainsi, lorsque l'opérateur met sa glace sensible au châssis, la surface préparée se trouve lui faire face, au lieu de faire face au rideau. On doit, dans ce cas, corriger la mise au point avec le plus grand soin, en tenant compte de l'épaisseur différente de chaque glace, et au développement on n'obtient pas, en réalité, le même effet que pour les clichés ordinaires, la face impressionnée étant celle qui touche le verre, tandis que le développement s'étend sur l'autre : il en résulte généralement un peu de mollesse et une légère différence dans le résultat final.

Agrandissements. — Depuis quelques années, les agrandissements sont entrés dans une voie nouvelle, conseillée depuis longtemps par notre regretté collègue Bertsch, et beaucoup plus rationnelle que celle employée précédemment.

On voulait alors, étant donné un petit négatif plus ou moins parfait, obtenir immédiatement un grand positif : de là les inventions d'appareils divers, savamment construits, qui condensaient la lumière solaire sur le petit cliché ; un objectif à court foyer reprenait l'image de ce cliché très-fortement éclairé par transparence, et la projetait plus ou moins agrandie sur la surface préparée. Le plus souvent, cette surface préparée était le papier positif ordinaire au chlorure d'argent, mais alors il fallait un temps considérable pour obtenir l'épreuve ; la marche du soleil dérangeait la régularité de l'éclairage, ce qui nécessitait l'emploi d'un héliostat, et, malgré tous les soins donnés pour le fonctionnement régulier de l'appareil, on obtenait bien rarement la netteté désirable. Quelquefois on procédait par développement, c'est-à-dire que l'image positive agrandie était reçue sur une feuille sensible, préparée à l'état humide, soit au chlorure d'argent acidulé à l'acide citrique, soit à l'iodure d'argent ou tout autre ; l'impression ne durait alors que quelques minutes ou même quelques secondes et l'on développait ensuite l'épreuve au moyen des solutions révélatrices connues, solution gallique ou pyrogallique ou mélange des deux, avec addition d'acide acétique. Mais les épreuves développées sur papier sont presque toujours sourdes et de teinte désagréable ; enfin, une épreuve étant obtenue, il fallait recommencer les mêmes opérations pour en avoir une seconde.

On est généralement revenu à un système plus commode dans la pratique, consistant à tirer sur le négatif original une épreuve positive aussi parfaite que possible et de même grandeur et à en faire un négatif agrandi de la dimension voulue. Ce négatif sert ensuite à faire autant de grandes épreuves positives qu'on le désire par les procédés de tirage ordinaire.

Très-simple en théorie, ce procédé présente dans la pratique quelques difficultés qui, sans doute, en ont retardé l'adoption ; la principale consiste dans l'obtention d'un positif convenable.

Nous devons reconnaître, en effet, que toujours, ou presque toujours, dans les opérations photographiques successives, l'opposition entre les lumières et les ombres va s'accentuant de plus en plus, et comme, dans ce procédé d'agrandissement, il faut passer par trois et même quatre opérations, les épreuves seront de plus en plus heurtées ; d'autre part, les légères imperfections venant s'ajouter du négatif au positif et étant augmentées par l'agrandissement, il faut de grands soins pour arriver à un bon résultat. Il est nécessaire d'obtenir d'abord un cliché négatif doux, bien développé dans tous ses détails et d'en tirer par superposition une épreuve positive sur glace. On pourrait faire cette épreuve positive au collodion humide, soit à la chambre noire, soit, ainsi que l'a démontré M. Audra, en posant le cliché sur la glace collodionnée, en séparant les deux faces par une simple épaisseur de papier découpé et en exposant pendant quelques minutes à la lumière d'une bonne lampe ordinaire ; mais, dans l'une et l'autre de ces conditions, la couche sensible est imprégnée d'un excès de nitrate d'argent qui, au développement par le sulfate de fer ou par l'acide pyrogallique, donnent des oppositions trop accentuées ; il vaut donc mieux employer un procédé qui ne présente pas cet inconvénient.

Pour cela il semble préférable de choisir entre le développement alcalin ou l'épreuve dite *au charbon*.

Pour le développement alcalin, on pourra employer une glace préparée au collodion albuminé (procédé Taupenot) ou tout autre procédé sec; après impression par contact on développera, par un des procédés ci-dessus (p. 52, 56 ou 68,) et l'on obtiendra toutes les finesses, toutes les intensités, sans aucune dureté. On peut employer également bien, comme l'indique M. Liébert, une glace opale très-pure, finement dépolie au dos, repolie spécialement sur la face du côté opalin et couverte de collodiochlorure. Une épreuve fortement tirée dans ces conditions prend une très-grande harmonie par transparence et donne à l'agrandissement de bons négatifs.

Un grand nombre d'opérateurs préfèrent tirer sur glace une épreuve positive au charbon; lorsqu'on emploie des papiers mixtionnés bien préparés, on peut obtenir très-rapidement d'excellentes épreuves positives destinées à l'agrandissement.

Les retouches indispensables sont faites sur le cliché d'abord, ensuite sur la petite épreuve positive, et l'on procède à l'agrandissement.

Le matériel nécessaire rentre dans le matériel ordinaire des photographes : il faut une chambre noire à long tirage, un bon objectif et un cône terminé par une glace dépolie, dans lequel peut se mouvoir parallèlement à cette glace dépolie un cadre destiné à recevoir le cliché à agrandir. S'il s'agit d'opérations courantes, un appareil construit spécialement sera préférable; mais on peut à la rigueur opérer au moyen de deux chambres noires, disposées bout à bout l'une contre l'autre, les deux glaces dépolies étant à chaque extrémité. On retire l'objectif de la plus petite, et par l'ouverture on fait pénétrer l'objectif, qui doit agrandir l'épreuve et qui est monté sur la chambre à long tirage. Le cliché à agrandir est fixé intérieurement sur la glace dépolie de la petite chambre; au moyen d'un papier noir, on élimine toute lumière ne passant pas par le cliché; on établit avec soin le parallélisme entre les deux glaces dépolies, et au moyen des crémaillères on avance plus ou moins l'objectif et le cliché, jusqu'à ce que l'on obtienne la dimension et la netteté voulues. On n'a plus qu'à diriger cet ensemble sur une bonne lumière diffuse et à faire l'épreuve au collodion humide.

Différents brevets ont été pris, non pour ces procédés d'agrandissement qui n'ont rien de neuf, car M. Bayard les exécutait ainsi, il y a plus de quinze ans, mais pour diverses dispositions de détails destinées à supprimer, ou tout au moins à simplifier beaucoup la retouche.

M. Despaquis interpose entre le cliché à agrandir et la glace collodionnée une seconde glace transparente qu'il couvre d'un grain de plombagine très-fin et rendu adhérent par une mince couche d'eau sucrée, préalablement séchée sur la glace; ce grain donnera moins de sécheresse à l'épreuve agrandie. Le même inventeur indique encore l'interposition, on pourrait presque dire la juxtaposition contre la couche collodionnée, d'une glace dépolie très-fine, sur laquelle on peut faire de larges retouches locales qui se fondent sur l'épreuve.

Dans un autre procédé, indiqué par M. Lambert, lorsque le grand négatif est obtenu et terminé, on en couvre les deux faces avec un papier très-transparent sur lequel on fait à l'envers les larges retouches locales au moyen de grandes hachures ou de teintes plates; ces retouches, diffusées par le papier et l'épaisseur de la glace, se fondent les unes avec les autres et avec les teintes du négatif, et ne sont pas visibles sur l'épreuve positive; de l'autre côté, sur le papier appliqué contre la face même du négatif, on fait des retouches fines avec beaucoup de précision. En employant les tours de main, en manœuvrant habilement des caches ou réserves sur la glace du châssis positif pendant la venue de l'épreuve, on arrive à n'avoir presque pas de retouches faites à la main.

Ces divers moyens bien pratiqués donnent d'assez beaux résultats, surtout s'il n'y a pas d'exagération dans l'agrandissement; il faut toutefois reconnaître que de trop grandes épreuves photographiques sont froides à l'œil, monotones, et que trop souvent elles ajoutent à cette monotonie le défaut bien plus grave de présenter des déformations considérables.

ÉPREUVES POSITIVES AUX SELS D'ARGENT ET AUX SELS DE FER.

Positives aux sels d'argent. — Le procédé des épreuves positives aux sels d'argent, qui, très-probablement, doit disparaître dans un temps plus ou moins éloigné pour faire place à des tirages plus solides, sinon plus économiques quant à présent, est cependant encore celui qui est le plus en usage et qui semble présenter le plus de facilité.

Nous n'avons rien à dire de la préparation première du papier; il est maintenant bien peu d'opérateurs qui albuminent eux-mêmes leur papier. Les papiers positifs sont livrés tout albuminés par le commerce, et ils se réduisent quant à la fabrication de la pâte à deux types principaux : le papier français de la fabrique de Rives (Blanchet et Kleber) et le papier de Steinbach, dit *papier de Saxe*.

Le papier français est plus blanc, plus fin de pâte; il vire avec plus de facilité au bain d'or et donne des tons plus éclatants; mais il est moins résistant dans les lavages, moins fortement encollé. Excellent pour les petites épreuves, il est d'un emploi plus difficile pour les grandes; celui dit *de Saxe* est plus corsé et plus résistant, mais il est moins blanc; souvent le premier présente plus de points métalliques que le second, mais il est probable que, la cause en étant actuellement connue ([1]), les fabrications nouvelles seront exemptes de ce défaut. Ces deux sortes de papier sont albuminées dans des fabriques spéciales qui les livrent ensuite aux détaillants.

([1]) *Bulletin de la Société française de Photographie*, janvier 1876. *Recherches sur les causes des taches* (A. DAVANNE).

La clientèle commerciale des albumineurs de papier, cherchant de plus en plus l'économie, a exigé que ces papiers soient de moins en moins chargés de chlorure et l'on est arrivé à des doses excessivement minimes ; comme conséquence, on est parvenu à réduire de plus en plus le titre du bain positif, et, au lieu de l'employer à 15 pour 100, comme précédemment, on est arrivé à 10 ou 12 pour 100 au plus ; si l'on veut employer des bains trop concentrés, l'albumine, énergiquement coagulée, forme une membrane presque imperméable, la dose de chlorure d'argent étant insuffisante pour lui donner l'état spongieux nécessaire ; cette membrane ne laisse pas passer l'excédant de liquide qui se sépare alors sous forme de traînées huileuses, sèche d'une manière inégale et laisse des traces visibles sur l'épreuve terminée. Aussitôt que cet accident apparaît, on diminue le titre du bain qui peut descendre jusqu'à 8 pour 100 et même moins.

La conséquence de cette diminution dans la dose des chlorures et des bains d'argent est un affaiblissement de la sensibilité que l'on a combattue soit par des fumigations ammoniacales, soit par des bains à réaction alcaline.

Tout en reconnaissant que les fumigations ammoniacales accélèrent la venue de l'épreuve, nous ne les employons jamais, parce que le papier soumis aux vapeurs d'ammoniaque a une tendance à jaunir rapidement et parce que c'est une opération de plus à ajouter aux opérations déjà trop nombreuses de la Photographie. Toutefois le mode d'opérer est des plus simples ; il suffit de suspendre les feuilles pendant quelques minutes dans une grande boîte spéciale ou dans une armoire au fond de laquelle on met une assiette ou une capsule contenant soit un peu d'ammoniaque liquide, soit un mélange à parties égales de chaux éteinte et de chlorhydrate d'ammoniaque : il se fait alors un dégagement de vapeurs ammoniacales dont l'action se porte sur les feuilles sensibilisées ; celles-ci sont employées immédiatement comme les feuilles ordinaires.

A côté des fumigations ammoniacales, on a préconisé un bain dit *ammoniacal* (à tort), préparé de la manière suivante :

$$\text{Soude caustique pure} \dots \dots \dots \dots 100^{gr}$$
$$\text{Eau distillée} \dots \dots \dots \dots \dots 1000^{cc}$$

ÉPREUVES POSITIVES AUX SELS D'ARGENT ET AUX SELS DE FER.

Après solution, versez le liquide dans la préparation suivante :

$$\text{Nitrate d'argent} \dots\dots\dots\dots\dots\dots 80^{gr}$$
$$\text{Eau distillée} \dots\dots\dots\dots\dots\dots 1000^{cc}$$

Il se fait aussitôt un abondant précipité brun d'oxyde d'argent qu'on lave par huit ou dix décantations successives; lorsqu'un peu de cette eau de décantation évaporée à sec dans une petite capsule ne laisse qu'un résidu insignifiant, on déverse avec soin, on rejette toute l'eau qui surnage le précipité. On fait d'autre part une solution de :

$$\text{Nitrate d'ammoniaque pur} \dots\dots\dots\dots 500^{gr}$$
$$\text{Eau distillée} \dots\dots\dots\dots\dots\dots 1000^{cc}$$

On verse peu à peu sur le précipité d'oxyde d'argent la quantité de cette solution nécessaire pour le dissoudre, on complète le volume d'un litre avec de l'eau distillée; si le liquide reste un peu trouble, on l'éclaircit avec quelques gouttes d'acide nitrique. Le papier est ensuite sensibilisé sur le bain, soumis aux vapeurs ammoniacales, comme il est dit ci-dessus, et employé pour le tirage.

Nous devons mettre les photographes en garde contre un danger qui se présente lorsqu'on emploie l'ammoniaque et les sels d'argent. L'oxyde d'argent laissé au contact de l'ammoniaque forme un composé fulminant au plus haut degré, même sous l'eau, par le seul contact d'un corps dur. Il en est de même si l'on dissout l'azotate d'argent dans un excès d'ammoniaque et si on précipite la liqueur par de la potasse ou de la soude; il est probable que le même composé pourrait encore se former dans les diverses manipulations que l'on ferait dans le laboratoire photographique sans se rendre un compte exact des réactions ; nous engageons nos lecteurs à s'abstenir de tout mélange d'ammoniaque pure et d'azotate d'argent (les mélanges d'ammoniaque avec les sels d'or doivent être évités avec un soin plus grand encore : ils ont déjà occasionné de funestes accidents).

Jusqu'à présent il ne nous a pas paru que les épreuves obtenues par ces bains composés ou ces fumigations ammoniacales soient supérieures à celles que donnent les procédés plus simples, généralement acceptés et que nous préférons dans notre pratique quotidienne. Nous employons le papier de Rives à 10 et même 12 kilogrammes la rame, tel que nous le livre le commerce de papier albuminé ; nous le sensibilisons sur un bain d'azotate d'argent *cristallisé pur ;* dans ce bain, qui sert indéfiniment, parce que toujours on le ramène à son volume primitif et au titre de 10 pour 100, nous ajoutons assez fréquemment quelques centimètres cubes d'une solution saturée de carbonate de soude, en quantité suffisante pour que la réaction au papier de tournesol soit franchement alcaline, c'est-à-dire que le papier rouge devienne bleu, et pour qu'il reste un léger précipité de carbonate d'argent au fond du flacon.

Dans ces conditions, le papier que nous employons reste assez blanc pendant vingt-quatre heures au moins ; cependant la conservation, indépendamment des conditions de température et d'humidité atmosphérique, dépend le plus souvent de la qualité même du papier, car, dans des conditions identiques de laboratoire, certains papiers restent blancs pendant plusieurs jours, quelques-uns jaunissent en quelques heures.

En général, les images obtenues comme nous venons de l'indiquer sont assez brillantes et virent avec une grande facilité. Il suffit de quelques centièmes de sels de plomb (azotate ou azotite de plomb) dans le nitrate d'argent pour ôter à ces préparations toutes leurs qualités.

Le virage que nous préférons à tous autres pour sa simplicité, pour la solidité des épreuves, pour les résultats obtenus, est celui que nous avons décrit (*Chimie photographique*, p. 313), et que nous appelons le *virage à la craie*. Nous le résumons ici :

$$
\begin{array}{ll}
\text{Chlorure double d'or et de potassium}\ldots & 1^{gr} \\
\text{Eau}\ldots\ldots\ldots\ldots\ldots\ldots\ldots\ldots\ldots\ldots\ldots & 1000 \\
\text{Craie ou blanc d'Espagne pulvérisé}\ldots\ldots & 4 \text{ à } 5^{gr}
\end{array}
$$

Faire cette préparation cinq ou six heures à l'avance.

Si l'on oublie de la faire à temps, on obtient les mêmes résultats en mettant les réactifs ci-dessus dans le quart de la quantité d'eau indiquée ; on chauffe dans une capsule de porcelaine jusqu'à décoloration très-sensible du liquide et l'on ajoute le complément d'eau froide nécessaire, soit les trois quarts restants, ce qui ramène de suite le bain à la température à laquelle il peut être employé.

Le bain de virage, appauvri par les épreuves qui y ont passé, n'est pas épuisé ; on le conserve dans son flacon : il continue de s'appauvrir un peu par le contact de la craie, mais, lorsqu'on veut s'en servir de nouveau, il suffit de le remonter, non pas à l'avance, mais le jour même où l'on a de nouvelles épreuves à faire virer ; on ajoute alors la quantité de chlorure d'or et de potassium nécessaire pour le nombre des feuilles à virer ; cette quantité est d'environ 4 à 5 centigrammes par grande feuille de $0,44 \times 0,57$.

On facilite beaucoup le dosage des quantités d'or à ajouter en faisant à l'avance une solution mère de 1 gramme de sel d'or pour 100 centimètres cubes d'eau ; ainsi chaque centimètre cube de la liqueur représente 1 centigramme de sel d'or. On doit se garder d'ajouter de la craie dans cette solution, il se précipiterait de l'oxyde d'or ; il est au contraire préférable de la maintenir franchement acide par quelques gouttes d'acide chlorhydrique ou d'eau régale. Lorsqu'on remonte le bain d'or décoloré et devenu presque inactif, on doit avoir soin de verser la liqueur acide sans agiter le bain : l'acidité ramène le sel d'or inactif à son état primitif de perchlorure ; on agite alors, la craie recommence son action, ramène le perchlorure à un état moins chloruré et le bain est de nouveau prêt à servir.

Après virage, les épreuves sont lavées à une eau, fixées à l'hyposulfite de soude à 20 pour 100, lavées de nouveau à sept eaux successives, en faisant à chaque lavage, qui doit durer au moins un quart d'heure, un changement alternatif de cuvettes, puis séchées au buvard, coupées et collées comme nous l'avons indiqué. Il est assez important de faire sa colle soi-même, pour être assuré qu'elle ne contient ni acides, ni chlorures, ni aucune substance qui pourrait amener la détérioration des épreuves.

Pour les amateurs et même pour les opérateurs de profession, ce serait une grande amélioration de pouvoir trouver dans le commerce des papiers sensibles présentant les mêmes qualités que ceux que l'on prépare soi-même et se conservant sans altération pendant un long espace de temps.

Plusieurs essais ont été tentés dans cette voie : les uns sont restés à l'état de procédés particuliers, d'autres ont été décrits dans les journaux et brochures photographiques.

Parmi les papiers que l'on vend tout préparés, nous citerons celui de M. Carrier, qui s'emploie comme le papier ordinaire ; toutefois le virage réussit mieux lorsqu'on le fait avec le sulfocyanure d'ammonium.

MM. Schæffner et Mohr ont aussi présenté un papier au carbonate d'argent qui n'a de sensibilité qu'à la condition de lui faire subir des fumigations ammoniacales ou mieux de le mettre en contact avec des coussins saupoudrés de carbonate d'ammoniaque. Il ne faut pas oublier que les réactions fortement alcalines altèrent certains vernis, que les châssis positifs dont on se sert, ainsi que les buvards et doublures destinés à faire pression, s'imprègnent de vapeurs ammoniacales et doivent être réservés pour cet usage spécial; car, s'ils étaient employés pour le papier ordinaire, avant d'être complétement purifiés par l'évaporation, ce papier serait inégalement altéré, ce qui produirait des taches.

Parmi les procédés divers qui ont été donnés pour conserver les papiers sensibles pendant un temps plus ou moins long pouvant excéder plusieurs semaines, le plus simple et le plus employé est basé sur l'adjonction d'une certaine quantité d'acide citrique qui peut aller jusqu'à 5 grammes pour 100 centimètres cubes du bain, soit la formule suivante :

Eau.............................	100^{cc}
Nitrate d'argent, de................	6 à 10^{gr}
Acide citrique, de..................	3 à 5^{gr}

Le papier préparé sur ce bain doit être conservé à l'abri de la lumière dans un endroit sec; il s'emploie à la manière ordinaire, seulement, sous l'influence de l'acide, il a une tendance à se désencoller et devient peu résistant aux lavages, surtout s'il s'agit de grandes dimensions. De plus, cette acidité retarde le virage qui reste facilement rouge; pour combattre cette influence, on devra employer de préférence les formules de virage alcalin ou tout au moins laver les épreuves dans une eau très-légèrement alcalinisée (par un peu de carbonate de soude) avant de les virer.

Collodio-chlorure. — On a également employé, pour le tirage des épreuves positives, le papier préparé au collodion émulsionné de chlorure d'argent dit *collodio-chlorure*. Cette préparation paraît être limitée dans la pratique à quelques emplois spéciaux: tels sont surtout les transports d'une épreuve positive sur un nouveau subjectile, comme les épreuves à fond d'or ou d'argent, les presse-papier de cristal, etc., etc. M. Geymet prépare dans ces conditions un papier au collodio-chlorure dont la couche de collodion repose sur une surface gélatinée restée soluble, de sorte que l'on peut à volonté, soit laisser l'image sur le papier, en faisant

ÉPREUVES NÉGATIVES AUX SELS D'ARGENT ET AUX SELS DE FER. 91

toutes les opérations de virage, fixage, lavage, etc., à l'eau froide, ou transporter cette image sur tout autre support, en la passant dans l'eau tiède, qui dissout la gélatine et permet de séparer la couche de collodion que l'on applique, soit directement sur son support définitif, mais alors l'épreuve est retournée, soit sur une feuille de papier provisoire qui la soutient et facilite le transport sur tout autre subjectile.

La préparation du collodio-chlorure est assez délicate et compliquée. Voici une formule donnée par Van Monckhoven.

Faites les solutions suivantes :

1° Alcool chaud, à 36 degrés................	500^{cc}
Chlorure de magnésium cristallisé..........	5

Filtrez après dissolution et laissez refroidir :

2° Solution n° 1.........................	100^{cc}
Éther sulfurique.......................	100^{cc}
Pyroxyle (pour épreuves sur verre)........	3^{gr}
» (pour épreuves sur papier).......	4 à 5^{gr}

Laissez déposer ce collodion au moins pendant quinze jours.

3° Alcool à 36 degrés......................	200^{cc}
Eau..................................	8^{gr}
Nitrate d'argent fondu et pulvérisé.........	8^{gr}

Dissolvez d'abord le nitrate dans l'eau; ajoutez successivement l'alcool, filtrez, laissez refroidir.

Ajoutez :

Éther sulfurique.......................	200^{cc}
Pyroxyle..............................	6^{gr}

Laissez ce collodion dit *à l'argent* au moins huit jours en repos.

4° Acide citrique........................	18^{gr}
Eau bouillante.........................	18^{cc}
Puis alcool à 36 degrés..................	160^{cc}

Ces quatre préparations séparées étant faites, on prépare le collodio-chlorure d'argent en mélangeant :

N° 2	200^{cc}
N° 3	200^{cc}
N° 4	4^{cc}
Ammoniaque pure	8 gouttes.

Agitez avec force; conservez dans un flacon de verre jaune, pour l'usage.

Si l'on se sert de ce collodion pour obtenir une épreuve sur glace, la glace est préalablement couverte d'une couche mince d'albumine, séchée, collodionnée, séchée de nouveau, exposée aux vapeurs de carbonate d'ammoniaque, placée sous le cliché et insolée le temps nécessaire.

L'épreuve est virée au sulfocyanure d'ammonium :

Eau	1000^{cc}
Sulfocyanure d'ammonium	15^{gr}
Hyposulfite de soude	1^{gr}

On ajoute ensuite dans cette solution et goutte à goutte 1 gramme de chlorure double d'or et de potassium préalablement dissous dans 10 centimètres cubes d'eau distillée.

Le fixage est fait à l'hyposulfite de soude ordinaire. La glace bien lavée donne un beau positif, très-transparent.

Le même collodio-chlorure, un peu renforcé en pyroxyline, peut servir pour les épreuves sur papier. La feuille de papier est préalablement encollée sur un bain formé de :

Gélatine très-blanche et très-fine	100
Eau	1200
Oxyde de zinc ou sulfate de baryte précipité	50

Sur la feuille sèche, on verse doucement le collodion pour avoir une couche très-épaisse, et l'on fait subir à l'épreuve venue sur papier les mêmes opérations que nous venons de décrire ci-dessus.

Épreuves gélatinées. Caméo-portraits. — Lorsque l'épreuve positive est terminée, on peut en faire ressortir les moindres finesses en lui donnant un glacé au moyen d'une couche de gélatine et de collodion, que l'on y fait adhérer. Cette opération n'est guère employée que pour les portraits-cartes ou portraits-album, et le plus souvent elle est complétée par un léger bombage fait au moyen d'une presse spéciale qui donne à l'épreuve l'aspect d'un émail.

Ce résultat est obtenu assez facilement par les opérations qui suivent :

On prend une glace bien plane et bien polie, et l'on en prépare la surface, soit par un bon polissage au talc, méthode que nous préférons, soit en la couvrant d'une très-légère couche de cire préalablement dissoute dans un peu d'éther ; on mouille un tampon de coton avec un peu de cette solution de cire, on frotte la glace avec un second tampon, de manière à la rendre bien brillante ; après l'une ou l'autre de ces préparations, on la couvre d'une couche de collodion normal composé de :

$$\begin{array}{ll} \text{Éther.} & 50^{cc} \\ \text{Alcool.} & 50 \\ \text{Coton-poudre.} & 1^{gr},50 \end{array}$$

Il est nécessaire d'employer un coton-poudre donnant des couches de collodion tenaces, s'enlevant sous le doigt en pellicules un peu résistantes ; si l'on employait un collodion poudreux, la couche de collodion trop poreuse laisserait passer la gélatine qui adhérerait sur la glace même et l'épreuve ne pourrait plus s'en détacher.

Lorsque le collodion a fait prise, on l'immerge dans un bain d'eau filtrée et on le lave jusqu'à ce que toute apparence huileuse ait disparu, puis on laisse la glace sécher sur le support.

D'autre part, on fait la solution de gélatine :

$$\begin{array}{ll} \text{Belle gélatine blanche du commerce} & 15^{gr} \\ \text{Eau.} & 100^{cc} \end{array}$$

On laisse d'abord tremper à froid pendant plusieurs heures, et, quand la gélatine est bien gonflée, on met le vase qui la contient dans l'eau chaude et l'on continue de chauffer jusqu'à liquéfaction complète.

On peut à ce moment ajouter à la gélatine quelques traces de matière colorante soluble (couleurs d'aniline, carmin, etc.), selon le goût de l'opérateur, pour réchauffer un peu le ton du portrait, si on le croit nécessaire.

La gélatine chaude est passée dans une mousseline, laissée au chaud pendant quelque temps pour que les bulles et mousses puissent monter à la surface; ces impuretés sont enlevées alors avec un peu de papier et la gélatine est mise dans une cuvette de la dimension nécessaire pour les épreuves à gélatiner et conservée chaude par un bain-marie.

Les épreuves non rognées sont d'abord mouillées à l'eau ordinaire, légèrement épongées, passées en plein dans la gélatine et posées la face en contact avec la glace collodionnée; on peut mettre sur une même glace collodionnée autant d'épreuves qu'elle en peut recevoir. Immédiatement après on applique sur le dos de ces épreuves une feuille de papier ordinaire préalablement détrempée et l'on donne sur le tout un léger coup de la raclette de caoutchouc; on retourne la glace pour s'assurer si toutes les bulles d'air sont expulsées; s'il en restait, on les ferait glisser sous le doigt : on prend ensuite un bristol mince également détrempé, on le passe en plein dans la gélatine, on l'applique sur le papier qui est déjà au dos des épreuves; sur le bristol on met une dernière feuille de papier mouillé, plus grande en tous sens que la glace, on donne un dernier coup de raclette, on rabat les bords du papier que l'on colle sur l'envers de la glace et on laisse sécher.

Si les épreuves positives ont été retouchées, il faut éviter que la retouche ne disparaisse dans ces diverses manipulations; pour cela, au lieu de les détremper en plein dans l'eau, on les met à plat face en dessous sur une glace nue et propre et l'on applique au dos un gros buvard humide; en quelques minutes l'épreuve est détendue, mais encore gondolée; on la pose face en dessus sur un bain d'eau, sans l'immerger, elle devient tout à fait plane, on l'égoutte, on la passe en plein dans le bain de gélatine chaude, on suit le reste des manipulations comme ci-dessus, et on laisse sécher.

Le lendemain la dessiccation est complète : on n'a plus qu'à couper les bords; les épreuves se séparent de la glace et présentent une surface d'aspect parfaitement émaillé.

S'il s'agit d'épreuves dites *caméo-portraits*, on termine en donnant à l'image la forme bombée d'un émail, au moyen d'une petite presse qui se trouve chez les marchands d'articles pour photographie.

Généralement, pour les caméo-portraits, on se sert de cachés spéciales découpées d'après les dimensions de la presse à bomber, et qui permettent d'obtenir des épreuves ovales ou autres, dégradées ou non, avec des marges plus ou moins teintées suivant le goût de l'opérateur.

Épreuves positives aux sels de fer (dites *au prussiate de potasse*). — Les épreuves obtenues par cette péparation sont d'un ton bleu plus ou moins foncé, à moins que par des réactions successives on ne les fasse virer au ton noir; mais, ces réactions étant un peu compliquées et ne donnant pas jusqu'ici les teintes désirables, on se contente le plus souvent du ton bleu.

La préparation du papier employé pour ce genre d'épreuves est basée sur les propriétés du prussiate rouge de potasse (cyanoferride de potassium), qui forme avec les sels de protoxyde de fer un précipité bleu intense, analogue au bleu de Prusse, tandis qu'il ne précipite pas et ne colore pas sensiblement les sels de peroxyde de fer, et sur cette autre propriété de certains sels de peroxyde de fer ou de composition chimique analogue qui, sous l'influence de la lumière et d'une matière organique, reviennent à l'état de protosels.

Si donc on fait un mélange de prussiate rouge de potasse et d'un sel de peroxyde de fer et qu'on imprègne une feuille de papier de ce mélange, elle sera teintée d'une manière générale d'une couleur verdâtre; au lavage le mélange se dissoudra, et la feuille de papier redeviendra blanche. Mais, si, par une réaction quelconque, une partie du sel de peroxyde est ramené à l'état de protoxyde, le prussiate rouge de potasse formera avec ce sel de protoxyde ce composé bleu insoluble qui restera sur la feuille.

Or, la lumière possédant cette propriété de ramener certains sels de peroxyde de fer à l'état de protoxyde, lorsqu'ils sont mélangés d'une matière organique, le résultat sous un cliché sera l'impression de l'épreuve en couleur bleu de Prusse.

C'est en se fondant sur ces deux propriétés que M. Marion a préparé, d'après les formules qui lui ont été communiquées par M. de Motileff, un papier dont il n'a pas publié le mode de fabrication : il y a lieu de croire que c'est un mélange de cyanoferride de potassium et de citrate de fer ammoniacal. Ce papier se conserve très-longtemps à l'abri de la lumière : il suffit de l'exposer sous un cliché pour avoir assez rapidement une épreuve bleue qu'on développe et fixe à la fois par un simple lavage à l'eau.

On peut employer, pour préparer ce papier, la formule suivante :

Prussiate rouge de potasse.....	10^{gr}
Eau.....	100^{cc}
Ammoniocitrate de fer.....	15^{gr}
Eau.....	100^{cc}

Mélangez, filtrez et préparez sur ce bain, par affleurement, des feuilles de beau papier ordinaire. On laisse sécher et l'on conserve.

L'épreuve obtenue est lavée, mais peu à peu elle se dégrade dans l'eau de lavage, jusqu'à disparaître complètement ; on pourra donc ramener au ton voulu une épreuve trop posée en la maintenant immergée plus ou moins longtemps.

Le ton de l'épreuve bleue obtenue s'avive et devient plus intense si, dans la dernière eau de lavage, on ajoute quelques traces d'une solution de chlore ou d'un hypochlorite décolorant quelconque (eau de Javel, chlorure de soude, chlorure de chaux).

Ce procédé, qui ne sera employé par les photographes que dans des circonstances exceptionnelles, pourra rendre de réels services dans tous les bureaux où l'on fait soit des plans, soit des dessins, dont il est utile de garder ou de communiquer copie. On peut ainsi économiser les frais et le temps d'un décalque, et la possibilité d'acheter tout préparé, un papier qui se conserve longtemps et donne une épreuve par la simple exposition de la lumière, suivie d'un lavage à l'eau, en rend la pratique très-facile pour ces circonstances spéciales.

LES COULEURS EN PHOTOGRAPHIE.

Depuis les expériences déjà anciennes de M. Ed. Becquerel et de Niepce de Saint-Victor, pour obtenir directement les couleurs de la nature sur plaques daguerriennes, des méthodes nouvelles ont été proposées pour produire ces mêmes couleurs sur papier, soit directement, soit indirectement.

Les études de M. A. Poitevin, celles de M. de Saint-Florent, prouvent qu'il est possible d'obtenir les couleurs sur un papier sensibilisé au sous-chlorure d'argent, mais elles sont toujours fugitives, et, jusqu'à présent, ces recherches, très-curieuses comme théorie, ne peuvent recevoir aucune application pratique.

Deux autres habiles et savants chercheurs, M. Ducos du Hauron et M. Ch. Cros, s'appuyant tous deux sur une même théorie, sans avoir connaissance de leurs mutuels travaux, ont proposé en même temps, dans le courant de 1869, une solution complétement nouvelle du problème.

Au lieu de chercher à obtenir directement toutes les couleurs que peut présenter la nature, ils ont pensé qu'il serait possible d'analyser ces couleurs en les ramenant aux trois couleurs primitives : rouge, jaune, bleu, et faisant, par des moyens expliqués plus loin, trois clichés négatifs, l'un de tous les rayons rouges, l'autre de tous les rayons jaunes, le troisième de tous les rayons bleus qui entrent dans la composition de la totalité des couleurs naturelles, ils superposent les positifs rouges, jaunes et bleus de ces négatifs et recomposent ainsi l'ensemble coloré.

M. L. Vidal, dans une voie ayant quelque analogie avec la précédente, se contente de faire un seul cliché, et, par un travail manuel de réserves habilement faites, il peut tirer une série d'épreuves portant chacune une teinte particulière monochrome. Ces épreuves, obtenues sur pellicules de gélatine, sont superposées avec un repérage exact et donnent ainsi, en se fondant les unes dans les autres, les teintes diverses de l'objet représenté.

Nous allons examiner rapidement ces procédés divers.

ÉPREUVES COLORÉES OBTENUES DIRECTEMENT SUR PAPIER.

Procédé de M. Poitevin ([1]). — Une feuille de papier est couverte de chlorure d'argent par les procédés ordinaires, bien lavée et exposée à la lumière le temps nécessaire pour prendre une teinte foncée, due à la formation du *sous-chlorure d'argent violet* ; on applique à la surface la composition suivante.

Prenez :

Eau.............................	100^{cc}	1 volume.
Bichromate de potasse............	5	
Solution saturée de sulfate de cuivre.		1 volume.
Eau.............................	100^{cc}	1 volume.
Chlorure de potassium............	5	

Mélangez les trois volumes et, au moyen d'un pinceau, appliquez une couche de ce liquide sur le papier noirci à la lumière, laissez sécher, mettez le papier sous des écrans colorés, et, après une exposition de quelques minutes, variable suivant la transparence de ces écrans, vous aurez l'image représentant les mêmes couleurs. Il est facile de vérifier la marche de la coloration.

Les épreuves, lavées à l'eau très-faiblement acidulée d'acide chromique, puis successivement par une faible solution de bichlorure de mercure, de nitrate de plomb et par l'eau pure, ne s'altèrent plus que lentement par la lumière. Toutefois on ne peut les considérer comme suffisamment stables pour qu'elles puissent avoir un résultat autre qu'un grand intérêt théorique.

M. Poitevin indique que les composés favorisant les colorations du

---

([1]) *Bulletin de la Société française de Photographie*, année 1868, p. 13.

sous-chlorure d'argent violet sont les réactifs oxydant tels que les bichromates solubles, l'acide chromique, le nitrate d'urane, etc.

Procédé de M. de Saint-Florent (¹). — M. de Saint-Florent, continuant les recherches dans cette même voie, a communiqué à la Société française de Photographie les formules adoptées par lui, l'ensemble de ses expériences et les idées théoriques qu'elles lui ont suggérées; nous renvoyons à ce travail et nous donnons seulement ici quelques-unes des formules publiées :

Plongez une feuille de papier d'un grain aussi fin que possible dans une solution composée de :

>   Azotate d'argent........................ 20^{gr}
>   Eau distillée........................... 20^{cc}

Après dissolution, ajoutez :

>   Alcool................................. 100^{cc}
>   Acide azotique......................... 10^{cc}

La feuille retirée est mise à sécher et passée dans un bain formé de :

>   Acide chlorhydrique.................... 50^{cc}
>   Alcool................................. 50
>   Nitrate d'urane........................ 1^{gr}

On fait préalablement dissoudre 1 à 2 grammes de blanc de zinc dans l'acide chlorhydrique.

Au sortir de ce bain, le papier est exposé à la lumière solaire jusqu'à ce qu'il devienne violet bleu, après dessiccation on recommence l'immersion dans les deux bains, et l'on répète ces opérations jusqu'à ce qu'on ait obtenu une teinte violet bleu suffisamment intense; c'est le seul moyen d'avoir des épreuves très-vigoureuses.

Avant que le papier soit tout à fait sec après le dernier bain, on le passe dans une solution de :

>   Eau.................................... 100
>   Nitrate acide de mercure............... 4 à 5 gouttes.

(¹) *Bulletin de la Société française de Photographie.* Année 1873, p. 228; année 1874, p. 53, 72, 103.

On laisse la feuille pendant cinq à dix minutes dans ce bain et on la sèche dans du buvard.

On l'expose alors sous l'écran colorié, soit par exemple un verre de lanterne magique; on obtient, en trente ou quarante secondes à la lumière du soleil, une épreuve fond blanc avec toutes les couleurs du modèle.

Les couleurs sont plus vives et la rapidité aussi grande, si l'on ajoute au bain précédent :

Solution saturée de bichromate de potasse ou d'ammoniaque..........................	2^{cc}
Acide sulfurique...........................	2^{cc}
Chlorate de potasse........................	1^{gr}

Pour fixer à peu près les images, on les lave à grande eau, puis on les plonge dans

Ammoniaque............................	5^{cc}
Alcool..................................	100

On lave de nouveau, on passe la feuille dans un bain saturé d'un chlorure alcalin, et, après un nouveau lavage, l'épreuve résiste assez longtemps à la lumière diffuse.

ÉPREUVES COLORÉES OBTENUES INDIRECTEMENT.

Héliochromie. — *Méthode de M. Cros* ([1]). — M. Ch. Cros, traitant la question seulement au point de vue théorique, n'a apporté aucune épreuve, n'a fait aucune expérience à l'appui du Mémoire présenté par lui; néanmoins, ce Mémoire est si précis que nous en recommandons la lecture attentive aux personnes que ce sujet intéresse, et nous croyons devoir en rappeler brièvement les points principaux, pour en montrer toute la valeur.

Toutes les couleurs de la nature se résument en trois couleurs primitives, le rouge, le jaune, le bleu; il faut donc, pour résoudre le problème des couleurs naturelles, prendre trois épreuves différentes; l'une de

---

[1] Extrait du Mémoire publié par le journal *les Mondes*, 25 février 1869, sous le titre de *Solution générale du problème de la Photographie des couleurs*.

tous les points rouges ou contenant du rouge, l'autre de tous les points jaunes ou contenant du jaune, la troisième de tous les points bleus ou contenant du bleu. Ces trois épreuves, bien qu'obtenues avec les teintes uniformes d'un cliché photographique, représenteront chacune les quantités proportionnelles de rouge, de jaune, de bleu, qui forment l'ensemble coloré du modèle.

Il faut maintenant, par un moyen synthétique, reproduire les teintes avec les dégradations données par chaque cliché et les superposer de manière à les confondre, ce qui nous représentera l'ensemble des couleurs du sujet reproduit.

M. Cros donne dans son Mémoire de nombreux moyens d'analyser les couleurs, entre autres l'obtention des épreuves à travers des verres colorés de teinte complémentaire, méthode que nous retrouverons employée par M. Ducos du Hauron, ou l'usage des éclairages monochromes successifs, etc.

Pour les procédés de synthèse, c'est-à-dire de reconstitution de l'image coloriée, l'auteur indique la projection sur un écran de chaque épreuve que l'on superpose en les éclairant chacune par la lumière monochrome qui se rapporte à chaque cliché; la succession rapide des épreuves coloriées, comme cela a lieu dans l'instrument appelé *phénakisticope;* la superposition des images au moyen de réflexions obtenues par des glaces; la superposition des teintes imprimées par trois planches héliographiques ou lithophotographiques.

L'auteur ne se dissimule pas que dans la pratique il peut se présenter de grandes difficultés, mais il se contente d'indiquer de nombreux modes de solution du problème en laissant l'idée faire son chemin dans le domaine public.

Héliochromie. — *Méthode de M. Ducos du Hauron.* — L'auteur pose d'abord ce même principe : Toutes les couleurs perçues par l'organe visuel se réduisent à trois couleurs élémentaires, le rouge, le jaune, le bleu, dont les combinaisons en diverses proportions produisent l'infinie variété des nuances de la nature; si nous pouvons obtenir trois épreuves, l'une rouge, l'autre jaune, la troisième bleue, dans lesquelles ces trois couleurs soient représentées dans les mêmes proportions que sur le modèle, comme quantité et intensité, et cela non-seulement pour les couleurs primitives, mais aussi pour toutes les combinaisons qu'elles peuvent former entre elles, il suffira ensuite de confondre ces monochromes par superposition, de manière à les voir, soit par réflexion, soit par transparence, pour retrouver toutes les couleurs de la nature.

La difficulté d'obtenir ces monochromes n'est pas aussi grande qu'on pourrait le croire au premier abord. En effet, prenons un verre vert, c'est-à-dire ne laissant passer que les rayons jaunes et bleus : le rayon rouge est éliminé, il ne passe pas, et, si ce verre est placé devant l'objectif, ou plutôt devant la glace sensible, celle-ci sera impressionnée par les rayons jaunes et bleus et leurs composés, suivant leur intensité, tandis que les rayons rouges étant complétement arrêtés n'auront aucune action, et au développement on obtiendra un cliché qui sera le *négatif du rouge*. Ce négatif, employé sur un papier rouge à la gélatine bichromatée, donnera donc l'épreuve du rouge avec toutes ses dégradations de teintes. Si nous prenons une deuxième épreuve à travers un verre violet (rouge et bleu), nous arrêtons les rayons jaunes, et nous obtenons au développement le négatif du jaune, qui donnera sur papier positif jaune l'image monochrome jaune. De même à travers le verre orangé (jaune et rouge), nous arrêtons le rayon bleu, nous obtenons le négatif du bleu, qui donnera de la même manière un positif bleu.

Avec le procédé dit *au charbon*, tel qu'il est pratiqué actuellement, d'une manière courante, rien de plus simple, étant donnés ces trois négatifs, que d'obtenir sur pellicule transparente les trois positifs monochromes rouge, jaune, bleu, et les superposant avec un repérage exact, on a l'image avec les couleurs du modèle, soit par transparence, soit par réflexion, suivant l'intensité des épreuves.

Dans la pratique, deux difficultés se présentent :

Le choix des verres colorés ;

La préparation d'une surface sensible appropriée.

Pour le choix de la coloration des verres, qui doit être suffisant pour opérer l'analyse des couleurs, sans cependant s'opposer complétement à l'impression photographique, il faut un grand nombre d'essais successifs pour arrêter la coloration convenable, soit que l'on prenne ces verres dans le commerce, soit qu'on les prépare soi-même au moyen de vernis colorés.

Pour la préparation des surfaces, nous donnerons celles que M. Ducos du Hauron a recommandées dans son dernier Mémoire, après essai d'un grand nombre de procédés divers; mais l'ensemble de ce travail se ressent forcément de l'indécision qui règne dans toutes les recherches théoriques sur la question des iodures et bromures d'argent, et sur l'impression qu'ils reçoivent des rayons les moins réfrangibles du spectre; nous devons reconnaître que, si un nombre considérable d'expériences a été fait avec l'iodure et le bromure d'argent, séparément ou mélangés, à l'état sec ou à l'état humide, à l'état de pureté ou avec l'addition d'autres substances, toutes ces expériences sont le plus souvent contradictoires, bien qu'elles aient été faites avec le plus grand soin; les affirmations présentées par des expérimentateurs habiles sont contredites le plus souvent par les résultats obtenus par d'autres expérimentateurs tout aussi soigneux, et nous devons avouer que nous n'avons encore sur ce sujet qu'une réunion de matériaux insuffisants pour constituer une théorie solide.

Pour obtenir par voie humide les trois clichés négatifs des monochromes rouge, jaune, bleu, M. Ducos du Hauron emploie un collodion contenant 3 grammes de bromure de cadmium pour 100 centimètres cubes de collodion; il sensibilise la glace dans un bain de nitrate d'argent à 20 pour 100 d'eau et la lave à l'eau distillée, de manière à la débarrasser complètement de toutes traces de nitrate d'argent; lorsqu'il s'agit de prendre l'épreuve à travers le verre violet, il n'est pas besoin de modifier cette couche de collodion, nous rentrons dans les phénomènes de la photographie ordinaire, on pose un temps très-court, on développe par le procédé alcalin de Sutton ou tout autre, et l'on obtient ainsi facilement le négatif du rayon jaune, c'est-à-dire celui où tous les points du modèle qui sont de couleur jaune pure ou combinée seront traduits par la transparence plus ou moins complète du cliché. Pour avoir le négatif du rayon rouge, il faut opérer à travers le verre vert, ne laissant passer que les rayons jaunes ou bleus; déjà ce milieu vert atténue beaucoup la sensibilité. M. Ducos du Hauron s'est alors reporté aux travaux de M. Vogel, lequel affirme que l'addition au bromure d'argent d'une substance colorée, absorbant certains rayons du spectre, rend ce bromure sensible à ces mêmes rayons. Nous ferons remarquer que cette loi, posée par M. Vogel, en 1873, n'est pas nouvelle, car elle avait été formulée par M. Cros, dans son Mémoire de février 1869, dans les termes suivants : « La faible activité actinique des rayons rouges et jaunes s'explique par ce fait que les substances sensibles sont généralement rouges ou jaunes et reflètent ces couleurs *sans les absorber;* on rétablirait l'égalité en colorant les surfaces sensibles en bleu ou en vert. »

En outre, cette loi ne peut être considérée comme fixée d'une manière définitive, car elle se trouve contredite par quelques expériences de M. Carey-Lea. Il est démontré que certains corps favorisent l'action des rayons les moins réfrangibles du spectre, mais il n'est pas encore suffisamment prouvé que ce soit par le fait de leur coloration. En effet, deux teintes égales données, l'une par la chlorophylle, l'autre par le vert d'aniline, ne semblent pas produire le même résultat, et nous conclurons comme ci-dessus en disant que les recherches ne sont pas encore complètes sur ce sujet.

Quoi qu'il en soit, on donnera à la préparation destinée à opérer avec le verre vert une sensibilité convenable pour les rayons verts, en teintant le collodion avec l'aurine ou avec la coralline, et la glace, après égouttage, lavage, est immergée dans le préservateur indiqué par Sutton :

Eau distillée............................	200^{cc}
Carbonate de soude.....................	1
Gélatine incolore........................	1

Il est bon d'ajouter dans ce bain un peu d'aurine, pour l'empêcher d'enlever cette matière colorante à la glace préparée.

Pour obtenir le négatif du bleu, il faut prendre l'épreuve, en interposant un verre jaune orangé, celui qui évidemment offre le plus de résistance à l'action de la lumière.

La glace est alors préparée au bromure d'argent seul, comme pour la première épreuve ; puis, après un lavage soigné, suivi d'un passage à l'alcool, on l'immerge dans une solution alcoolique de chlorophylle, qui lui donne une légère teinte verdâtre. Après l'avoir égouttée, on la passe dans l'eau distillée et l'on expose un temps plus ou moins long, suivant la lumière et l'objectif, mais certainement beaucoup moindre que si l'on n'avait pas employé la chlorophylle.

Les négatifs obtenus par l'un ou l'autre procédé sont fixés à la manière ordinaire, examinés au jour, remontés s'il y a lieu, vernis et marqués comme correspondant chacun à leur rayon respectif, rouge, jaune ou bleu.

Pour faire l'épreuve positive, on tire trois épreuves par le procédé de la gélatine bichromatée, l'une sur papier mixtionné rouge, l'autre sur papier jaune, l'autre sur papier bleu, en se servant pour chacune du négatif approprié. On les développe soit sur pellicule de collodion, soit sur glace ou sur papier rendu imperméable; on les reprend ensuite, on les superpose en les repèrant et l'on obtient l'ensemble coloré.

Ces trois négatifs peuvent également servir à faire, soit trois surfaces lithographiques, soit trois planches gravées en creux, avec lesquels on imprimera en couleur par les procédés dits *aux encres grasses*.

Photochromie de M. L. Vidal. — M. L. Vidal, le savant et zélé secrétaire de la Société photographique de Marseille, auquel la photographie doit de nombreuses recherches et de nombreuses applications du procédé dit *au charbon*, a inventé, décrit et appliqué industriellement un procédé présentant avec le précédent une grande analogie pour la superposition des épreuves positives, qui sont formées de plusieurs monochromes transparents, chacun de la nuance nécessaire pour obtenir l'effet d'ensemble.

M. Vidal emploie, soit un seul cliché photographique ordinaire, avec lequel il peut faire toute une série de contre-clichés, soit une série de clichés semblables pris directement sur nature; puis il fait à la main et sur chacun, par les moyens connus de la retouche ordinaire, les réserves nécessaires pour chaque couleur différente; il peut également n'employer qu'un seul cliché et faire la série des réserves sur des feuilles de papier très-minces qu'il interpose au tirage, en prenant la précaution de faire des repérages très-exacts, et il imprime ensuite séparément chaque couleur. Ainsi, sur le cliché ou sur la réserve destinée au bleu, il masquera tout ce qui dans l'épreuve positive ne doit pas contenir de bleu; de même pour le jaune et pour le rouge, mais il faut aussi avoir des réserves pour les nuances intermédiaires, car on ne pourra faire à la main l'analyse des couleurs secondaires et autres. Aussi, comme dans la lithochromie, ce procédé approchera d'autant plus de la perfection qu'on emploiera un plus grand nombre de planches et que le travail des réserves sera plus habilement fait. M. Ducos du Hauron demande le travail d'analyse à l'interposition des verres colorés ; théoriquement, son procédé est supérieur, mais, si l'on considère les résultats pratiques, M. Vidal paraît plus avancé.

Les clichés-réserves du procédé de M. Vidal étant faits, on doit chercher des papiers à la gélatine, mixtionnés avec les teintes convenables pour le travail à exécuter. Ces papiers sont sensibilisés dans la solution de bichromate de potasse, exposés chacun sous son cliché spécial et développés sur un support provisoire qui peut être, soit du papier végétal rendu imperméable par une solution de gomme laque, soit du papier passé à la stéarine, etc., etc. ; après développement, on les laisse sécher ; puis, tous les monochromes étant ainsi préparés, on les superpose dans l'ordre voulu pour l'effet final. Pour cela, on commence par gélatiner le support définitif, et, quand la gélatine est sèche ou qu'elle a fait prise suffisamment pour ne plus se dissoudre, on la plonge dans l'eau ; on y fait adhérer le premier monochrome, on éponge au buvard, et l'on fait sécher de nouveau ; on sépare le support provisoire par l'immersion dans l'alcool ou toute autre méthode, et l'on applique le second avec les mêmes précautions et en repérant exactement ; puis le troisième et ainsi de suite, jusqu'au dernier, qui est le plus souvent d'une teinte neutre, très-légère, destinée à accentuer les modelés et les ombres.

Quelque compliquées que paraissent ces opérations pour une pratique industrielle, l'auteur affirme qu'en les conduisant sur un grand nombre d'épreuves à la fois on peut arriver à une production suffisamment rapide.

IMPRESSIONS SANS SELS D'ARGENT.

L'expérience a démontré que les épreuves aux sels d'argent étaient exposées à de nombreuses causes de destruction, soit extérieures, soit inhérentes à leur fabrication, et qu'il était nécessaire de chercher, par l'emploi de procédés complétements différents, à obtenir des épreuves dont la solidité et l'inaltérabilité pussent se comparer à celles des gravures ou autres épreuves obtenues par les divers modes d'impression aux encres grasses.

En outre, le prix élevé des sels d'or et d'argent, les variations incessantes de la lumière, la multiplicité des opérations rendent irrégulier, lent et coûteux le tirage d'un grand nombre d'épreuves, et si la méthode ordinaire peut suffire à la rigueur, pour quelques applications spéciales de la photographie, comme le portrait, les souvenirs de voyage, etc., elle est tout à fait insuffisante lorsqu'il faut l'appliquer aux grandes publications de l'imprimerie.

Des découvertes, qui n'ont cessé de progresser depuis vingt ans bientôt, ont en grande partie vaincu ces difficultés, et il est possible maintenant de faire des épreuves, soit avec le charbon ou autres poudres inaltérables, soit au moyen des procédés dits *aux encres grasses*, c'est-à-dire par la lithographie, la gravure ou la typographie.

Comme ces nouveaux modes d'impression sont presque tous fondés sur les propriétés spéciales que prend la gélatine, lorsqu'elle a été additionnée de bichromate de potasse ou autres sels de chrome acides et solubles, nous commencerons par expliquer ces propriétés d'une manière générale.

PROPRIÉTÉS GÉNÉRALES DE LA GÉLATINE BICHROMATÉE.

En 1838, Mungo Ponton constata le premier que le bichromate de potasse, en présence des matières organiques, était influencé par la lumière. En effet, une feuille de papier, passée dans une solution de bichromate de potasse, brunit dans toutes les parties qui reçoivent l'impression lumineuse.

En 1840, M. Ed. Becquerel montrait qu'il est possible d'obtenir une image en préparant, dans une solution de bichromate de potasse, une feuille de papier recouverte d'un fort encollage additionnel à l'amidon; après exposition, l'image apparaissait en traitant la feuille insolée par la teinture d'iode. M. Hunt employait, à la même époque, un procédé analogue au précédent, pour former une image au moyen de chromates métalliques. Mais ce fut seulement en 1852 que M. Fox Talbot, en Angleterre, ayant reconnu que la gélatine, mélangée de sels bichromatés, devient insoluble sous l'influence de la lumière, songea à employer cette réaction pour faire de la gravure sur planche métallique, en utilisant comme réserve les parties insolubilisées; mais M. Talbot ne pouvait obtenir facilement les demi-teintes, car, la lumière n'agissant que sur les couches superficielles pour les teintes légères, la couche sous-jacente se dissolvait à l'eau chaude, entraînant avec elle la partie correspondante de la couche supérieure : aussi ce procédé de gravure ainsi appliqué donnait-il des épreuves très-fines, mais incomplètes.

En 1855, M. Pretsch, se servant de cette même réaction, voulut utiliser les reliefs que laisse la gélatine bichromatée insolée, après élimination par l'eau chaude de toutes les parties restées solubles; il moulait ces reliefs par la galvanoplastie et obtenait ainsi une planche gravée en creux.

Ce fut à cette même époque que M. A. Poitevin fit connaître l'étude complète qu'il avait faite des modifications que la gélatine bichromatée subit sous l'influence des rayons lumineux, et qu'il indiqua les nombreuses applications que l'on pouvait faire de ces diverses propriétés.

Tous les procédés actuels pour lesquels la gélatine bichromatée est employée ont pour base ces réactions qui peuvent se résumer de la manière suivante :

I. — *La gélatine bichromatée devient insoluble, plus ou moins profondément dans l'épaisseur de la couche, suivant l'intensité lumineuse qui l'a frappée.*

Applications. — 1° Si l'on mélange à cette gélatine une matière colorante en poudre impalpable, les parties insolubilisées retiendront cette matière colorante, qui disparaîtra au contraire plus ou moins au contact de l'eau chaude dans les parties restées plus ou moins solubles, et l'on pourra obtenir ainsi une épreuve photographique avec les matières colorantes les plus diverses.

2° Après le lavage à l'eau chaude, la gélatine s'étant dissoute partiellement, il reste des creux et des reliefs formés par les parties plus ou moins profondément insolubilisées; ces reliefs peuvent être moulés de diverses manières, lorsqu'ils sont encore humides, ou lorsqu'ils sont secs, et ils peuvent être ainsi utilisés pour la gravure, pour la typographie, pour faire des matrices et empreintes galvanoplastiques, pour faire des filigranes dans les papiers, des diaphanies, etc., etc.

II. — *La gélatine bichromatée, mise dans l'eau froide, ne se gonfle pas dans les parties qui ont reçu l'impression de la lumière; les autres parties prennent au contraire un relief assez considérable.*

Applications. — Ces reliefs, beaucoup plus accentués que ceux laissés dans la première réaction, peuvent être utilisés de la même manière, pour obtenir des gravures, des typographies, des moulages pour lithophanies, poteries colorées, etc.

III. — *La gélatine bichromatée, rendue légèrement humide, prend l'encre d'impression sur les parties influencées par la lumière et ne la prend pas sur celles qui n'ont pas subi son action.*

Applications. — Impressions à l'encre grasse, tout à fait semblables aux impressions lithographiques, pouvant se faire indifféremment sur pierre, sur métal, sur glace ou toutes autres surfaces; impressions sur papier avec divers modes de transport sur pierre, sur métal; gravures, etc.

Les bichromates solubles ont une action analogue sur la gomme, l'albumine ou autres substances de ce genre; ils modifient les propriétés adhésives et hygroscopiques de certaines matières, comme le sucre et le miel. MM. Lafon de Camarsac, Testud de Beauregard, Salmon et Garnier, Lucy de Fossarieu, comte de Roydeville ont tiré divers partis de cette réaction pour passer sur les surfaces ainsi préparées des poudres d'émaux, des matières colorantes et obtenir ainsi de véritables émaux photographiques ou des épreuves diversement colorées.

M. A. Poitevin a indiqué une réaction inverse, celle d'un mélange de perchlorure de fer et d'acide tartrique, qui devient hygroscopique, sous l'action lumineuse, et qui permet d'obtenir des résultats semblables aux précédents.

Ces propriétés si diverses de la gélatine bichromatée ont donné naissance :

Aux procédés dits *au charbon* ou substances colorées diverses;

Aux nombreux procédés dits *à l'encre grasse :* lithographie, gravure en taille-douce, gravure en relief ou typographie ;

Aux émaux ou autres épreuves vitrifiées.

Nous allons étudier séparément chacun de ces procédés.

PROCÉDÉ DIT AU CHARBON, OU AUX SUBSTANCES COLORANTES DIVERSES.

Si la pratique du procédé basé sur le mélange de gélatine bichromatée et de matières colorantes fixes était aussi simple que la théorie, rien ne serait plus facile à mettre en œuvre; mais, dans l'application, il se présente plusieurs difficultés que d'habiles opérateurs ont tournées de différentes manières, ce qui constitue une série de variantes du procédé primitif et nécessite certaines manipulations délicates avec lesquelles il est nécessaire de se familiariser.

L'ensemble des préparations et des manipulations suit le même ordre que les opérations photographiques, savoir :

1° Préparation de la surface colorée;
2° Sensibilisation;
3° Exposition;
4° Développement;
5° Lavage et fixage;
6° Montage de l'épreuve.

Préparation de la surface colorée. — On doit chercher à obtenir sur papier ou sur verre une surface régulière, formée par un mélange de bonne gélatine et d'une substance colorante, à l'état d'extrême division et n'ayant aucune action chimique sur la gélatine, sur le bichromate de potasse ou sur le mélange des deux.

Comme gélatine, il faut employer de préférence celle qui se vend dans le commerce sous le nom de *grenetine* et dont les plus belles qualités servent à faire les différentes gelées comestibles. M. Müller, de Rouen, prépare pour l'industrie des quantités considérables de ce genre de gélatine; il n'est pas absolument nécessaire d'employer les plus belles, que recherchent cependant les opérateurs soigneux.

Le point le plus important dans le choix de la gélatine est que cette substance ne contienne ni sels terreux, matières alumineuses ou phosphates de chaux, ni matières grasses; sous l'influence de l'une ou de l'autre et du bichromate de potasse, la préparation deviendrait rapidement insoluble dans toutes ses parties.

Les matières colorantes varient nécessairement suivant le goût de l'opérateur; mais il en est un grand nombre qu'on ne peut pas employer, parce que leur mélange avec la gélatine bichromatée suffit pour en amener l'insolubilité: telles sont certaines laques, certaines matières organiques contenant de la graisse; les noirs dits *de lampe* ou *de bougie*, contenant encore des matières grasses, ne peuvent servir qu'après avoir été débarrassés de ces substances par une calcination au rouge, suivie d'un nouveau broyage très-soigné; les poudres colorantes d'une pesanteur spécifique trop considérable sont d'un emploi difficile, parce que le mélange avec la gélatine ne reste pas homogène. L'encre de Chine liquide ou en pains est la couleur qui réunit le mieux les conditions de finesse et de pureté qui sont absolument nécessaires pour obtenir de belles épreuves; mais le ton un peu verdâtre de l'image obtenue n'est pas agréable à l'œil : il faut le modifier en ajoutant à la préparation un peu de matière colorante rouge, telle que la purpurine, le carmin, etc.

Il est difficile de se servir des couleurs solubles dans l'eau, qui donneraient cependant toutes les finesses et les demi-teintes désirables; mais, par le fait même de leur solubilité, elles disparaissent en partie dans les bains, ou, si elles résistent aux lavages, elles restent sur les fonds, dont elles altèrent la pureté.

Toutes les couleurs pulvérulentes autres que l'encre de Chine doivent être soumises à un nouveau broyage fait à la molette avec le plus grand soin pour acquérir à peu près le degré de finesse qui est nécessaire pour obtenir les modelés délicats et les demi-teintes légères des bons négatifs. La préparation des poudres colorantes a la plus grande importance pour le résultat final; aussi, dans les grands établissements photographiques, comme ceux de M. Braun, à Dornach, de M. Swann, en Angleterre, de M. Goupil, dirigé par M. Rousselon, à Asnières, ces matières subissent un traitement que les photographes ne pourraient et ne sauraient s'astreindre à faire eux-mêmes. Quelques fabricants livrent des produits tout préparés et assortis de couleurs différentes; nous citerons la maison Marion en France, la Compagnie autotype en Angleterre, le docteur Van Monckhoven en Belgique; M. Poignant, quai de l'École, fabrique quelques couleurs, spécialement broyées pour les procédés de la gélatine bichromatée.

La préparation du papier gélatiné est délicate, mais il est probable que, la consommation devenant plus considérable, la fabrication deviendra de plus en plus régulière et économique; si l'on veut préparer ce papier soi-même, on pourra employer le procédé suivant :

Pour 1 litre de préparation, on met dans un pot droit en fayence 1 litre d'eau ordinaire et 120 à 150 grammes de gélatine, qu'on laisse tremper plusieurs heures. Quand la gélatine est bien gonflée, on met le pot dans un bain-marie et l'on chauffe jusqu'à dissolution. On mélange ensuite la matière colorante, qui le plus souvent est achetée dans le commerce à l'état pâteux ou que l'on a amenée à cet état par un broyage à l'eau; une matière colorante sèche ne reviendrait jamais à un état de division suffisant pour avoir de belles épreuves. On opère un mélange bien uniforme dans la masse en ajoutant la couleur peu à peu et en essayant si la teinte est convenable. Pour cet essai, on étend quelques centimètres cubes de la matière sur une glace et l'on examine par transparence; la teinte est bonne si l'on ne peut voir que difficilement au travers, sans qu'elle soit complétement opaque; après dessiccation, la surface préparée doit être dans ces mêmes conditions.

La solution chaude est alors passée à deux reprises sur deux tamis de soie superposés et très-fins; on élimine ainsi les parties les plus grossières et les corps étrangers : la mixtion, maintenue chaude, est prête à servir.

On peut l'étendre sur papier ou sur glace, mais, pour l'un ou l'autre cas, il faut d'abord préparer une surface bien horizontale, et l'on y parvient facilement en mettant sur une table trois blocs de fonte dans chacun desquels se meut une vis calante; on pose sur ces blocs une glace forte comme celle d'un grand châssis positif, et, au moyen d'un niveau d'eau et des vis calantes, on arrive à une parfaite horizontalité.

Si l'on fait la préparation sur glaces, il suffit de poser une glace bien nettoyée sur cette surface horizontale, d'y verser régulièrement la gélatine préparée, en favorisant l'extension au moyen d'un triangle de verre, si cela est nécessaire; il est plus simple encore d'étendre cette gélatine, comme on étend l'albumine ou le collodion, mais alors il faut tenir la gélatine de consistance plus épaisse, en régulariser l'extension, de manière à laisser partout une égale épaisseur de 2 millimètres environ; il faut pour cela un tour de main que l'habitude seule peut donner.

La glace, couverte de gélatine, est abandonnée à plat sur la surface horizontale pendant le temps nécessaire pour qu'elle fasse prise, ce qui ne dure que quelques minutes par un temps frais; on la relève ensuite et on l'appuie contre le mur pour la laisser sécher.

La préparation du papier, pour les tirages au charbon, se fait industriellement, comme nous l'avons dit plus haut; dans ce cas on se sert d'appareils mécaniques spéciaux, qui assurent une grande régularité de fabrication. Le principe des machines employées, soit que l'on opère sur feuilles de plusieurs mètres ou sur papier sans fin, est de faire affleurer la surface du papier sur un bain épais de gélatine colorée et de l'entraîner d'un mouvement lent et régulier. Cette opération est faite dans une cave où la température est fraîche et constante; la gélatine fait prise presque immédiatement, et les feuilles, coupées par longueur d'environ 4 mètres, sont portées au séchoir.

On peut faire soi-même la préparation du papier, sans autre matériel spécial que les blocs à caler, un triangle de verre de la dimension convenable pour la grandeur des feuilles à couvrir et quelques accessoires faciles à se procurer.

Procédé donné par M. Jeanrenaud. — On prend des glaces ordinaires, de dimension un peu plus petite que le format des feuilles que l'on veut couvrir; on les fait entourer d'un cadre de bois à feuillures, de manière à former cuvette; les cadres sont faits avec assez de soin pour que, une première cuvette étant mise de niveau sur les blocs à caler, les autres puissent se superposer en restant toutes horizontales; on coupe les feuilles de papier plus grandes de 1 centimètre environ, en tous sens, que la glace formant le fond de chaque cuvette; on les met à tremper dans l'eau, et, prenant d'une part la cuvette, de l'autre une feuille de papier mouillée, on applique celle-ci sur la glace qui forme le fond de la cuvette;

l'excédant de dimension fait rebord tout autour de la glace ; au moyen d'une brosse douce et étroite dite *brosse à bijoux* on fait disparaître les bulles d'air, on égoutte l'excès d'eau, on éponge rapidement avec une feuille de buvard, on remet la glace horizontalement et l'on y verse la solution chaude de gélatine colorée. Pour plus de facilité, cette solution est versée doucement, au moyen d'un vase à bec rétréci, comme une cafetière ou une théière ; si l'ouverture est trop large, on y adapte un bouchon percé, muni d'un petit tube, et il devient ainsi facile d'étendre la gélatine, en commençant par un côté et faisant une succession de bandes qui se recouvrent l'une l'autre. On régularise l'extension en passant sur ces bandes, au fur et à mesure qu'on les fait et avec un mouvement lent et régulier, un triangle de verre dont le côté est presque égal à la largeur de la glace ; aux deux extrémités de ce côté on met un petit bourrelet de ficelle ou de caoutchouc dont la hauteur détermine l'épaisseur de la gélatine. On procède ainsi successivement, en superposant les cadres qui se trouvent tous de niveau. Lorsque les quelques cadres que l'on a à sa disposition sont couverts, on les dérange un peu, de manière à donner de l'air et de la fraîcheur sur chaque feuille ; la gélatine fait prise, et, lorsqu'on voit qu'il n'y a plus aucune crainte de la faire couler, on sépare une à une les feuilles chargées de la mixtion colorée, on les suspend pour sécher et l'on recommence une nouvelle série ; il est facile de préparer ainsi, dans une seule journée, un très-grand nombre de feuilles.

Procédé de M. Dauphinot. — Sur une glace forte, calée de niveau, on étend une feuille de papier mouillé ; avec une brosse douce, on chasse l'excès d'eau et les bulles d'air ; on éponge avec une feuille de buvard et l'on pose à plat, sur les deux marges opposées de la feuille, dans le sens de la longueur, deux réglettes de zinc dont l'épaisseur détermine celle de la couche de gélatine. Sur cette feuille de papier on verse la solution colorée chaude, on régularise l'uniformité de la couche en posant de champ, sur les réglettes de zinc, une troisième règle que l'on traîne d'un bout à l'autre, et l'on attend que la gélatine fasse prise ; on enlève alors la feuille de papier que l'on suspend pour sécher et l'on recommence. Si l'on voulait faire un grand nombre de feuilles avec ce mode d'opérer, il serait nécessaire d'avoir toute une série de glaces mises de niveau.

Après séchage, les feuilles sont réunies, le plus souvent enroulées, mais il est préférable alors de mettre la face en dehors ; on doit les tenir à l'abri de l'humidité : elles se conservent indéfiniment.

L'une et l'autre des manipulations que nous venons d'indiquer sont assez faciles, pourtant elles effrayent trop souvent les photographes, qui trouveront alors dans le commerce des papiers tout préparés.

Il est bon, pour répondre aux exigences de clichés plus ou moins intenses, d'avoir dans chaque couleur des papiers plus ou moins chargés de matière colorante, soit par exemple trois sortes : la première, moins fortement teintée, conviendra aux clichés durs ; la qualité moyenne sera la plus employée pour les clichés harmonieux ; la troisième, fortement chargée de matière colorante, conviendra aux clichés trop doux.

Quelquefois on prépare le papier mixtionné en étendant d'abord la gélatine teintée sur une glace, que l'on a préalablement frottée avec un tampon imprégné de fiel de bœuf ; on essuie avec soin, on verse la gélatine chaude, comme on verserait le collodion, et sur cette gélatine on étend une feuille de papier préalablement détrempée, en évitant les bulles d'air, et on laisse sécher le tout. Après parfaite dessiccation, la feuille de papier enlève la gélatine de la glace et présente une surface brillante parfaitement polie, qui peut faire espérer un résultat bien supérieur ; mais ce mode d'opérer ne pourait être conseillé pour deux raisons : la première et la plus importante est que la très-minime quantité de corps gras étendu sur la glace, pour faciliter la séparation de la gélatine, peut amener l'insolubilisation de celle-ci sous l'influence du bichromate de potasse ; la seconde est que ce poli de la surface est illusoire et disparaît lors de la sensibilisation dans le bain de bichromate de potasse : la gélatine mouillée dans ce bain reprend en séchant tout le grenu du papier sur lequel elle est étendue.

Si l'on voulait obtenir le brillant de la glace sur le papier préparé, il faudrait faire le séchage sur verre, après la sensibilisation, ou mieux mélanger immédiatement le bichromate de potasse avec la gélatine et les matières colorantes et se servir de ce mélange pour le couler sur glace et le reprendre sur papier, comme nous l'avons indiqué ci-dessus.

Au lieu de reporter la gélatine sur papier, on peut aussi bien la détacher sur pellicule de collodion ; pour cela on attend que la gélatine soit sèche, on verse sur la surface une couche de collodion normal (sans huile de ricin), ou bien on peut mettre d'abord le collodion sur la glace et couler dessus la préparation gélatinée ; on peut encore substituer le mica à la glace, etc., etc. M. Despaquis a fait sur ce sujet de nombreuses Communications à la Société française de Photographie ; on les retrouvera dans le *Bulletin*. Dans ces diverses préparations, on emploie presque toujours le mélange de gélatine et de bichromate de potasse, pour obtenir immédiatement une couche sensible, sans qu'il soit nécessaire d'opération ultérieure.

Sensibilisation. — Le plus souvent, la préparation de la surface gélatinée et la sensibilisation forment deux opérations séparées. Quelquefois on préfère les réunir, surtout quand il s'agit de préparer des surfaces gélatinées sur autres subjectiles que le papier, ou lorsque le papier préparé doit être employé dans un travail courant ; il suffit alors d'ajouter directement le bichromate alcalin (de potasse ou d'ammoniaque) dans la solution colorée de gélatine. La dose est de 1 partie de solution saturée de bichromate d'ammoniaque ou 3 parties de solution saturée de bichromate de potasse pour 10 parties de la solution de gélatine.

Lorsque la sensibilisation est une opération spéciale, ainsi que cela a lieu le plus souvent, elle constitue une manipulation des plus simples.

On immerge le papier mixtionné (ou toute autre préparation faite sur verre ou sur mica, etc., etc.) dans un bain abondant formé de

Eau ordinaire. . . . . 1000^{cc}
Bichromate de potasse. . . . . 25 à 60^{gr}

suivant la température.

On a souvent proposé l'emploi du bichromate d'ammoniaque, comme préférable au bichromate de potasse ; nous croyons qu'à pureté égale cela n'a aucune importance, l'un et l'autre marchant également bien. Il faut diminuer ou augmenter les doses de bichromate, suivant la température ; en été, il suffit de 20 à 25 grammes pour 1 litre d'eau ; en hiver, on peut aller jusqu'à 60 grammes ; la moyenne de 30 à 40 grammes pour 1 litre d'eau réussit généralement bien.

On peut immerger plusieurs feuilles à la fois dans le bain, en les tenant séparées par une couche suffisante de liquide ; elles doivent y rester trois à quatre minutes. Cette opération doit être faite dans un endroit frais, car, au-dessus de 18 à 20 degrés, on court le risque de voir la gélatine se dissoudre et couler avec la matière colorante, lorsqu'on relève les feuilles; on doit alors diminuer progressivement la dose de bichromate de potasse.

La sensibilisation terminée, on prend chaque feuille l'une après l'autre; on l'égoutte et on la suspend par les coins avec des épingles, pour laisser sécher. La gélatine étant alors gonflée d'eau, la feuille est très-lourde et, pour éviter qu'elle ne se déchire aux points de suspension, on met à cheval sur le bord une bande de papier collé; les angles sont ainsi suffisamment consolidés pour pouvoir supporter le poids de la feuille. Il serait mauvais de faire sécher les feuilles sensibles en les mettant à cheval sur des barres : le séchage est irrégulier, et cette irrégularité devient sensible au tirage.

On peut, à la rigueur, conserver le bain de bichromate pour une nouvelle sensibilisation, mais les résultats sont moins sûrs, et, comme la valeur de ce bain est presque nulle, il vaut mieux en faire un neuf chaque jour.

Pour faciliter les manipulations, on peut préparer à l'avance des solutions de bichromate d'un titre connu ou dont il sera toujours facile d'apprécier la richesse au moyen du tableau ci-après et d'un aréomètre de Baumé ou d'un densimètre; il suffit d'ajouter à ces solutions mères la quantité d'eau nécessaire pour avoir aussitôt un bain au titre convenable.

Le papier mixtionné sensible et sec est placé dans un étui ou dans un carton, à l'abri de l'air et de la lumière; ses propriétés se conservent très-bien pendant cinq à six jours; avec le temps la gélatine bichromatée devient spontanément insoluble; pourtant, si l'on a opéré avec des produits très-purs, la sensibilité de cette préparation paraît se conserver pendant très-longtemps.

DENSITÉ D'UNE SOLUTION DE BICHROMATE					
DE POTASSE.			D'AMMONIAQUE.		
Pour 100 d'eau.	Densité.	Degrés Baumé.	Pour 100 d'eau.	Densités.	Degrés Baumé.
1	1008	1,2	1	1006	0,9
1,5	1012	1,8	1,5	1008	1,2
2	1016	2,4	2	1010,5	1,6
2,5	1019,5	2,9	2,5	1013	1,9
3	1022,5	3,3	3	1015	2,2
3,5	1025,5	3,7	3,5	1017,5	2,5
4	1028	4	4	1020	3
4,5	1030	4,3	4,5	1023	3,3
5	1032,5	4,6	5	1026	3,7
6	1038,5	5,5	6	1030	4,4
7	1045	6,4	7	1035	5
8	1051	7,2	8	1040	5,8
9	1057	8	9	1045	6,4
10	1063	8,8	10	1050	7,1

Exposition. — L'exposition se fait sous un cliché, mais, suivant le mode de développement que l'on adoptera, il faut employer à l'exposition, soit un cliché retourné, soit un cliché ordinaire; nous en donnons l'explication à l'article *Développement*.

On doit avoir la précaution de préparer le cliché à l'avance, en le couvrant d'un découpé fait avec du papier noir ou rouge ou du papier d'étain : on fixe ainsi la forme et la grandeur de l'image; il faut éviter également que le papier bichromaté soit plus grand que le négatif, ou du moins le protéger contre l'action directe de la lumière; en effet, dans les parties qui seraient soumises à cette action, sans aucune protection, la gélatine passe à un état si complétement insoluble qu'elle perd toute force adhésive et devient très-difficile à contre-coller pour le développement.

Le temps d'exposition est cinq ou six fois moins long qu'avec le procédé au chlorure d'argent, mais il y a une grande difficulté pour apprécier convenablement le temps de pose, car le papier est coloré en plein. Après l'exposition, l'image n'est nullement visible, c'est au développement seul que l'on peut voir si le temps d'exposition a été convenable; lorsqu'on veut opérer d'une manière à peu près certaine, il faut employer un photomètre.

M. L. Vidal s'est occupé très-sérieusement de cette question, et il paraît l'avoir résolue d'une manière simple et pratique. Son photomètre est basé sur les colorations successives que prend un papier au chlorure d'argent sous l'influence de la lumière; pour amener une même coloration, il faut une même somme de lumière, somme qui sera obtenue dans un temps plus ou moins long, suivant l'intensité lumineuse. Étant admise une échelle de teintes lithographiées, graduées depuis le brun clair jusqu'au brun foncé, on compare avec ces teintes celles que prend sous l'influence de la lumière un papier sensible au chlorure d'argent, et, par un ou deux essais préalables, on sait que l'exposition précise d'un cliché correspond à telle teinte pour donner une bonne épreuve avec le papier mixtionné; on prend note sur le cliché lui-même du numéro correspondant à cette teinte, et l'on peut ensuite opérer presque à coup sûr, quelles que soient les modifications de la lumière, puisque, en opérant avec le photomètre, il faudra la même somme de lumière pour amener la teinte numérotée du chlorure d'argent et l'impression nécessaire du papier sensible.

Développement. — C'est la partie la plus délicate du procédé, celle qui a donné lieu au plus grand nombre de modifications; en effet, l'image que forme la lumière sur une couche sensible, colorée en plein, est invisible; pour la développer, il faut éliminer tout l'excédant de couleur. Pour cela, il suffit théoriquement de mettre la feuille impressionnée dans un bassin d'eau tiède; la gélatine bichromatée non impressionnée se dissout entraînant en même temps la matière colorante qui y est incorporée, tandis que là où la lumière a agi plus ou moins profondément la gélatine insolubilisée retient des quantités proportionnelles de la matière colorante, ce qui donne le dessin. Mais en pratique, si l'on agit directement, ainsi que le conseillait M. Poitevin, il est impossible d'obtenir les demiteintes; car, si nous supposons que la teinte foncée nécessite l'insolubilisation de la couche de gélatine, dans toute son épaisseur, celle-ci peut rester adhérente au papier; mais, dans ce cas, la demi-teinte sera formée par l'insolubilisation de la couche gélatinée dans la moitié seulement de son épaisseur et même beaucoup moins pour les teintes légères ; la couche du dessous reste donc soluble et l'eau chaude la pénètre, la dissout et la partie supérieure, n'ayant plus aucune attache sur le papier, disparaît dans le lavage en détruisant toutes les demi-teintes. L'image n'existe donc complète qu'à la surface extérieure de la feuille gélatinée : c'est là qu'il faut la saisir. Cette explication des premiers insuccès du procédé au charbon, donnée d'abord par M. l'abbé Laborde, en 1858, et par M. Fargier, en novembre 1859, amena toute une série de modifications pour tourner la difficulté, modifications qui peuvent se résumer ainsi :

La couche de gélatine bichromatée a deux faces, l'une extérieure, l'autre touchant au support; il faut trouver le moyen de développer l'épreuve par la face qui n'a pas reçu directement l'impression lumineuse.

De là un grand nombre de procédés divers qui tous découlent du même principe et s'enchevêtrent si bien les uns dans les autres qu'ils ne sont souvent que des variantes à peine sensibles.

Dans les uns on prépare pour la gélatine bichromatée un support transparent comme un papier mince ciré au vernis, une feuille de papier dioptrique, une feuille mince de mica ou de collodion cuir, ou le collodion normal versé sur la glace gélatinée, etc., etc. ; l'impression se fait à travers ce support transparent, et l'image y reste adhérente après le développement.

D'autres procédés consistent à mettre la mixtion colorée sur un support quelconque, papier, glace ou tissu, à impressionner l'image en mettant la couche sensible directement en contact avec le négatif, et pour le développement on commence par coller la face impressionnée sur un subjectile provisoire ou définitif qui saisit l'image faite sur cette face et permet le développement par l'autre face.

Pour plus de facilité, nous avons classé ces procédés en trois groupes, suivant le mode d'opérer ([1]) :

1° Les procédés sans transfert dans lesquels on reçoit l'image à travers le support ou subjectile de la couche sensible bichromatée; le plus souvent, dans ce cas, on doit employer un négatif retourné ;

([1]) *Voir* à ce sujet notre Rapport sur l'exposition de 1869, dans le *Bulletin de la Société française de Photographie*, où, dans un historique des procédés de la gélatine bichromatée, nous avons admis cette classification en procédés sans transfert, à transfert simple, à transfert double.

2° Les procédés avec transfert simple, dans lesquels l'impression de l'image est reçue directement sur la couche sensible chromatée et transportée pour le développement sur un autre subjectile, auquel elle reste adhérente; dans ce cas il faut un négatif retourné, sauf les transferts simples sur glace ou autres matières de parfaite transparence que l'on peut examiner à l'envers comme à l'endroit;

3° Les procédés à transfert provisoire ou double transfert, dans lesquels l'image, reçue directement sur la couche sensible, est transportée pour le développement sur un subjectile provisoire qui est ensuite remplacé par un support définitif. Avec ces procédés à double transfert, on peut employer les négatifs ordinaires.

Nous avons donné, pages 76 et 80, dans un paragraphe spécial, les moyens d'obtenir à volonté les négatifs retournés :

1° *Procédés sans transfert.* — Nous rangerons dans ce groupe les modes d'opérer de M. Fargier, M. Blair, M. Schouwaloff, consistant dans l'extension de la couche bichromatée sur un papier simple ou ciré, ou verni, ou rendu transparent par une huile essentielle, ceux de M. Despaquis, qui emploie comme subjectile le papier dioptrique, le mica, le collodion cuir transparent ou d'aspect dépoli, pour faire à volonté des épreuves claires et opalines; celui de M. Soulier, qui prépare son subjectile au moyen d'une couche de collodion, unie à une couche de gélatine insolubilisée. Quels que soient les subjectiles employés, les manipulations restent les mêmes, surtout pour le développement.

On commence par préparer la solution de gélatine, ainsi qu'il est indiqué page 111, on y ajoute immédiatement la quantité de bichromate soluble, soit de 3 à 4 parties de bichromate de potasse ou d'ammoniaque pour 100 parties de liquide gélatineux; on étend cette préparation sur un quelconque des supports transparents ci-dessus nommés et on laisse sécher dans une complète obscurité. On impressionne en appliquant le cliché sur le subjectile transparent et non sur la préparation sensible, et suivant que le montage de l'épreuve sur bristol sera fait sur le revers ou sur la face, on emploiera un négatif ordinaire ou un négatif retourné, afin que l'image reste dans son vrai sens.

Après un temps d'exposition convenable, qu'une grande habitude peut seule faire apprécier à défaut du photomètre, l'épreuve est plongée dans une cuve d'eau que l'on maintient entre 30 et 40 degrés C.; la gélatine restée soluble est peu à peu enlevée par l'eau, entraînant avec elle l'excès de matière colorante, et l'épreuve reste adhérente au support sur lequel elle a été préparée.

Lorsque l'épreuve est complétement dégorgée et arrivée au point voulu, on la met dans une cuve d'eau froide, on la lave avec beaucoup de soin, on peut même la passer dans une solution d'alun à saturation pour assurer l'insolubilité complète de la gélatine, surtout dans le cas où le développement a été fait à basse température, et, après un nouveau rinçage, on la laisse sécher. On monte ensuite cette épreuve sur bristol comme une épreuve ordinaire, mais en ayant soin de ne la mouiller qu'au dos pour ne pas altérer la surface imprimée, qui est beaucoup plus délicate que si l'impression avait été faite aux sels d'argent. Quel que soit le mode employé avec ou sans transfert, les précautions pour le développement sont toujours les mêmes (*voir* p. 127), où les manipulations usitées sont décrites d'une manière plus minutieuse que ci-dessus.

2° *Procédés par transfert simple et définitif.* — Nous rangeons dans cette deuxième division tous les procédés qui consistent à recevoir l'impression du négatif sur la face bichromatée même, sans intermédiaire, et à superposer pour le développement un support nouveau sur lequel l'épreuve adhérera, sera développée et restera fixée d'une manière définitive. Ce support, qui est presque toujours un papier, peut être préparé de diverses façons. M. Davies, M. Blair (1864) semblent avoir les premiers utilisé dans ce but la coagulation de l'albumine par l'alcool; M. Marion a proposé la coagulation du papier albuminé par un jet de vapeur, M. Jeanrenaud a adopté la coagulation par l'alcool, suivie au moment du développement d'une immersion dans l'eau bouillante; M. Despaquis à Paris, M. Vidal, M. Jacquemet à Marseille, ont employé le papier couvert de gélatine rendue insoluble par la double action du bichromate de potasse et de la lumière; il est même possible, mais difficile, de s'abstenir de toute substance adhésive étrangère; si la solarisation n'a pas été complète, si le développement n'a pas été poussé à une trop haute température, la gélatine reste assez agglutinative pour adhérer seule aux divers supports sur lesquels on l'applique.

Dans tous les procédés à transfert simple, l'épreuve terminée est renversée si l'on se sert d'un négatif ordinaire; il est donc nécessaire que le négatif soit préalablement retourné, excepté cependant si cette épreuve est transportée et doit rester sur glace, parce que dans ce cas c'est la glace elle-même que l'on retourne.

Parmi les procédés à transfert simple, nous décrirons seulement ceux de M. Marion et de M. Jeanrenaud, qui n'offrent entre eux que de très-faibles différences.

La préparation première est faite comme nous l'avons expliqué dans les précédents paragraphes; on impressionne directement sur la couche sensible, puis on procède au développement.

Dans le procédé de M. Marion, on commence par laver l'épreuve à plusieurs reprises dans l'eau froide, pour enlever tout le bichromate de potasse; le papier est alors complétement détendu et la gélatine très-gonflée; on pose l'épreuve face en dessus sur quelques doubles de buvard placés sur une glace épaisse, on prend d'autre part une feuille de dimension égale de papier albuminé, dont l'albumine a été coagulée par la chaleur (ou par l'alcool), on pose la feuille sur un bain d'eau, l'albumine en dessus, et, quand elle est devenue plane, on l'enlève, et, appliquant un des bords de la feuille albuminée sur le bord de la feuille gélatinée, on étend les deux feuilles l'une sur l'autre en les comprimant, soit avec une raclette de caoutchouc, ou mieux encore avec un rouleau spécial en fonte. On presse en tous sens et l'on obtient une adhérence parfaite. Il faut éviter avec le plus grand soin l'interposition des bulles d'air qui formeraient autant de taches. On comprime légèrement ces feuilles, soit à la presse, soit au rouleau, et on laisse sécher. Les feuilles, ainsi contre-collées et sèches, sont mises dans l'eau tiède à 30 degrés environ; on attend que la séparation des deux feuilles se fasse pour ainsi dire d'elle-même, l'image reste sur le papier albuminé; on la termine en modifiant plus ou moins la température de l'eau, suivant la nécessité du dégorgement, on lave ensuite et on laisse sécher.

M. Jeanrenaud nous paraît avoir simplifié ce procédé en opérant de la manière suivante :

L'épreuve insolée étant sortie du châssis, on l'étend face *en dessous* sur une glace forte et l'on passe sur le dos, à plusieurs reprises, une éponge humide : l'humidité détend le papier et rend la gélatine adhésive, ce que l'on sent parfaitement en la soulevant de la glace; on prend, d'autre part, du papier albuminé, que l'on plonge feuille à feuille dans une grande éprouvette, remplie d'alcool à 36 ou mieux à 40 degrés : l'albumine est coagulée; on suspend chaque feuille pour sécher, ce qui a lieu en quelques minutes. On prend alors une feuille de ce papier, coupée de grandeur, et, soit en la mouillant du dos, soit en l'intercalant entre des buvards humides, on la détend complétement; on met la face du papier albuminé en contact avec la face de l'épreuve sur gélatine; on les fait adhérer en se servant du rouleau de fonte ou de la raclette et en évitant les bulles d'air; les deux faces étant bien adhérentes, on pend l'épreuve pendant quelques instants, sans qu'il soit nécessaire d'arriver à une dessiccation complète. On étend alors l'épreuve dans une cuvette de porcelaine, le papier albuminé en dessus, et l'on y verse d'un coup la quantité d'eau bouillante que l'on a reconnue nécessaire pour l'immerger largement. La coagulation de l'albumine se complète par l'eau bouillante; la gélatine restée soluble entre rapidement en dissolution, les deux feuilles se séparent, et l'épreuve reste adhérente au papier albuminé, sur lequel on la termine par un temps d'immersion plus ou moins prolongé et par l'emploi d'eau plus ou moins chaude.

A cette manipulation, M. Jeanrenaud ajoute le passage au cyanure de potassium en solution très-étendue de 1 à 2 grammes de cyanure pour 100 centimètres cubes d'eau. Le cyanure de potassium peut être remplacé par le carbonate de soude. Si l'épreuve est restée trop vigoureuse, on emploie cette dissolution chaude pour dissoudre une nouvelle quantité de gélatine; si elle est au point voulu, on emploie la solution froide, pour enlever le ton légèrement verdâtre que la préparation laisse toujours dans les blancs; on lave de nouveau, on passe dans une solution d'alun à saturation, on lave encore et l'on sèche. On peut encore corriger le ton verdâtre de l'épreuve en employant pour le transfert un papier albuminé légèrement rosé.

Ces épreuves sont ensuite coupées, collées sur bristol avec de la colle ou avec une dissolution de gomme arabique, additionnées l'une et l'autre d'un peu d'alun, qui rend le papier plus imperméable et empêche l'humidité de passer sur le côté de l'image.

Parmi les couleurs diverses essayées par M. Jeanrenaud, on doit citer la sépia naturelle, telle qu'on peut se la procurer au bord de la mer. Cette substance, qui donne de très-beaux tons et d'admirables finesses, présente le grand inconvénient de rendre la gélatine bichromatée insoluble spontanément; mais il suffit, d'après M. Jeanrenaud, de la faire bouillir avec une solution de bichromate de potasse pour faire disparaître cette fâcheuse propriété et la rendre tout à fait propre à la production des épreuves en gélatine.

3° *Procédés à double transfert.* — Ce mode d'obtention de l'épreuve définitive par un double transfert consiste à recevoir l'épreuve sur trois supports successifs : celui qui porte au début la préparation sensible que l'on insole sous le cliché, celui sur lequel l'image est transportée et développée, enfin celui sur lequel on la fixe définitivement. Ces transports successifs et les manipulations qu'ils exigent paraissent compliqués, pourtant c'est le système qui semble prévaloir dans la pratique; il est employé ou recommandé par MM. Swann, Braun, Dauphinot, Johnson et un grand nombre d'autres opérateurs, d'abord parce qu'il permet d'employer tous les clichés tels qu'on les obtient à la chambre noire, ce qui est précieux pour un grand nombre de négatifs anciens, qu'on ne peut ou qu'on ne veut pas retourner, ensuite parce que cette méthode permet de reporter définitivement l'épreuve sur toute espèce de papier, sans qu'on ait à lui faire subir d'autre opération spéciale qu'un léger encollage, et même aucune si le développement a été fait à une température peu élevée.

Procédé de MM. Swann, Braun, Dauphinot, etc. — Nous prenons toujours l'épreuve au sortir du châssis, au moment où elle doit être développée; il faut la transporter sur un support provisoire, dont la nature soit telle que l'image soit adhérente à ce support pendant le lavage à l'eau chaude et qu'on puisse la détacher ensuite pour la fixer sur son support définitif; une feuille de papier, enduite sur l'une de ses faces d'une couche mince de caoutchouc, remplit parfaitement le but proposé, et l'on procède ainsi qu'il suit :

On fait dissoudre dans 100 parties de benzine anhydre 2 parties de caoutchouc aussi pur que possible, n'ayant pas subi pendant un temps prolongé l'influence lumineuse qui le rend moins soluble; souvent, pour faciliter la dissolution, on peut faire préalablement gonfler le caoutchouc dans le chloroforme. Dans les ateliers de M. Braun, à Dornach, la dissolution de caoutchouc est faite au moyen d'un triturage mécanique prolongé; on laisse décanter, on filtre et l'on prépare le papier, soit par affleurement sur une cuvette, soit en versant le caoutchouc directement sur la feuille de papier maintenue sur une planchette; l'opération se fait de la même manière que si l'on collodionnait une glace. La feuille couverte de caoutchouc est mise à sécher, la surface préparée poisse fortement. Un bon papier, enduit de caoutchouc, est tellement collant qu'une autre feuille de papier y adhère immédiatement, par le simple contact, sans qu'il soit possible de les séparer. Quelquefois on applique la même préparation de caoutchouc sur la gélatine impressionnée qui porte l'image; mais, le plus souvent, on se dispense de cette seconde opération, qui assure mieux, il est vrai, le contre-collage, mais n'est pas absolument nécessaire.

Les papiers étant ainsi préparés, on commence par enlever avec des ciseaux les extrêmes bords de l'épreuve positive, afin d'avoir une section bien nette, d'une application facile; on met l'épreuve face en dessus sur une glace, on applique sur l'un des bords la feuille enduite de caoutchouc, et, la tenant soulevée d'une main, on pousse de l'autre le rouleau, que l'on fait mouvoir de manière à amener un contact parfait. De la perfection de ce contact dépend toute la réussite, car toutes les bulles d'air interposées, tous les manques de collage produiraient autant de taches ou d'ampoules au développement. Les deux feuilles collées seront ensuite soumises à une légère pression, soit en les passant au cylindre à satiner très-peu serré, soit en les comprimant sous une presse verticale. Elles sont alors prêtes pour le développement.

Lorsque le papier au caoutchouc est bien préparé, on fait le collage plus simplement et plus sûrement en plongeant dans l'eau froide et dos à dos les deux feuilles à coller; après quelques instants, lorsque l'extension du papier s'est produite par le fait de l'humidité et lorsque les bulles d'air contenues dans la pâte sont expulsées, on retourne sous l'eau les épreuves face à face, on les soulève ensemble par les deux coins, et, les posant sur une glace, on expulse l'excès d'eau avec la raclette de caoutchouc et on laisse quelques minutes en contact sous une légère pression.

Le développement est le même pour tous les procédés, sauf le cas de coagulation de l'albumine par l'eau bouillante, que nous avons mentionné plus haut. Pour opérer avec facilité, il faut de grandes cuvettes avec une abondante provision d'eau chaude et d'eau froide; dans une installation commerciale comme celle de M. Braun, de Dornach, des jets de vapeur arrivent directement de la chaudière de l'usine dans les cuvettes et permettent de régler à volonté la température; des robinets convenablement disposés servent à en augmenter ou à en diminuer le volume à volonté. Dans un atelier ordinaire, il suffit de quelques cuvettes de zinc et d'un grand récipient d'eau chaude.

Les épreuves impressionnées par la lumière et contre-collées sur la feuille qui doit servir de support sont d'abord mises toutes ensemble à tremper dans l'eau froide pendant une heure environ; on enlève ainsi la majeure partie du bichromate de potasse, et la gélatine se gonfle et se dispose pour une dissolution plus facile. Ces opérations peuvent être faites à un faible jour ordinaire, car la gélatine bichromatée humide n'est pas impressionnée par la lumière, contre laquelle la protégerait déjà la teinte jaune du bain qui dissout le bichromate.

On prend ensuite deux épreuves que l'on met dos à dos dans une cuve d'eau à 35 degrés C. environ. A cette température, la gélatine déjà gonflée ne tarde pas à se liquéfier, les deux papiers se séparent : le papier caoutchouté retient l'image encore empâtée, l'autre n'est plus d'aucune utilité et doit être jetée.

A partir de ce moment, il faut éviter sur la surface de l'épreuve tout frottement qui l'altérerait; on ne peut donc mettre plusieurs épreuves ensemble qu'à la condition d'avoir des cuvettes assez larges pour éviter tout contact entre elles.

Le meilleur développement sera celui qui se fera seul; à la température de 35 à 40 degrés, en maintenant l'épreuve retournée, sans cependant lui laisser toucher le fond de la cuvette, elle se dégorge lentement et l'image se modèle avec la plus grande finesse de demi-teintes; s'il y avait excès de pose, il faudrait augmenter la température de l'eau. Quand l'image paraît arriver à son point, on arrête toute action ultérieure en l'immergeant dans l'eau froide, où elle est lavée à plusieurs reprises. Les épreuves sont alors examinées une à une; celles qui paraissent à point sont passées de nouveau dans l'eau tiède de 25 à 30 degrés C.; elles s'y épurent sans s'affaiblir; celles qui seraient d'un ton un peu trop soutenu sont passées à l'eau à 40 degrés C.; celles qui sont trop vigoureuses, par suite d'un excès de pose, subissent un lavage à une température plus élevée. C'est par ces lavages ménagés que l'on arrive à la réussite et à la régularité d'épreuves qui, au début, présentaient de grandes différences. Si l'on avait des images trop posées, on les passerait à la solution de cyanure de potassium, indiquée plus haut, page 125. Lorsqu'on a ainsi amené les épreuves au point nécessaire, on les suspend pour les laisser sécher. A cet état l'image est renversée, et il est nécessaire de la remettre dans le sens voulu et de la séparer de son support caoutchouté.

Si l'épreuve n'a pas nécessité une eau trop chaude pour le développement, la gélatine qui la forme, quoique insoluble, a gardé des propriétés suffisamment adhésives pour coller d'elle-même contre un papier humide; mais il paraît préférable, dans tous les cas, de couvrir cette image d'une légère couche de gélatine en solution. Les proportions indiquées sont

Gélatine............................. 10^{gr}
Glycérine............................ 2,50
Eau................................. 100^{cc}

Il est bon d'ajouter à cette solution un peu de sulfate de baryte ou de blanc de zinc en poudre impalpable, afin d'éviter les reflets brillants. On choisit alors le papier sur lequel on veut fixer l'épreuve d'une manière définitive, papier blanc ou teinté, lisse ou rugueux, à grains plus ou moins gros, suivant l'effet que l'on désire; on commence par détendre ce papier régulièrement, en le mettant pendant plusieurs heures entre des buvards humides ou en l'immergeant dans l'eau et en pressant ensuite régulièrement toutes les feuilles ensemble; on applique la face gélatinée de l'épreuve sur le papier humide; on presse pour effectuer le collage; ces deux papiers réunis peuvent être passés dans un bain d'alun ou d'alun de chrome à 1 gramme d'alun pour 100 centimètres cubes d'eau, lavés de nouveau et mis à sécher. Au lieu de gélatiner l'épreuve, on peut aussi bien gélatiner le papier sur lequel l'épreuve doit être transportée.

Il faut ensuite enlever le papier caoutchouté qui a servi de support provisoire pour le développement; il suffit pour cela de passer sur le dos de ce papier un tampon imprégné de benzine; le caoutchouc est ramolli et l'on sépare les feuilles facilement.

M. Dauphinot, amateur distingué de Reims, emploie un mode de séparation différent, que nous croyons préférable ; les épreuves emprisonnées entre le papier au caoutchouc et le papier sur lequel elles doivent rester définitivement sont immergées en plein bain, dans une cuvette remplie de benzine ; une fermeture hydraulique empêche toute volatilisation de ce dissolvant ; elles sont abandonnées ainsi jusqu'à ce que la séparation des deux feuilles se fasse d'elle-même. Pour enlever les dernières traces de caoutchouc, on passe l'épreuve dans une deuxième cuvette de benzine. Lorsque la benzine a servi au décollage d'un grand nombre d'épreuves et qu'elle commence à se charger d'une quantité de caoutchouc trop considérable, on l'emploie pour faire la dissolution nécessaire pour la préparation du papier au caoutchouc.

Les épreuves sortant du dernier bain de benzine sont séchées en plein air, pour éviter l'odeur désagréable et malsaine de la benzine, puis coupées à la forme et à la grandeur voulue pour être montées sur bristol.

On peut aussi monter directement l'épreuve sur bristol et séparer ensuite le support provisoire caoutchouté en y passant un peu de benzine, mais cette opération, qui paraît plus simple en théorie, est moins facile dans la pratique courante.

M. Johnson, M. Gobert, M. Lambert, M. Liebert, etc., préfèrent supprimer l'usage désagréable du caoutchouc et de la benzine. Le procédé employé est fondé, d'après M. Johnson, sur cette observation, qu'il n'est pas nécessaire que la surface sur laquelle on doit reporter l'épreuve pour la développer soit douée de propriétés adhésives : l'adhérence se fera par le seul fait de la pression atmosphérique, mais à ces conditions :

1° La surface de report doit être imperméable à l'air comme à l'eau, sans quoi, l'air ou l'eau s'infiltrant à travers les pores du subjectile provisoire, il ne pourra y avoir d'adhérence contre la surface.

2° La superposition des deux surfaces doit se faire avant que la gélatine mouillée ait pu complétement se saturer d'eau ; car l'eau interposée pourrait empêcher l'adhérence, tandis qu'au contraire, si la gélatine peut encore absorber cet excès d'eau, l'adhérence se fera parfaitement.

3° La surface imperméable sur laquelle se fait le report doit être préalablement enduite d'une couche infiniment mince de matière grasse ou analogue qui puisse faciliter la séparation après séchage.

Avec ces procédés, on peut employer indifféremment des plaques de métal, tel que zinc, cuivre, etc., des glaces dépolies d'un grain plus ou moins fin, même des feuilles de papier enduites d'une substance grasse, comme la stéarine, la cire ou toute autre. Les feuilles métalliques ou les glaces sont préalablement frottées avec un tampon imprégné d'une solution de stéarine dans l'alcool et polies ensuite avec un second tampon.

Quelle que soit la surface employée, le mode d'opérer reste le même.

Nous supposons l'épreuve retirée du châssis après le temps d'exposition convenable, les marges ayant été réservées tout autour avec un découpe de papier opaque qui empêche l'action de la lumière sur ces marges, comme nous l'avons expliqué page 119; si le papier préparé excédait ces marges, on couperait cet excédant avec des ciseaux, de manière à avoir des bords francs couverts de gélatine non insolubilisée. On prend alors l'épreuve que l'on plonge dans une cuvette contenant une abondante quantité d'eau froide; on immerge dans cette même cuvette la plaque métallique, ou la glace, ou la feuille de papier imperméable préparée *ad hoc*, et, aussitôt que l'épreuve est détendue, on applique l'une contre l'autre les deux faces préparées et on les sort de la cuvette d'eau ensemble et doucement, de manière à éviter toute interposition de bulles d'air; on laisse égoutter, on éponge l'excès d'eau avec une feuille de buvard. On comprime légèrement avec la raclette de caoutchouc ou avec le rouleau et on laisse sécher pendant une demi-heure au moins. L'image est alors tout à fait adhérente à son support, car la gélatine, en continuant de se gonfler, a absorbé toute l'eau interposée.

Les plaques portant les épreuves sont alors mises dans une boîte à rainures en zinc, construite dans le genre des boîtes à glaces, et de manière que ces plaques, posées verticalement, puissent être complétement immergées sans cependant descendre jusqu'au fond. La boîte est remplie d'eau à 40 degrés C., on y laisse séjourner les épreuves pendant un quart d'heure ou plus suivant la solubilité de la gélatine. On essaye alors sur la première épreuve placée si le papier se détache; on peut faire cette opération dans une cuvette horizontale ordinaire, pleine d'eau, à la même température : le papier s'enlève avec facilité, et l'image reste sur son support imperméable. On procède ainsi successivement avec toutes les plaques, que l'on remet à mesure dans leurs rainures respectives, où le développement complet s'achève sous l'action de l'eau à 40 degrés. L'épreuve terminée est lavée dans l'eau froide, égouttée, couverte d'une solution de gélatine, 10 grammes pour 100 centimètres cubes d'eau, additionnée de 3 grammes de sucre blanc. On égoutte l'excès de liquide, et, quand la gélatine a fait prise, on l'immerge dans un bain d'alun à 3 grammes pour 100 centimètres cubes d'eau, où on la laisse pendant quatre à cinq minutes ; on la rince à l'eau froide et l'on met les plaques à sécher verticalement dressées contre le mur ou sur des séchoirs.

L'épreuve étant bien sèche, on la remet dans l'eau. On y applique le papier choisi, que l'on a préalablement gélatiné ; on laisse sécher de nouveau. La feuille sèche se détache très-facilement du support en entraînant l'image.

Il nous semble qu'on simplifierait ces manipulations en prenant la plaque lorsque l'épreuve est développée, y coulant la gélatine comme il est dit ci-dessus, y appliquant immédiatement la feuille de papier simplement mouillée et en laissant sécher le tout. Après la séparation on passe à l'alun, on lave et l'on sèche de nouveau.

On peut obtenir très-facilement, par ce procédé, les épreuves destinées à rester sur verre poli ou dépoli.

MM. Johnson, Lambert, Liébert, Franck de Villecholes, ont également appliqué ce procédé avec beaucoup de succès pour faire les positifs destinés aux agrandissements, ainsi que les épreuves agrandies.

M. Gobert a décrit un procédé analogue au précédent [1], qui consiste à prendre une plaque de cuivre que l'on enduit du vernis suivant avec un tampon de coton :

$$\begin{array}{lr} \text{Alcool à } 40^{\circ}\dots\dots\dots\dots\dots & 100^{cc} \\ \text{Stéarine}\dots\dots\dots\dots\dots\dots & 1^{gr} \\ \text{Résine ordinaire}\dots\dots\dots\dots & 2^{gr} \end{array}$$

On polit de nouveau la plaque jusqu'à ce qu'elle soit parfaitement brillante ; on peut alors la recouvrir d'une couche de collodion normal contenant $0^{gr},50$ de coton pour 100 centimètres cubes du mélange d'alcool et d'éther ; cette couche de collodion n'est pas indispensable.

On commence par plonger l'épreuve à développer, la face en dessous,

---

[1] *Bulletin de la Société française de Photographie*, année 1873, p. 319.

dans une cuvette d'eau froide; lorsqu'elle est bien pénétrée par l'eau, on glisse dessous la plaque métallique préparée, on relève le tout ensemble doucement pour éviter les bulles d'air; avec le rouleau ou une raclette de caoutchouc, on élimine tout l'excès d'eau et l'on peut donner une très-légère pression.

Il n'est pas nécessaire d'attendre la dessiccation pour faire le développement, qui peut commencer immédiatement. On plonge le tout dans l'eau très-chaude, même bouillante : le papier se détache presque aussitôt; on suit le dégorgement de l'épreuve, et, quand elle est au point voulu, on la lave, on passe à l'alun, on lave de nouveau et l'on y applique sous l'eau le papier définitif dont la surface est recouverte soit d'albumine coagulée, soit de gélatine; on laisse sécher, l'épreuve se décolle d'elle-même; on n'a plus qu'à la couper et à la monter sur bristol.

Production de filigranes dans la pâte du papier. — Dans l'ensemble des procédés que nous venons de décrire, on utilise uniquement la propriété que possède la gélatine bichromatée de devenir plus ou moins profondément insoluble sous l'influence de la lumière, et de retenir ainsi les matières colorantes destinées à former l'image; mais, par cela même que cette gélatine a été plus ou moins profondément impressionnée, elle présente des différences d'épaisseur très-accentuées tant que l'épreuve est humide, mais disparaissant presque complétement par la dessiccation. Il suffit d'augmenter ces différences par une pose prolongée et de cylindrer ensuite l'épreuve sèche sur une feuille de papier ordinaire pour produire des dessins comparables aux filigranes que l'on obtient dans la pâte du papier. Ce mode d'emploi, sur lequel M. Jeanrenaud et moi avons appelé l'attention, nous semble susceptible d'applications commerciales; nous l'avions recherché sur la demande de M. Maquet. M. Woodbury avait également indiqué cet emploi des reliefs de la gélatine, mais par un moyen beaucoup plus compliqué.

Moulage par pression des reliefs de la gélatine; procédé de M. Woodbury. — **Photoglyptique de M. Rousselon.** — Nous venons de voir comment, par une pression un peu énergique, les reliefs de gélatine sèche peuvent donner des effets de filigranes. Il est possible, en employant des couches de gélatine bichromatée, contenant très-peu ou point de matière colorante, et après l'impression sous le cliché, le dégorgement par l'eau chaude et la dessiccation, d'obtenir des reliefs assez considérables et tellement durs que, sous l'influence d'une pression énergique, ils entrent dans le métal.

En employant le plomb ou l'alliage des caractères d'imprimerie, on forme un moule en creux d'une précision et d'une finesse extrême dans lequel l'image photographique est représentée par des dépressions plus ou moins profondes. Il suffira de verser dans ce moule une solution ordinaire de gélatine (sans bichromate) légèrement teintée et chaude, comme on verse de la pâte dans un moule à gaufres, d'appliquer une feuille de papier et, par une légère pression, d'expulser tout l'excédant de gélatine, pour que cette sorte d'encre gélatineuse donne une épreuve.

En effet, en faisant prise, elle s'attache au papier et, en relevant la feuille, on démoule en quelque sorte l'image qui reste tout entière sur le papier; dans les creux profonds il y a beaucoup d'encre colorée, ce qui fait les grands noirs; les creux plus ou moins prononcés donnent toutes les différences de teintes; dans les parties planes toute l'encre est expulsée, laissant la surface du papier à nu, ce qui fait les grands blancs.

Ce procédé, inventé par M. Woodbury, fut pratiqué d'abord par M. Bingham, en France, mais il a surtout pris une grande extension dans les ateliers d'Asnières où, sous la direction habile de M. Rousselon, il est couramment mis en œuvre sous le nom de *Photoglyptique*, avec une perfection telle qu'il est souvent difficile de distinguer l'épreuve photoglyptique et l'épreuve photographique ordinaire.

Voici le mode d'opérer :

Sur une glace préalablement passée au talc, puis couverte de collodion normal et séchée, on verse un mélange de bichromate de potasse et de gélatine très-faiblement teintée, de manière à obtenir une couche d'épaisseur bien égale. On fait sécher rapidement ces glaces dans un séchoir à air chaud et l'on détache la couche sensible de la glace. On applique le côté collodionné contre le négatif qui, étant lui-même détaché sur pellicule mince, peut être employé retourné ou non à la volonté de l'opérateur.

Après l'impression, le côté collodionné de la feuille de gélatine bichromatée est provisoirement collé au moyen d'une solution de caoutchouc sur une glace ou autre support résistant et plongé dans l'eau tiède, de manière à éliminer toutes les parties restées solubles.

On obtient ainsi une épreuve présentant des reliefs plus ou moins considérables, correspondant aux diverses teintes du cliché. Après avoir bien lavé cette épreuve, l'avoir passée à l'alun, lavée de nouveau, on laisse sécher ou même on facilite la dessiccation en la plongeant dans l'alcool concentré, qui absorbe rapidement l'eau et ménage mieux les angles, qui doivent être aussi peu arrondis que possible; la feuille, parfaitement sèche, est enlevée de son support provisoire et prête pour la pression.

La pression est l'opération capitale : elle nécessite l'emploi de presses hydrauliques d'une puissance considérable, équivalant à 1000 kilogrammes par centimètre carré de la surface à presser, ce qui, pour une surface de $0^m,30$ sur $0^m,40$, représente l'énorme pression de 1 200 000 kilogrammes. La presse employée par M. Rousselon lui donne facilement un million de kilogrammes; comme celle de M. Braun, elle est mue avec une grande douceur par une petite pompe que fait marcher un renvoi de la machine à vapeur.

Sous cette presse et sur un plan d'acier parfaitement dressé, on met une plaque de métal d'imprimerie (alliage de plomb et d'antimoine) de 1 centimètre d'épaisseur environ. Sur cette plaque, dont la surface est rigoureusement nettoyée, on pose le relief de gélatine face contre face; à la rigueur, la gélatine peut être retournée, mais l'épreuve obtenue donne moins de finesse; sur la gélatine on met un second bloc d'acier bien dressé et l'on commence la pression.

La gélatine et le métal se trouvent ainsi pris entre deux plans; sous l'effort considérable et plusieurs fois répété de la presse, le métal devient parfaitement plan, il s'écrase en diminuant un peu d'épaisseur, la gélatine y pénètre sans altération aucune; on la retire telle qu'on l'a mise, bonne encore pour une deuxième et une troisième pression. Elle laisse dans le métal tous les creux de ses moindres reliefs, le moule est fait, on n'a plus qu'à le parer sur les côtés et à le porter à l'impression.

L'impression sur papier, qui semble des plus simples, offre cependant une foule de difficultés de détail, que M. Rousselon a surmontées une à une avec la plus grande persévérance et la plus heureuse habileté, et, aussi bien pour l'obtention du moule que pour l'impression de l'épreuve, il a pu rendre pratique et courant un procédé qui, au début, offrait des difficultés et des inégalités qui semblaient insurmontables. C'est par des améliorations successives, portant aussi bien sur les appareils mécaniques que sur les plus petits détails de la main-d'œuvre qu'il est parvenu à une fabrication parfaitement régulière et économique.

Le moule prêt à imprimer est porté sur une petite presse à plateau horizontal et à pression verticale, qui n'est pas sans analogie avec une presse à copier. Le moule, placé sur la table inférieure, est calé parfaitement de niveau, de telle sorte que le plateau supérieur, en s'abaissant sur lui, porte régulièrement sur toute la surface; une série de six presses semblables est installée sur une table tournant autour d'un axe; l'ouvrier, sans changer de place, fait le service de ces six presses en les faisant passer successivement devant lui.

La presse étant ouverte, l'ouvrier passe légèrement sur le moule un chiffon gras; il verse à la surface un peu d'une solution chaude de gélatine teintée avec la couleur que doit avoir l'épreuve, sur cette gélatine il place une feuille de papier préalablement détendue à l'humidité; il abaisse le plateau supérieur et donne une légère pression; il passe au deuxième, puis au troisième moule, et ainsi de suite jusqu'à ce que le premier revienne devant lui. Sous la pression donnée, l'encre gélatineuse s'est étendue partout, elle s'est écoulée par les bords; puis elle s'est refroidie, a fait prise en gelée, et, quand le tour donné à la table ramène cette presse devant le tireur, il relève le plateau, soulève doucement la feuille de papier qui entraîne avec elle l'épreuve en gélatine encore sans consistance, et il recommence l'opération.

Les épreuves obtenues, mises à plat sur une table à côté, prennent d'abord plus de fermeté par un refroidissement plus complet; elles sont ensuite passées dans un bain d'alun, lavées, séchées, vernies, coupées et collées sur bristol. On obtient ainsi par tous les temps un tirage rapide, régulier et solide.

Le papier à employer est encore un des écueils du procédé; car, sous l'influence de l'humidité, le grain ressort et paraît ensuite sur la gélatine après dessiccation. C'est par de nouveaux encollages spéciaux et des satinages très-soignés que M. Rousselon a pu obvier à cet inconvénient.

Il est nécessaire de prendre quelques précautions pour monter ces épreuves sur bristol, afin que la gélatine, ramollie par l'humidité, ne soit pas altérée par le frottement; pour cela les épreuves sèches sont couvertes au dos avec une couche de colle d'amidon faite avec de l'eau alunée, ce qui empêche déjà la pénétration de l'humidité dans la pâte du papier; l'image encollée est étendue quelque temps à plat pour que le papier se détende, puis appliquée ensuite sur le bristol. On recouvre alors d'un buvard et l'on passe soit la main, soit le rouleau, pour assurer l'adhérence.

ÉMAUX PHOTOGRAPHIQUES.

Nous avons expliqué, page 110, que les bichromates solubles (bichromate de potasse ou d'ammoniaque) ont sur les matières sucrées, telles que le sucre cristallisé, la glucose, le miel, etc., une action qui présente une grande analogie avec celle qu'ils exercent sur la gélatine. Ces substances, étendues en couches minces et séchées, prennent, sous l'influence de l'atmosphère, un état hygrométrique tel, que si l'on passe à leur surface des matières pulvérulentes, celles-ci y adhèrent immédiatement. Mais, si ces substances sucrées sont mêlées de bichromate soluble et plus ou moins exposées à la lumière, cet état hygroscopique est modifié; il cesse complétement dans les parties fortement insolées et diminue proportionnellement à l'intensité lumineuse. Les poudres que l'on projette à la surface adhèrent donc plus ou moins et dessinent ainsi une véritable image photographique. Si, au lieu de simples poudres colorées, on a employé des poudres d'émail, on a une épreuve photographique qu'il est possible de cuire à la température rouge de la moufle d'émailleur et qui constitue une image vitrifiée et inaltérable.

Ce procédé, très-délicat dans la pratique, est surtout bien exécuté en France. MM. Lafon de Camarsac, Gougenheim, Mathieu Deroche, Pinel-Peschardière, Mlle Mezzarra en ont fait une application courante aux portraits. Nous citerons tout particulièrement M. le comte de Roydeville qui s'est adonné comme amateur à ce genre de travail et a obtenu des plaques émaillées très-remarquables comme grandeur et comme perfection.

Nous nous bornerons à donner l'ensemble du procédé en renvoyant pour les détails aux Traités spéciaux de M. de Lucy-Fossarieu [1] et de

---

[1] *Émaux photographiques*, par GEYMET et ALKER, 2e édition; 1872. — *Photographie sur émail, fayence et porcelaine*, par de LUCY-FOSSARIEU; 1869. — *Id.*, par ANTOINE MARTIN; Weimar, 1872.

M. Geymet; on trouvera dans ces Traités une description minutieuse des diverses phases de l'opération, qui demande une grande habitude, beaucoup de soin et d'habileté.

On commence par préparer la liqueur destinée à donner la surface sensible : c'est toujours un mélange de sucre, ou de glucose, ou de miel avec un bichromate alcalin.

Formule de M. Geymet :

Eau distillée ou filtrée..................	100^{cc}
Miel épuré.........................	$0,50$
Sirop de sucre préparé.................	2^{cc}
Gomme arabique en poudre............	5^{gr}
Solution saturée de bichromate d'ammoniaque.........................	15 à 20^{cc}

Formule de M. de Lucy-Fossarieu :

N° 1. Mettez dans un grand bocal (1 litre ou plus) 500^{gr} de borax du commerce et remplissez d'eau filtrée, agitez de manière à avoir une solution saturée.

N° 2. Dans un autre flacon, faites une solution de :

Sucre blanc......................	200^{gr}
Gomme arabique..................	60^{gr}
Eau.............................	1000^{cc}

et après dissolution ajoutez 500^{cc} de la dissolution saturée de borax (n° 1).

N° 3. Dans un troisième flacon, mélangez :

Miel pur...........................	20^{gr}
Solution de borax (n° 1)...............	20^{cc}

N° 4. Solution saturée de bichromate d'ammoniaque.

(Pour faire une solution réellement saturée, on fait dissoudre à chaud un excès de bichromate d'ammoniaque, et le lendemain on décante la liqueur qui surnage les cristaux qui ont dû se former par le refroidissement. Ce liquide est certainement à l'état de saturation.)

Pour faire la liqueur sensible, on mélange :

Liqueur n° 2........................	6^{cc}
Liqueur n° 4........................	4^{cc}
Eau filtrée..........................	10^{cc}

Si le temps est très-chaud ou très-sec, on ajoute seulement trois ou quatre gouttes de la solution de miel (n° 3).

La liqueur sensible, quelle qu'elle soit, est étendue sur une glace bien propre, égouttée et séchée immédiatement à l'aide d'une douce chaleur à l'abri de la poussière et de la lumière. On doit l'employer ensuite très-rapidement, car la préparation sèche ne se conserve pas.

Cette glace préparée doit être exposée sous un *positif*, car c'est la lumière qui, passant à travers les clairs de l'image, agit sur la couche sensible et l'empêche de prendre la poudre d'émail : les blancs sont donc représentés par les blancs, un positif donne un positif. Il faut des épreuves très-douces, et ici, comme pour les agrandissements, nous pensons qu'il y a lieu d'employer les positifs faits soit par le procédé au charbon, soit par le procédé Taupenot, et développer par la solution alcaline; on obtient ainsi une extrême transparence dans toutes les parties.

Il est souvent nécessaire d'agrandir ou de diminuer l'épreuve pour l'approprier à la dimension de l'émail; on fera alors l'épreuve à la chambre noire, soit par l'un des procédés secs connus, soit par le procédé du collodion humide.

L'épreuve positive est posée face contre face sur la glace préparée avec la liqueur sensible; on expose dans un châssis positif pendant un temps qui, suivant la lumière, varie de quelques secondes à six ou huit minutes.

L'épreuve retirée du châssis est développée dans le cabinet noir avec la poudre d'émail que l'on trouve toute préparée chez les marchands de produits photographiques.

Pour que le développement puisse se faire, il faut un certain état hygrométrique du laboratoire dans lequel on opère; si la pièce est absolument sèche, la glace ne prend aucune trace d'humidité et elle ne retient pas la poudre d'émail; si elle est trop humide, c'est le contraire qui a lieu et l'image s'empâte rapidement. Cette difficulté de réaliser un milieu convenable est une des plus grandes du procédé. Pour obtenir le développement complet, il faut promener régulièrement la poudre sur l'épreuve au moyen d'un blaireau très-doux; mais le mieux semble être, suivant les indications de M. de Lucy-Fossarieu, de promener pendant quelques instants un peu de poudre avec un fin blaireau, puis de recommencer quatre ou cinq fois cette opération pendant un temps très-court : la glace prend ainsi peu à peu la somme d'humidité qui lui est nécessaire pour un développement complet.

Trop de pose donne une épreuve dure et sèche, pas assez donne une épreuve voilée; un développement trop prolongé produit le même résultat.

L'épreuve développée est couverte de collodion normal à 1 ou 2 grammes de coton pour 100 centimètres cubes du mélange d'éther et d'alcool, puis lavée dans l'eau faiblement acidulée par l'acide nitrique ou chlorhydrique; le collodion se détache alors complétement de la glace et emporte avec lui toute la poudre d'émail qui forme l'image. Cette pellicule est rincée à l'eau froide, de manière à enlever toute trace d'acidité et de bichromate de potasse, et enfin mise dans une cuvette profonde pleine d'eau dans laquelle les mains puissent facilement se mouvoir pour placer l'image sur la plaque d'émail avec laquelle elle doit s'incorporer.

Parmi les opérateurs, les uns veulent que la pellicule de collodion soit mise sur l'émail avec la poudre en dessous; dans ce cas, le collodion n'adhère pas sur la surface émaillée de laquelle la poudre le sépare, et il faut que l'eau servant au transport soit légèrement sucrée pour qu'il y ait complète adhérence après la dessiccation. Si l'on emploie cette manière de procéder, il est nécessaire, avant le passage au feu, d'éliminer le collodion, qui s'écaillerait en brûlant. On le détruit par une immersion dans l'acide sulfurique suivie de quelques lavages à l'eau.

Il nous semble préférable d'employer la méthode indiquée par M. de Lucy-Fossarieu et par M. de Roydeville, qui consiste à mettre la pellicule de collodion directement sur l'émail, l'image en dessus : par ce moyen, il ne se fait aucun décollage, le collodion adhère seul à la surface émaillée, et, lorsqu'il est bien sec, il brûle régulièrement au feu en laissant à l'épreuve toute sa netteté. Avec ce mode d'opérer, l'image est dans son vrai sens, tandis que dans celui qui précède elle est renversée, à moins que l'on n'ait fait un positif retourné.

La fusion de l'émail se fait dans un fourneau d'émailleur dont on chauffe la moufle bien régulièrement au rouge vif; on y place une plaquette de terre que l'on chauffe d'abord légèrement, on la retire et sur son milieu on pose la pièce à cuire, puis on la repousse peu à peu jusqu'au centre de la moufle.

L'opération dure à peine quelques minutes; il faut que l'émail soit assez chauffé pour être glacé partout; une chaleur trop intense l'altère. L'observation et la pratique peuvent seules servir de guides à cet égard.

Le même procédé sera appliqué aux pièces de faïence, de porcelaine; on l'a même appliqué aux vitraux.

Application de ce procédé pour faire de nouveaux clichés sur le cliché type. — M. Geymet ([1]) a utilisé dans une voie nouvelle cette action de la lumière et des bichromates solubles sur les matières adhésives pour obtenir directement, sans le secours de la chambre noire, un cliché nouveau fait par application sur le cliché type.

Sur une glace bien nettoyée on applique la liqueur sensible préparée comme suit :

Eau..	100^{cc}
Gomme arabique......................	10^{gr}
Glucose.....................................	10^{gr}
Sucre..	2^{gr}
Miel...	$0,5$
Solution saturée de bichromate d'ammoniaque...........................	20^{cc}

On fait sécher complétement à une douce chaleur et à l'abri de la lumière comme pour faire les émaux.

On pose cette glace sur le cliché et l'on expose deux minutes au soleil, cinq ou six minutes à l'ombre, puis, reprenant cette glace dans l'obscurité, on attend quelques instants pour que l'humidité ambiante agisse sur la surface préparée et l'on y promène un blaireau très-doux chargé de plombagine en poudre impalpable : le nouveau négatif se développe rapidement et prend plus d'intensité à chaque passage du blaireau; on peut même, de cette manière, modifier à son gré l'intensité de certaines parties.

Il est souvent bon de laisser la glace au repos pendant quelques secondes et de reprendre le développement; comme pour l'émail, l'insuffisance de pose donne une épreuve grise et blafarde, l'excès de pose brûle les demi-teintes.

En opérant avec des plombagines plus ou moins grosses, on peut obte-

---

([1]) *Bulletin de la Société française de Photographie*, année 1872, p. 185.

nir, dit l'auteur, un grain plus ou moins marqué qui rend le cliché très-favorable pour les reproductions aux encres grasses.

L'avantage de ce procédé pour un grand nombre d'applications est que le cliché ainsi fait se trouve retourné. S'il était nécessaire d'avoir ce cliché dans son vrai sens, on pourrait soit faire une nouvelle épreuve sur ce cliché retourné, ou procéder comme pour l'émail, en recouvrant le cliché de collodion et l'enlevant ensuite sur gélatine, ou faire la préparation sur une glace collodionnée préalablement, que l'on traitera ensuite par un des moyens connus pour avoir un cliché-pelliculaire, pages 76 et 78.

DIVERSES MÉTHODES DE TIRAGES PHOTOGRAPHIQUES AUX ENCRES GRASSES.

Si nous voulions considérer la Photographie comme une industrie spéciale, se suffisant à elle-même, les procédés négatifs ou positifs que nous avons étudiés ci-dessus formeraient l'ensemble de cette industrie, qui se trouverait alors forcément limitée dans sa production et dans ses applications; mais si, la considérant d'une manière beaucoup plus générale, nous voyons dans la Photographie un moyen nouveau de représenter tout ce qui peut frapper nos yeux, si nous la rattachons à ces autres moyens qui forment l'ensemble des arts graphiques sous le nom de typographie, gravure, lithographie, nous ouvrons à l'ensemble de ces industries un horizon dont nous ne saurions poser les limites.

En effet, d'une part, les arts graphiques se prêtent à l'invention, à l'interprétation artistique, à l'émission de la pensée humaine, mais ils peuvent être limités par les difficultés d'exécution et sujets à l'erreur; d'autre part, la Photographie est copiste fidèle et authentique, elle reproduit sans peine comme sans erreur tout ce qu'elle voit, quelle qu'en soit la complication, mais elle ne saurait interpréter. Ces deux moyens doivent donc se compléter l'un par l'autre et c'est dans leur union qu'est le progrès.

Or, que faut-il pour réaliser cette union? Transformer un cliché en une planche d'impression.

Le problème peut-il être résolu? Depuis longtemps déjà de larges essais ont répondu affirmativement; nous ne pourrions dire encore que le problème soit résolu dans *toutes* les conditions que peuvent demander les arts graphiques, mais nous n'hésitons pas à répondre qu'il est résolu dans des conditions industrielles, et dans un temps prochain la Photographie s'imposera et prendra une place importante dans l'art des impressions.

Déjà en France, et surtout à l'étranger, la Photographie dite *aux encres grasses* est appliquée dans l'industrie. Cet emploi, encore trop restreint, deviendra général quand la Photographie et l'impression, identifiées l'une à l'autre, connaîtront mieux les nécessités de l'une et de l'autre industrie et lorsque disparaîtront quelques entraves apportées par les intérêts particuliers.

Ce qui rend difficile la solution parfaite du problème, c'est que les arts graphiques se divisent en trois grandes branches admettant elles-mêmes divers modes d'opérer, ayant chacune leurs exigences, et que ces exigences semblent quelquefois incompatibles avec la nature de l'image photographique.

Nous avons, en effet :

1° La typographie, pour laquelle il faut une image en relief dont toutes les parties soient sensiblement sur le même plan, l'encre du rouleau devant s'arrêter sur les reliefs sans pénétrer dans les creux ;

2° La gravure en creux, qui est l'opposé ; l'encre ne doit rester que dans les creux plus ou moins profonds, tandis que, au contraire, toute la surface plane de la planche doit être parfaitement essuyée et nettoyée.

3° La lithographie qui, théoriquement, présente une surface plane sur laquelle l'encre adhère plus ou moins par suite d'une affinité plus ou moins grande pour cette surface.

Photographiquement, de nombreux essais ont été faits, de nombreuses inventions et de nombreux brevets en sont résultés pour arriver à réaliser avec plus ou moins de bonheur les conditions nécessaires pour ces divers modes d'impression ; une foule de noms différents ont été donnés à ces inventions, tels que *autotypie, phototypie, albertypie, collotypie, héliotypie, héliogravure, photogravure,* etc., etc. Nous commencerons par faire table rase de tous ces noms, sans vouloir toutefois nier un instant le mérite des hommes qui ont donné leur temps, leurs peines et leurs études pour rendre pratique l'application de ces procédés ; mais, tout en nous efforçant de leur rendre justice dans le cours de nos explications, nous croyons devoir remonter aux inventeurs premiers, à ceux qui, utilisant les propriétés du bitume de Judée ou de la gélatine bichromatée, firent les premiers essais d'où découlèrent tous les autres, c'est-à-dire à Nicéphore Niepce, à Talbot, à Pretsch et surtout à Poitevin qui, par son étude complète des réactions de la gélatine bichromatée ou produits similaires, a démontré que par leur emploi on pouvait obtenir photographiquement aux encres grasses l'image en relief (typographie), l'image en creux (gravure), l'image sur surface plane (lithographie).

Avant d'entrer dans l'étude de chacune de ces trois branches, établissons d'abord nettement la différence profonde qui existe entre l'impression photographique ordinaire et les diverses impressions aux encres grasses.

Quel que soit le mode de production d'une image monochrome, celle-ci présente son effet général à nos yeux par les quantités plus ou moins grandes de la couleur qui la compose. Beaucoup de couleur dans les grandes ombres, de moins en moins à mesure que les demi-teintes deviennent plus légères jusqu'à l'absence complète dans les blancs absolus.

Or, dans les procédés photographiques, on peut considérer la couleur comme formée par une série de teintes s'ajoutant les unes aux autres et se dégradant à l'infini, si bien qu'on pourrait la comparer à une peinture passant du blanc au noir en parcourant tous les degrés du gris; mais il n'en est pas de même pour les impressions aux encres grasses : ici la teinte est presque toujours unique, c'est une couleur brutalement noire, dont la couche la plus mince a déjà presque toute son intensité. Ce n'est donc plus en superposant des couches plus ou moins foncées qu'on pourra obtenir les noirs ou les demi-teintes, mais en espaçant plus ou moins la couleur, en serrant les intervalles d'autant plus qu'on voudra plus noir, en s'appliquant à avoir des traits ou des points d'autant plus fins et d'autant plus éloignés qu'on voudra des effets plus clairs.

La principale difficulté du problème réside dans cette différence entre les deux moyens d'obtenir l'image qui, en Photographie, est formée par une série de teintes en couches continues, et, dans les impressions aux encres grasses, est formée presque toujours par une seule teinte en couche brisée.

Nous devons donc de suite établir une distinction entre la reproduction photographique d'un dessin, gravure ou autre image, résultant déjà d'une impression à l'encre grasse et les épreuves faites sur nature ou d'après un tableau; l'épreuve d'après une gravure, dessin ou autre se trouve immédiatement réunir les conditions voulues pour l'impression aux encres grasses, puisque les écarts de traits ou les inégalités de grain ont été déjà obtenues et se reproduisent sur le cliché; mais il n'en est plus de même pour l'épreuve d'après nature ou d'après un tableau : elle présente des dégradations de teintes sans solution de continuité, et pour parvenir à la traduire sur une planche d'impression à l'encre grasse, surtout pour la gravure en relief ou en creux, il faut, par un tour de main plus ou moins réussi, rompre cette continuité de la teinte proportionnellement à l'effet nécessaire.

Aussi les reproductions de gravure ou de dessin se font avec une facilité relative et elles ouvrent déjà un champ très-vaste à l'industrie, tandis que l'épreuve d'après nature demande des procédés plus délicats.

Ajoutons encore que ce serait une erreur de croire que l'alliance de ces deux industries, photographie et impression, diminuera l'habileté nécessaire pour exercer l'une et l'autre; il faudra, le plus souvent, des clichés sinon spéciaux, du moins excellents pour pouvoir les appliquer à la production d'une planche destinée aux encres grasses; de là cette nécessité d'un photographe habile, connaissant toutes les ressources de son art, et d'un imprimeur capable non-seulement d'appliquer à l'encrage et au tirage tout son savoir-faire, mais aussi d'aplanir et de surmonter les difficultés que peut présenter à chaque instant un procédé nouveau auquel on ne peut demander de donner immédiatement les résultats acquis par la vieille expérience des anciens procédés.

LITHOGRAPHIE PHOTOGRAPHIQUE.

(PHOTOLITHOGRAPHIE, IMPRESSIONS SUR SURFACE PLANE.)

Photolithographie. — Le nom de *lithographie* (impression sur pierre), donné autrefois à ce procédé parce que c'est sur pierre que furent obtenues les premières épreuves, devient de nos jours de plus en plus incorrect, et bien que la pierre soit encore la matière principalement employée, le même mode d'opérer s'est étendu au zinc, et maintenant, avec la gélatine bichromatée, on peut, théoriquement du moins, obtenir ce genre d'impression sur toute surface plane suffisamment résistante.

Tout en le regrettant, nous ne saurions changer ce nom et nous rangerons sous la dénomination de *lithographie photographique* tous les procédés par lesquels l'impression pourra être obtenue sur une surface sensiblement plane, ne présentant ni creux ni reliefs volontairement cherchés, l'encre adhérant par affinité sur certains points et étant au contraire repoussée dans les autres parties, la répulsion de l'encre pour ces dernières étant généralement causée par une certaine humidité localisée.

Avant de parler de la lithographie photographique, il nous faut expliquer en quelques mots la lithographie ordinaire.

La lithographie sur pierre, inventée en 1796 par Sennefelder, est basée sur les faits suivants :

On prend une pierre calcaire plane et sans défauts, d'une homogénéité et d'une porosité convenables : celles qui viennent des carrières spéciales de Munich sont particulièrement propres aux applications lithographiques. Il suffit de tracer un dessin quelconque sur cette pierre avec une matière grasse et de mouiller ensuite toute la surface : l'eau pénètre très-légèrement dans les pores partout où il n'y a pas de matière grasse, elle est au contraire repoussée par le corps gras. Si l'on passe le rouleau chargé d'encre d'impression, après avoir essuyé la pierre pour enlever l'excès d'eau, l'encre adhère sur le corps gras, elle ne s'attache pas sur les parties humides de la surface ; si l'on couvre ensuite la pierre avec une feuille de papier et si l'on exerce une pression, l'encre s'attachera au papier, quittera la pierre, et donnera la reproduction du dessin.

Dans la pratique, il y a de nombreux écueils à ce procédé si simple comme théorie première, il faut consolider en quelque sorte le dessin sur la pierre, augmenter les deux propriétés inverses de la surface pour éviter que peu à peu les parties non encrées ne s'habituent à prendre l'encre, que les traits délicats ne s'élargissent et ne s'empâtent ou même que les traits ou les demi-teintes ne disparaissent. Ces diverses conditions tiennent un peu à la nature de la pierre, à la qualité de l'encre ou matière grasse qui a servi à faire le dessin, mais surtout à l'habileté de l'ouvrier qui a fait la première préparation ou acidulation et gommage, et aux soins de l'ouvrier tireur.

Le dessin étant mis sur pierre, la préparation ou acidulation se fait en la couvrant largement d'une dissolution de gomme arabique acidulée faiblement avec l'acide nitrique ; on la lave, on la couvre ensuite avec de l'eau gommée et on la laisse ainsi pendant quelque temps. L'action de l'acide nitrique est d'abord de décomposer le savon qui entre dans la composition de l'encre ou du crayon lithographique qui a fait le dessin, les acides gras de ce savon décomposé s'unissent à la chaux de la pierre pour former un savon calcaire insoluble ; de plus, l'acide, rongeant très-légèrement la pierre partout où il n'y a pas de dessin, donne à celui-ci un très-faible relief, augmente la porosité de la surface calcaire et son affinité pour l'eau. Le rôle de la gomme semble être d'abord de localiser l'action de l'acide par son état mucilagineux ; elle a en outre une propriété réellement préservatrice de la surface, elle adhère à la pierre dont elle ferme les pores au corps gras tout en la rendant plus facilement pénétrable par l'eau.

Nous donnons ces quelques explications uniquement pour montrer aux opérateurs qu'il existe une série de tours de main dont il faut nécessairement acquérir la connaissance et l'habitude avant de penser à réussir la photographie sur pierre.

On ne doit pas oublier que la surface de la pierre doit être avant tout adaptée au but que l'on se propose, largement grainée pour de grands effets, de plus en plus doucie pour les dessins plus fins et presque polie si l'on veut avoir des traits excessivement déliés.

Le dessin est mis sur pierre soit directement par la main de l'artiste, se servant alors du crayon ou de l'encre lithographique, soit indirectement par le report. Pour le report, le dessin doit être obtenu sur une feuille de papier spéciale avec l'encre dite *de report;* cette feuille de papier, préalablement rendue humide, est placée et comprimée sur la pierre : elle y laisse son empreinte grasse. La feuille de report peut elle-même recevoir son dessin soit à la main, soit par l'un quelconque des procédés d'impression ; il faut seulement que le dessin qu'elle porte soit fait avec cette encre *spéciale de report.*

Nous connaissons maintenant les conditions, pour ainsi dire théoriques, de la lithographie; voyons comment on a pu les adapter ou les modifier suivant les exigences de la Photographie, et obtenir par l'action seule de la lumière un dessin encrable sous le rouleau.

Bien que les divers procédés pour arriver à ce résultat soient basés sur une seule réaction : la propriété que possèdent certains corps mélangés de bichromates alcalins de devenir insolubles par l'action de la lumière, de ne plus être pénétrés par l'eau et de prendre l'encre d'imprimerie, ils sont cependant si nombreux, qu'il est nécessaire de les classer pour ne pas répéter à chaque instant les mêmes explications.

On doit distinguer :

1° Les méthodes dans lesquelles on emploie les surfaces lithographiques ordinaires ; la préparation photographique remplace le crayon ou l'encre lithographique et fait, après l'insolation, une sorte de réserve qui n'adhère à la surface préparée que dans les parties où la lumière l'a rendue insoluble, tandis que dans les autres parties la surface mise à nu peut recevoir les manipulations ordinaires, telles que l'acidulation, le gommage, etc.;

2° Les méthodes dans lesquelles une surface quelconque, apte ou non à recevoir un dessin lithographique, est et *reste* couverte d'une couche *continue* de gélatine ; c'est cette couche tout entière qui devient surface lithographique, l'encre grasse adhérant à la gélatine solarisée et n'adhérant pas aux parties de gélatine sur lesquelles l'action lumineuse n'a pas été suffisante pour les empêcher de s'humecter;

3° Les procédés de report et de transfert, dans lesquels les surfaces gélatineuses préparées ne présentent pas assez de résistance pour supporter l'action de la presse, mais permettent cependant d'obtenir une ou plusieurs épreuves avec l'encre dite *de report*, épreuves qui sont alors reportées sur pierre ou sur zinc.

Ces procédés de transport peuvent être obtenus également par les deux premières méthodes.

Il est difficile de faire une classification bien exacte de ces divers modes d'opérer, qui s'enchevêtrent intimement les uns dans les autres; toutefois cette division rendra plus facile au lecteur l'étude qui va suivre :

1° **Impressions sur surfaces lithographiques faites directement** ([1]). — Nous ne reviendrons pas sur le procédé au bitume de Judée, que nous avons pratiqué autrefois, et qui est décrit page 456 de la *Chimie photographique*; abandonné aujourd'hui, ce procédé reviendra probablement plus tard. Nous suivrons seulement les développements successifs qu'ont prises les préparations bichromatées.

Le procédé le plus simple est celui indiqué par M. Poitevin, *Chimie photographique*, page 459; nous le rappelons ici :

On prend une pierre lithographique plus ou moins finement grainée ou poncée, suivant le sujet à reproduire, car le grain est nécessaire si l'on veut de la transparence dans les noirs, tandis qu'une surface lisse ou polie ne peut convenir que pour la reproduction du trait.

Sur cette pierre, préalablement bien lavée et séchée, on étend un mélange d'une partie d'albumine d'œufs recueillie après le battage en neige, et d'une partie d'une solution saturée de bichromate de potasse. Cette mixtion est appliquée au moyen d'un pinceau dit *queue de morue* ou de toute autre manière. La pierre est égouttée de tout excédant de liquide et essuyée avec un tampon de linge, de telle sorte qu'il n'en reste à la surface qu'une couche infiniment mince, celle qui a pénétré, pour ainsi dire, dans les pores de la pierre.

([1]) *Voir* les Traités spéciaux de M. Geymet et de M. Mook.

On laisse sécher à l'abri de la lumière et l'on pose sur cette surface un négatif, de préférence un négatif retourné; et, comme pour toutes les opérations photographiques, on expose à la lumière un temps variable suivant son intensité et l'opacité du négatif; l'expérience est le meilleur guide à cet égard.

Sous l'influence de la lumière, l'albumine bichromatée devient insoluble et s'incorpore à la pierre; les parties protégées par les noirs du négatif restent solubles.

La pierre, rentrée dans le laboratoire, légèrement mouillée à l'éponge, est encrée avec le rouleau couvert d'encre lithographique; de préférence on emploie comme encre celle dite *de report*, additionnée d'un peu de vernis gras : cette encre résiste mieux aux apprêts nécessaires que l'on va faire subir à la pierre; l'encre grasse adhère immédiatement sur les parties où l'albumine insolubilisée par la lumière a pris en même temps une grande affinité pour les corps gras; elle est repoussée, au contraire, partout où l'albumine, restée soluble, est enlevée par l'action de l'eau et laisse l'humidité pénétrer les pores de la pierre.

Ainsi préparée, la pierre présente le dessin à l'encre grasse; mais, si l'on voulait faire le tirage d'un certain nombre d'épreuves, le dessin ne résisterait pas; il s'empâterait bientôt; partant, il faut que la pierre soit acidulée et gommée, comme nous l'avons expliqué plus haut, en l'immergeant d'un coup dans une solution de 2 parties de gomme, 2 parties d'acide nitrique pour 100 parties d'eau ou la recouvrant habilement et largement avec une nappe de ce liquide. La pierre, relevée aussitôt, est lavée, passée à la gomme sans acide, séchée et prête ensuite pour les tirages lithographiques.

M. Geymet, dans son *Traité pratique de la Lithophotographie* (édition de l'année 1873), indique ce procédé des couches d'albumine bichromatée sans épaisseur, étendues sur une pierre *polie*, comme particulièrement préférable toutes les fois que l'on recherche la reproduction du trait.

Ce premier procédé de M. Poitevin fut suivi d'un assez grand nombre de formules données par d'autres inventeurs : nous allons énumérer très-rapidement et seulement pour mémoire quelques-unes de ces méthodes; mais c'est seulement lorsque le brevet de M. Poitevin approche de son terme que nous voyons apparaître les sérieux perfectionnements qui sont en pratique aujourd'hui.

En décembre 1855, MM. Rousseau et Musson produisaient une image sur pierre lithographique au moyen de la gélatine bichromatée et des réactions suivantes : après l'insolation sous le cliché, la pierre gélatinée est lavée à l'eau pour enlever tout le bichromate resté soluble, puis recouverte d'un mélange d'acide gallique et pyrogallique très-faiblement acidulé, lavée de nouveau, recouverte d'une dissolution de savon blanc; la gélatine insoluble conserve assez d'acide pour décomposer un peu de savon et fixer l'acide gras sur les traits de l'image. On peut renforcer cette action en faisant succéder des solutions de nitrate de cuivre ou de nitrate de plomb, et terminer par une nouvelle solution de savon; on lave de manière à enlever les dernières traces de matière soluble, et l'image reste formant un relief considérable encrable au rouleau.

Dans ce procédé assez compliqué, les auteurs n'ont pas tenu compte de l'affinité de la gélatine insoluble pour l'encre grasse, de la répulsion de cette encre par les parties mouillées, et ils ont cherché des reliefs et des complications que la pratique actuelle démontre inutiles.

Beaucoup plus tard, en juillet 1863, M. Morvan communiqua à l'Académie des Sciences un procédé basé également sur l'emploi du savon.

La pierre est toujours couverte du mélange d'albumine et de bichromate soluble, exposée sous une *épreuve positive* et, après une insolation, lavée d'abord avec un acide faible, puis avec une dissolution de savon blanc et ensuite à l'eau pure.

Ici l'albumine joue le rôle de réserve contre l'action de l'acide gras sur la pierre; toutefois la description donnée par M. Morvan semble incomplète, et nous l'avons mentionnée parce qu'elle donne une image positive avec un cliché positif.

Comme procédé particulier, nous devons indiquer celui de M. Jobard, de Bruxelles, qui a obtenu des épreuves lithographiques au moyen de pierres ou de plaques de zinc simplement iodées.

La surface, exposée d'abord aux vapeurs d'iode, est mise sous un positif et aussitôt après l'insolation couverte d'une solution de gomme additionnée de noir de fumée et mise à sécher à l'abri de la lumière; après quelques heures on lave, on sèche de nouveau, puis on humecte la surface et l'on encre. Partout où la lumière a frappé, l'encre grasse ne prend pas, sans doute parce que la lumière a déterminé la formation d'une minime quantité d'acide iodhydrique, ce qui a produit une légère acidulation; là où la lumière n'a pas frappé, l'iode non altéré permet à la surface de prendre l'encre grasse. Cette préparation demande de très-grands soins et un très-habile ouvrier.

2° **Impressions sur une surface plane quelconque couverte d'une couche continue de gélatine.** — Dans les procédés qui précèdent, dont les premiers seuls ont donné quelques résultats commerciaux, nous voyons que l'on a toujours cherché à utiliser les propriétés lithographiques spéciales de la pierre ou du zinc; en mai 1867, MM. Tessié du Motay et Maréchal, de Metz, entrent dans une autre voie, suivie dans tous les perfectionnements qui vinrent ensuite.

Dans leur procédé, la mixtion bichromatée remplit un double but : elle est utilisée en couche *continue* étendue sur un support plan et résistant quelconque (métal, pierre, verre, etc.), et la lumière détermine sur cette couche continue les points qui doivent prendre l'encre et ceux qui doivent prendre l'eau. Théoriquement, la matière du support devient donc indifférente, pourvu qu'elle présente une résistance suffisante; la question importante qui reste à résoudre est l'adhérence de la couche.

Cette méthode se retrouve indiquée dans l'ouvrage publié en 1862 par M. Poitevin, page 76 :

« La possibilité une fois reconnue de faire adhérer l'encre grasse et tout corps gras aux seules parties modifiées par la lumière *d'une surface quelconque recouverte* du mélange précité (bichromates et matières gommeuses, gélatineuses, etc.), j'étais arrivé à la Photolithographie. » Mais il ne paraît pas que ce procédé ait été employé pour un tirage direct avant l'application qu'en firent MM. Tessié du Motay et Maréchal, de Metz.

Procédé de MM. Tessié du Motay et Maréchal, de Metz. — Selon les auteurs ([1]), deux causes, qui nous semblent très-discutables, empêchaient les diverses méthodes employées avant eux de donner les résultats qu'on en attendait : le grain de la pierre et l'épaisseur de la couche qui, quelque mince qu'elle soit, se trouvait interposée entre la surface du cliché et la surface lithographique.

([1]) *Bulletin de la Société française de Photographie,* année 1867, p. 115.

Pour s'en affranchir, ils firent un mélange de colle de poisson, de gélatine, de gomme, additionné de bichromates solubles, auxquels ils ajoutaient encore de l'acide chromique mélangé d'autres corps avides d'oxygène. Le mélange, étendu sur plaque de cuivre, est séché et chauffé pendant plusieurs heures à l'étuve à une température de 50° C. environ. Sous l'influence des sels ajoutés et de la température, la couche gélatinée, gommée et bichromatée devient insoluble dans toute son épaisseur, s'attache au support et peut résister au rouleau d'impression, qui la déchirerait si elle ne prenait pas une résistance suffisante.

Après le passage à l'étuve la plaque est insolée sous le négatif, lavée de manière à enlever tous les sels de chrome et autres restés solubles, séchée et disposée pour l'impression.

Sous l'action d'une éponge humide, les parties non insolées se gonflent légèrement en absorbant l'humidité, mais pas assez pour que le rouleau chargé d'encre ne puisse atteindre les parties qui ont reçu l'action lumineuse et qui, n'absorbant pas l'eau, prennent très-bien l'encre grasse; cette encre adhère donc plus ou moins, suivant que la lumière a rendu la surface plus ou moins imperméable à l'eau.

Chaque planche obtenue par ce procédé ne permettait pas alors le tirage de plus d'une centaine d'épreuves; elle ne tardait pas à s'altérer et devait être remplacée par une autre. Ce faible tirage est compensé par la facilité avec laquelle on peut faire autant de planches qu'on le désire.

L'encrage sur surface continue de gélatine indiqué par M. Poitevin, modifié et amélioré par Tessié et Maréchal, est donc pratique; l'image photographique peut y être obtenue avec une grande perfection; on peut se servir de cette couche pour tirer un assez grand nombre d'épreuves. Nous allons voir maintenant se développer de tous les côtés des méthodes, tours de main, formules diverses pour améliorer les tirages et arriver à imprimer un grand nombre d'épreuves sans altérer la couche de gélatine sur laquelle elles sont formées.

Ce fut à la fin de 1868 et en 1869 que l'on vit se produire dans les expositions et dans le commerce les premières épreuves à l'encre grasse pouvant rivaliser, pour la finesse et le modelé, avec celles obtenues aux sels d'argent. Ces épreuves sortaient des ateliers de M. Albert (de Munich) et étaient obtenues au moyen d'un procédé encore mal connu, auquel

M. Albert avait donné son nom, procédé qui, en réalité, a la plus grande similitude avec celui de MM. Tessié et Maréchal; seulement, pour obtenir une plus grande résistance de la couche de gélatine sur son support, M. Albert interpose une couche mince préalable qui, insolubilisée dans toute son épaisseur, forme un intermédiaire très-tenace et donne à la couche totale une grande résistance à l'action du râteau de la presse lithographique. Quelques heureuses modifications apportées à cette presse lui permettent de faire, avec la même préparation gélatinée, un tirage qui dépasse 1500 exemplaires.

MM. Tessié et Maréchal solidifient la couche de gélatine par quelques agents chimiques aidés par la chaleur; M. Albert remplace l'action de la chaleur par l'action de la lumière.

Modification par M. Albert. — Nous donnons ici ce qui est connu du procédé de M. Albert, soit par le brevet, soit par ce qui en a été publié, sans garantir toutefois l'exactitude des formules. Nous ferons observer, du reste, que pour ce procédé comme pour tous ceux qui suivent, les formules données par les auteurs ont rarement la netteté désirable; quelques-unes insérées dans les brevets semblent avoir été compliquées à dessein et seraient même quelquefois impossibles à réaliser. Chaque industriel qui amène un perfectionnement cherche à en tirer parti, ainsi que cela est son droit; aussi ne communique-t-il pas volontiers le tour de main, le petit secret de métier auquel il doit sa réussite. Nous donnerons d'abord un extrait du brevet de M. Albert (de Munich), Brevet de 15 ans, n° 83050, 3 novembre 1868:

« On prend une glace ou une surface polie, de 7 à 8 millimètres d'épaisseur, transparente, sur laquelle on verse un liquide composé de :

Eau...............................	300^{cc}
Albumine...........................	150^{cc}
Gélatine...........................	15^{gr}
Bichromate de potasse..............	8^{gr}

» Après dessiccation à l'abri de la lumière, on obtient une première couche qui, en réalité, est composée de deux couches différentes :
» 1° Celle touchant directement le verre;
» 2° Celle en contact avec l'air.

» On pose sur le côté albuminé de la glace un morceau de drap foncé, et l'on expose à la lumière le côté nu de la glace pendant une demi-heure à deux heures. Par cette exposition à la lumière, la couche en contact avec le verre est devenue sèche, insoluble et parfaitement adhérente, et la couche externe peut encore recevoir de nouveau une solution de gélatine bichromatée.

» En effet, après l'exposition à la lumière, on verse sur la glace une solution de :

$$\begin{array}{ll} \text{Gélatine} \dots & 300^{gr} \\ \text{Eau} \dots & 180 \\ \text{Bichromate} \dots & 100 \quad (^1) \end{array}$$

» Après séchage, la glace est prête à être exposée sous un cliché négatif, et l'exposition à la lumière influencera proportionnellement la gélatine bichromatée.

» On suit facilement à travers la glace les progrès de l'action actinique.

» On laisse ensuite la glace impressionnée séjourner un quart d'heure dans l'eau.

» Elle est apte, en cet état, à recevoir directement les encres d'imprimerie à l'aide d'un rouleau ordinaire. Si l'on doit presser vigoureusement pour obtenir des épreuves, on scelle les plaques de verre sur du plâtre ou autrement.

Ce que M. Albert revendique comme son invention, c'est :

1° L'emploi des glaces transparentes ;

2° La double couche sensible permettant un tirage nombreux.

M. Van Monckhoven, dans son *Traité général* de 1873, donne sur le procédé Albert quelques renseignements et quelques formules qui diffèrent un peu de celles du brevet, surtout pour la composition de la mixtion destinée à faire la deuxième couche.

La glace doit être finement dépolie ; on la recouvre d'une solution de 6 grammes de gélatine dans 300 centimètres cubes d'eau distillée addi-

---

(^{1}) Il doit y avoir erreur dans ces nombres donnés. La solubilité du bichromate de potasse est de 10 grammes pour 100 centimètres cubes d'eau : la formule serait donc impossible.

tionnée de 5 à 6 grammes de bichromate d'ammoniaque ; après refroidissement, on ajoute 100 centimètres cubes d'albumine d'œufs préalablement purifiée par le battage en neige, on laisse sécher horizontalement dans un endroit chaud à 30 degrés C. environ et bien à l'abri de la poussière.

Après dessiccation, la glace est posée sur un drap noir, la préparation bichromatée en contact avec le drap et elle est insolée en plein en présentant le dos de la glace à la lumière pendant cinq à dix minutes. Le côté de la couche en contact avec la face dépolie du verre est complétement insolubilisé et devient très-adhérent ; il est probable que cette insolubilité monte jusqu'à la face extérieure, mais cependant la gélatine est de moins en moins cornée dans son épaisseur, de sorte que la face extérieure reste encore très-apte à se cimenter avec la nouvelle couche sensible que l'on y superposera, mais les liquides ne peuvent plus pénétrer dans toute la profondeur de manière à détruire l'adhérence sur le verre. Cette première préparation faite, la glace est lavée à l'eau froide et séchée à l'abri de la poussière.

La formule indiquée pour la préparation de la deuxième couche nous semble bien compliquée ; il est probable qu'elle pourrait être ramenée à une simple solution de très-bonne gélatine faite de 12 grammes de gélatine pour 100 centimètres cubes (ou de colle de poisson dans une proportion moindre), et de 3 à 4 grammes de bichromate de potasse ou d'ammoniaque.

Nous la donnons néanmoins telle qu'elle est indiquée.

Préparez les solutions suivantes :

    1° Gélatine.................................. 20^{gr}
       Eau distillée froide..................... 125^{cc}
    2° Colle de poisson....................... 4^{gr}
       Eau distillée froide..................... 60^{cc}

Lorsque les matières ont trempé pendant un temps suffisant pour les bien gonfler, chauffez au bain-marie et mélangez les deux solutions.

    3° Albumine battue en neige et déposée.
    4° Bichromate de potasse............... 10^{gr}
       Eau distillée............................. 60^{cc}

Filtrez.

5°	Lupuline	5^{gr}
	Benjoin	3^{gr}
	Baume de Tolu	2^{gr}
	Alcool à 30 degrés C.	100^{cc}
6°	Nitrate d'argent	3^{gr}
	Eau distillée	90^{cc}
7°	Bromure de cadmium	2
	Iodure de cadmium	2
	Eau distillée	30^{cc}

Mélangez les n°s 1 et 2 et ajoutez :

N^{os}	3	6^{gr}
	4	36^{gr}
	5	4
	6	1 $\frac{1}{2}$
	7	45

Secouez, agitez, filtrez à une douce température qui ne doit pas dépasser 30 à 35 degrés C. pour ne pas coaguler l'albumine; recouvrez avec ce mélange la glace chauffée à 30 degrés, mise ensuite parfaitement de niveau, de façon que la couche ait 2 à 3 millimètres d'épaisseur, laissez sécher à l'abri de la lumière.

On expose ensuite cette glace sensible sous le négatif, qui doit être retourné, si l'on veut que l'épreuve définitive soit dans son vrai sens ; tous les détails de l'image doivent être visibles au travers de la glace. On surveille la venue de l'épreuve comme pour une image ordinaire.

La glace est alors retirée du châssis, lavée jusqu'à disparition de toutes traces de bichromate de potasse et séchée; elle est devenue une planche lithographique. On la monte sur la presse, on la mouille avec un mélange d'eau et de glycérine, qu'on éponge après quelques minutes; on passe un peu d'huile, on mouille de nouveau, on encre au rouleau et l'on tire. Ces dernières opérations rentrent dans le domaine du lithographe, qui doit être très-soigneux et doit prendre l'habitude de son procédé.

Procédé de M. Obernetter. — En même temps que M. Albert, M. Obernetter, également de Munich, apportait une variante aux procédés d'impression sur couche bichromatée.

Après avoir mis sur glace une couche première et l'avoir insolubilisée comme on le fait dans le procédé précédent, M. Obernetter étend une seconde couche formée d'un mélange de gélatine, d'albumine, de bichromate de potasse et de *sucre*; après dessiccation, il expose à la lumière sous un négatif; la gélatine et l'albumine deviennent plus ou moins insolubles, et le sucre perd plus ou moins ses propriétés adhésives. Après l'insolation suivie de quelques minutes d'attente dans le cabinet noir, pour que l'humidité atmosphérique puisse agir sur le sucre, toute la surface est saupoudrée de zinc en poudre impalpable, comme s'il s'agissait de faire un émail; le sucre fixe le zinc là où la lumière ne l'a pas altéré; il n'y a, au contraire, aucune adhérence sur les parties solarisées. La glace est alors portée lentement à une température de 200 degrés C. ou exposée à la lumière de manière à amener l'insolubilité de toute la surface, et avec l'acide chlorhydrique faible on fait une morsure générale qui, agissant sur le zinc, le rend apte à repousser l'encre, tandis qu'au contraire cette encre prend très-bien sur les parties qui n'ont pas fixé de poudre de zinc; on fait ensuite le tirage, qui peut arriver à un très-grand nombre d'épreuves.

Ces procédés se répandirent rapidement en Allemagne, où ils se généralisèrent sous le nom de *Lichtdruch* avec toute une série de variantes. En France, c'est seulement dans ces dernières années que nous les voyons progresser sous les efforts intelligents de M. Thiel; pourtant le procédé Albert avait été communiqué à l'un des imprimeurs les plus renommés de Paris, qui en avait fait l'acquisition, mais sans lui faire rien produire.

La recherche de l'adhérence de la couche de gélatine sur la glace est poursuivie dans divers pays, même dans les Indes anglaises, où M. Watterhouse emploie les formules suivantes :

Après avoir bien nettoyé des glaces finement dépolies, on fait une solution de belle gélatine, 100 grammes dans 600 centimètres cubes d'eau distillée; on fait dissoudre d'autre part 6 grammes de savon dans 100 centimètres cubes d'eau distillée et 2 grammes de tannin dans la même quantité d'eau; on mélange ces deux dernières solutions et on les ajoute doucement, en remuant toujours, à la solution chaude de gélatine; on filtre immédiatement sur un linge et l'on étend le mélange sur la glace dépolie, en évitant les bulles d'air.

Aussitôt que la gélatine a fait prise, on retourne les glaces pour éviter les poussières et on laisse sécher.

Après dessiccation on sensibilise la glace par une immersion dans un bain de bichromate de potasse, 5 grammes pour 100 centimètres cubes d'eau, et après cinq minutes d'immersion on retire la glace, qu'on met à sécher à l'abri de la lumière à une douce chaleur; la glace est ensuite exposée sous un négatif retourné pendant cinq à quinze minutes au plus, si les clichés sont durs.

Après l'exposition, on pose l'épreuve sur une étoffe noire, le côté préparé touchant l'étoffe, et l'on expose au soleil pendant deux ou trois minutes, de façon à durcir complétement la gélatine qui est en contact avec la glace; par ce moyen, on évite l'ennui d'une première couche, comme dans le procédé Albert, et l'on empêche néanmoins le soulèvement de la gélatine dans les opérations ultérieures.

La glace est ensuite lavée à plusieurs eaux, jusqu'à ce que tout le bichromate jaune ait disparu; on éponge la surface et on passe le rouleau chargé d'encre grasse.

S'il s'agit d'une épreuve de trait, on peut employer immédiatement une encre assez dense, additionnée cependant d'un peu d'huile d'olive pour la rendre plus onctueuse; s'il s'agit d'imprimer des épreuves avec demi-teintes, on encre d'abord avec une encre vigoureuse pour donner les grands noirs, puis on reprend avec un second rouleau chargé d'encre plus faible ou même de couleur un peu différente pour donner les teintes légères.

En Italie, M. Borlinetto poursuit la solution du même problème, et il donne dans le *Moniteur de la Photographie* ([1]) les formules suivantes :

Sur une glace finement dépolie, bien nettoyée et finalement passée à l'alcool, étendez une légère couche d'albumine formée de 6 centimètres cubes d'albumine pour 100 centimètres cubes d'eau distillée; ce mélange, battu en neige et reposé, donne une solution d'albumine parfaitement claire qu'on filtre s'il est nécessaire.

La glace égouttée, redressée sur l'angle, est mise à sécher à l'abri de

---

([1]) *Moniteur de la Photographie*, rédigé par M. Lacan, année 1873.

la poussière. On la plonge ensuite dans une dissolution alcoolique de nitrate d'argent; on lave, on laisse sécher: l'albumine est ainsi complètement coagulée.

D'autre part, on fait une solution de :

Gélatine............................ 10^{gr}
Eau distillée........................ 200^{cc}
Bichromate d'ammoniaque............. 5^{gr}

On prend une des glaces albuminées, on la plonge pendant une minute dans l'eau bouillante, on la retire et, après égouttage, on y étend la gélatine bichromatée, dont on laisse une couche suffisante pour avoir une bonne image (probablement 1 ou 2 millimètres); cette glace, placée de niveau sur un support légèrement chauffé, est immédiatement séchée dans l'obscurité; après refroidissement, elle est prête pour l'impression sous un négatif retourné. Cette impression doit être assez longue pour que l'épreuve apparaisse dans toutes ses parties. On retourne alors l'épreuve et l'on applique le côté gélatiné sur un tissu noir, comme dans le procédé précédent de M. Watterhouse, et l'on expose l'envers pendant quelques secondes aux rayons directs du soleil; on lave de nouveau à l'eau bouillante plusieurs fois renouvelée jusqu'à élimination complète de tout sel de chrome, on passe à l'eau alunée, puis de nouveau à l'eau pure, et on laisse sécher.

Lorsqu'on veut imprimer, on met la glace pendant dix minutes dans l'eau froide, puis on la porte sous la presse lithographique; on éponge l'excès d'eau et l'on encre. Il faut imprimer de préférence sur le papier préparé mat que l'on appelle *papier couché, papier-porcelaine mat*. Les épreuves obtenues sur papier couché sont en effet plus complètes, mais sans solidité.

Il y a dans ce procédé de M. Borlinetto presque un excès de précautions pour solidifier l'attache des couches encrables : emploi du nitrate d'argent, de l'alcool, de l'eau bouillante pour insolubiliser l'albumine; de la chaleur, de la lumière, de l'alun pour solidifier la gélatine. L'auteur assure qu'avec cet ensemble de réactions on n'a jamais ni soulèvements ni éraillures sous l'action de la presse.

Nous retrouvons toujours ces mêmes préoccupations pour obtenir une adhérence parfaite entre la couche de gélatine et le support, soit dans les recherches de M. Thiel sur le meilleur mode de dépoli des glaces, soit dans celles de M. Despaquis, qui conseille, après l'exposition de la couche préalable et l'exposition sous le cliché, de faire une troisième exposition qui puisse insolubiliser la masse totale.

D'après M. Despaquis, la jonction entre la couche mince préalable mise sur la glace et la seconde couche qui donnera l'image encrable, ne pourrait être parfaite; il se trouverait ainsi entre les deux faces insolées et devenues insolubles une couche intermédiaire accessible à l'humidité et par conséquent une cause de déchirement. Il faut opérer en quelque sorte la soudure de ces deux couches superposées par l'insolubilisation de celle qui les unit. M. Watterhouse, M. Borlinetto ont déjà donné un moyen en conseillant de faire suivre l'exposition sous le cliché d'une exposition faite par le dos de la glace; nous allons voir la même recommandation dans le procédé Edwards. Mais comment savoir à quel moment la soudure est opérée? M. Despaquis indique que cette insolation par le dos de la glace doit continuer jusqu'à ce qu'on en voie trace sur la face qui porte l'image.

Après avoir suivi cette impulsion des impressions sur glace dépolie, qui semblent donner jusqu'ici les résultats les plus fins, nous voyons quelques praticiens revenir au point de départ de MM. Tessié et Maréchal, c'est-à-dire à l'extension de la couche de gélatine bichromatée sur plaque de métal.

Ainsi, en 1873, M. Geymet communique à la Société française de Photographie un mode d'opérer que l'on retrouvera complétement expliqué dans son Ouvrage sur la Photolithographie ([1]).

Sur plaques de cuivre planées, polies et légèrement graissées, étendez en couche uniforme une solution formée de :

Eau	100^{cc}
Colle de poisson	2^{gr}
Colle de Flandre	2^{gr}
Bichromate de potasse	2 à 3^{gr}

Filtrez sur une flanelle.

([1]) *Photographie, traits et demi-teintes, traité pratique*, 1873; chez l'auteur.

Les plaques recouvertes sont mises à sécher dans l'obscurité à une température de 40 degrés C. environ, en maintenant la plaque de niveau.

Exposez sous un cliché le temps nécessaire pour que l'image soit bien accusée, lavez à grande eau pour enlever le bichromate, laissez sécher de nouveau; puis, mettant la plaque sous la presse, mouillez légèrement la surface à l'éponge, encrez et imprimez.

M. Rodrigues, directeur de l'atelier photographique de la Direction des travaux géographiques de Lisbonne, a également employé le métal pour y étendre la préparation sensible ([1]), mais son procédé diffère des précédents en ce qu'il fait un retour plus accentué encore vers les premiers procédés de M. Poitevin sur pierre lithographique : seulement des plaques de zinc très-minces sont substituées à la pierre avec grand avantage, surtout pour obtenir la reproduction du trait, ce qui est le travail principal dans l'atelier photographique de Lisbonne. La minceur des plaques permet à la fois une juxtaposition plus intime avec le cliché, une préparation plus facile, soit pour le dressage des surfaces, soit pour l'obtention des couches sensibles, une économie dans la dépense et dans l'emmagasinage. Dans ce mode d'opérer, le rôle de la gélatine n'est plus de devenir surface lithographique continue, mais bien de former une réserve qui permet la préparation du zinc par l'acidulation et le gommage, exactement comme dans les procédés de lithographie ou de zincographie ordinaire.

Voici les formules employées par M. J. Rodrigues :

On choisit des plaques de zinc de surface bien égale que l'on dépolit à l'émeri fin; on prend de préférence des plaques très-minces (n° 5 ou 6 du commerce), puis on les passe à une lessive de soude caustique. On lave et on les recouvre d'une couche très-légère d'une solution de :

$$\begin{array}{ll} \text{Gélatine} \dotfill & 1^{gr} \\ \text{Bichromate d'ammoniaque} \dotfill & 1 \\ \text{Eau} \dotfill & 100^{cc} \end{array}$$

On fait sécher dans l'obscurité à une douce chaleur et l'on expose au soleil pendant un temps qui varie de cinquante à cent secondes sous un cliché retourné.

([1]) *Bulletin de la Société française de Photographie*, année 1873, p. 231.

Au sortir du châssis on recouvre toute la plaque avec un rouleau chargé d'encre faite d'un mélange de 4 parties d'encre lithographique ordinaire et 1 partie d'encre de transport, puis on met tremper dans l'eau froide pendant trois à quatre heures. Les parties de gélatine qui ont reçu l'action de la lumière et qui, par cela même que la couche est très-mince, ont été impressionnées à fond, c'est-à-dire jusqu'à la surface métallique, ne sont pas pénétrées par l'eau et gardent toute leur adhérence; celles au contraire qui n'ont pas été insolées absorbent l'humidité, et, malgré l'encre qui les recouvre, elles se gonflent d'eau et se disposent pour la dissolution. Il suffit à ce moment de passer la plaque dans l'eau tiède pour que toute la gélatine non modifiée par la lumière se dissolve et mette à nu la plaque de zinc dans les parties correspondantes.

Sur cette plaque bien lavée on verse le mélange suivant, qui l'acidule et la gomme en même temps :

Eau....................................	1000^{cc}
Gomme arabique........................	40^{gr}
Sulfate de cuivre........................	2
Acide gallique..........................	5
Acide nitrique..........................	0,5

On imprime ensuite avec ce zinc comme dans les procédés ordinaires de zincographie.

L'ensemble des réactions est facile à comprendre :

Au début la plaque de zinc grainée, bien nettoyée à la soude, prendrait l'encre sur toute la surface si l'on y passait le rouleau d'impression; on couvre alors toute la surface d'une couche très-mince de la préparation bichromatée et l'on expose sous un cliché sans demi-teintes, bien transparent et dont les noirs soient suffisamment opaques. La lumière traversant les traits du cliché rend, dans ces parties, la préparation complétement insoluble dans toute son épaisseur, de manière à la fixer sur le métal; les parties restées solubles sont éliminées par l'eau chaude. L'image se trouve alors dessinée, sur le zinc mis à nu, par des filets de gélatine formant les traits qu'aurait produit le crayon gras du lithographe; à l'acidulation la gomme et l'acide agissent sur la surface du zinc comme sur la surface de la pierre et l'empêchent de prendre l'encre, tandis que l'encre prend parfaitement sur les traits réservés par la gélatine.

On emploie également bien une couche mince de bitume de Judée étendue sur la feuille de zinc; la réserve obtenue par ce moyen est même préférable, parce qu'elle est plus résistante et plus nette; après la morsure par l'acide, les arêtes des lignes sont plus franchement tranchées qu'avec la réserve de gélatine bichromatée.

Nous devons étudier maintenant une autre variante dans le mode d'emploi de la gélatine bichromatée. Dans ce procédé, la couche de gélatine est assez épaisse, assez résistante pour se servir de support à elle-même; elle n'a donc plus besoin de rester adhérente au support, pierre, glace ou métal, sur lequel elle a été préparée. La face qui a reçu l'impression sert toujours comme une surface lithographique ordinaire; l'autre face est collée sur une surface provisoire lorsqu'on veut faire le tirage.

Les procédés de M. Edwards (héliotype), de M. Marion, de M. Fleury-Hermagis (papyrolithe) rentrent dans ce mode d'opérer.

Nous avons eu sur le procédé de la Compagnie héliotype (procédé Edwards) des renseignements que nous transcrivons ci-dessous tels qu'ils nous ont été communiqués.

L'ensemble consiste en la préparation sur glace d'une plaque de gélatine sensible, assez épaisse, que l'on détache de ce support après dessiccation. Cette feuille détachée est impressionnée sous le cliché; on la retourne et on l'impressionne en plein par le dos, pour que ce côté soit inattaquable par l'eau. On lave, puis, au moyen d'une solution de caoutchouc, on fait adhérer cette plaque de gélatine sur un support plan quelconque; et, après avoir mouillé et encré, on tire les épreuves *sous la presse verticale* et non sous la presse à râteau, dont cette préparation ne pourrait supporter l'effort de traction.

Formulaire de l'héliotype.

Pour une glace de 15×21 pouces (soit $0,38 \times 0,53$):

Gélatine Nelson	$1\frac{1}{2}$ once,	$42^{gr},50$
Eau	$11\frac{1}{2}$	326
Glycérine	$1\frac{1}{2}$ drachm,	5,82
Solution sensible	12 drachms	$21^{gr},25$

Solution sensible :

Bichromate de potasse........	3 scrupules,	$1^{gr},77$
Eau........................	2 onces,	$142^{gr},00$

Ajouter au dernier moment :

Chrome alun..............	1 scrupule	$0^{gr},60$

Solution de cire :

Cire blanche............................	1 once.
Éther.................................	3
Alcool................................	2
Après solution, eau.....................	1

Solution de caoutchouc :

Caoutchouc............................	1 partie.
Benzine...............................	3

Autre formulaire et mode d'emploi.

Faire tremper dans de l'eau filtrée et pendant une heure, à la température de 15 degrés C., $46^{gr},65$ de gélatine de Nelson pour 325 centimètres cubes d'eau. Faire ensuite dissoudre au bain-marie en remuant continuellement et en ayant soin que la gélatine n'acquière pas une température de plus de 43 degrés. Ajouter alors $5^{gr},82$ de glycérine, filtrer le tout à travers une flanelle sur un entonnoir dans un verre gradué.

Puis ajouter enfin la solution sensible ci-après, bien filtrée :

Eau filtrée...........................	$46^{gr},65$
Alun de chrome.......................	1,30
Bichromate de potasse.................	0,65
Ou suivant la température.............	10
»	1,30
»	1,60

La proportion de bichromate de potasse devra être d'autant plus forte que la température sera plus froide.

LITHOGRAPHIE PHOTOGRAPHIQUE.

On filtre de nouveau le mélange que l'on maintient chaud à la température de 40°,56. Une glace dépolie bien nettoyée est enduite d'abord de la solution de cire suivante pour empêcher la gélatine d'adhérer :

Cire blanche............................	$31^{gr},10$
Éther à 62 degrés.......................	94^{cc}
Alcool à 40 degrés......................	62^{cc}

après solution ajoutez eau distillée 31 centimètres cubes.

Sur cette glace on verse le mélange de gélatine bichromatée. Lorsque la gélatine est prise et qu'elle a acquis assez de consistance pour qu'on puisse dresser la glace sans qu'elle coule, on la met à l'étuve à air chaud, où la température ne doit pas dépasser 24 degrés. La gélatine est maintenue à cette température et à l'abri complet de la lumière jusqu'à sa parfaite dessiccation; arrivée à cet état, elle se décolle facilement et tombe parfois seule de la glace : elle est alors prête à servir.

On expose la gélatine sous le cliché négatif à reproduire, la face qui a été en contact avec la glace dépolie recevant l'impression et le cliché dont on se sert ayant été retourné. Le tout est exposé à la lumière diffuse pendant le temps nécessaire à l'impression de la gélatine en se guidant sur un photomètre où l'on a placé un ruban pris à la gélatine même. Après l'impression, il est nécessaire d'exposer à la lumière l'autre côté de la gélatine, c'est-à-dire celui qui n'a pas reçu d'impression et qui est le côté brillant. Cette opération a pour but d'endurcir la plaque sur la surface opposée à celle qui a reçu l'impression de l'image et doit durer *le temps nécessaire pour que le ruban placé sous le photomètre indique le n° 1, imprimé légèrement à travers le premier morceau de gélatine.*

On applique alors la gélatine sur une feuille de zinc épaisse de 3 à 4 millimètres, qui a été enduite d'une dissolution de caoutchouc faite à l'avance comme suit :

Caoutchouc............................	1 partie.
Benzine	3

On laisse complétement évaporer la benzine.

Le collage se fait sous l'eau et vivement pour ne pas ramollir la gélatine; l'eau est ensuite chassée de dessous la plaque au moyen de la racle en caoutchouc; les bulles d'air sont éliminées complétement et le tout est mis sous la presse typographique recouvert d'un buvard mince et pressé fortement pendant quelques minutes. L'adhérence est alors complète. On décolle le buvard en l'humectant légèrement d'eau; la plaque est mise de niveau et recouverte d'une nappe d'eau de quelques millimètres d'épaisseur jusqu'à 2 ou 3 centimètres des bords : l'image se révèle alors en creux, le bichromate se dissout, et la plaque devient bonne à l'impression.

L'encrage se fait au moyen d'un rouleau couvert d'encre d'imprimerie, après avoir séché la surface au moyen d'un buvard et d'une pression.

La presse verticale est forcément employée, car le collage au caoutchouc ne résisterait pas à l'action du râteau.

L'encrage à deux encres est nécessaire pour les photographies d'après nature et celui à une encre ne convient guère qu'aux reproductions de gravures cartes géographiques et généralement pour celles qui n'ont pas de demi-teintes.

Les marges blanches sont produites au moyen d'une cache appliquée sur la gélatine après l'encrage

3° **Impressions lithographiques par report.** — On appelle *report*, en lithographie (ou autre mode d'impression), tout procédé au moyen duquel, une épreuve à l'encre grasse étant obtenue, on peut décalquer cette épreuve en l'appliquant et en la comprimant sur une surface lithographique quelconque où elle laisse son dessin qui est ensuite préparé et imprimé par les procédés ordinaires.

On emploie pour cette application une encre spéciale dite *encre de report*, dans la composition variable de laquelle il entre toujours une certaine quantité de savon et de matière grasse (¹).

Il y a, dans les procédés de report, une série d'écueils que l'on doit s'efforcer de tourner, entre autres :

L'élargissement du trait sous la pression qui écrase et étale l'encre formant le dessin, ce qui amène l'empâtement de l'image;

(¹) Encre de report : cire 1 p., suif 1 p., savon noir 1 p., vernis moyen 12 p., térébenthine de Venise 6 p., noir de fumée, la quantité nécessaire pour donner un beau noir.

La déformation de l'image par les contractions ou les dilatations des papiers de report.

Néanmoins les procédés par report bien conduits peuvent donner d'excellents résultats, surtout pour les images au trait.

La théorie du report est des plus faciles à comprendre.

L'image lithographique, typographique ou en taille-douce ou même manuscrite (autographie), que l'on veut reporter, est faite avec cette encre spéciale de report que l'on substitue à l'encre ordinaire, le plus souvent sur un papier préalablement encollé à la gélatine; puis, toute fraîche encore, on l'applique sur une pierre ou sur un zinc préparé, on comprime sous la presse à râteau en donnant deux ou trois pressions successives et l'on enlève la feuille de papier. L'encre reste sur la pierre ou le zinc, on acidule et l'on gomme, puis on fait le tirage.

Les diverses variantes de reports photographiques, que nous allons passer en revue, sont toutes fondées sur ce même principe : obtention par un procédé quelconque sur un support mince et flexible d'un premier dessin fait avec l'encre de report et application de ce dessin sur une surface lithographique suffisamment résistante pour faire les tirages.

La possibilité d'employer les images photographiques aux reports lithographiques se retrouve en germe dans le brevet de M. Poitevin du mois d'août 1855.

Un papier étant recouvert d'une couche d'albumine, fibrine, gomme ou gélatine bichromatée, puis insolé sous un négatif, on le recouvre entièrement d'encre (qui peut être encre de report); on passe ce papier à l'eau; partout où la lumière n'a pas frappé, la matière organique restée soluble se dissout et entraîne l'encre, tandis qu'au contraire cette encre reste attachée aux parties insolubles et donne le dessin qui peut être dès lors reporté sur une surface lithographique. Plus tard M. Poitevin recommande de mouiller légèrement la surface insolée et d'encrer ensuite; l'eau pénètre les parties solubles, l'encre s'attache aux parties insolubles, et, dans ce cas également, le dessin obtenu peut être reporté. Si M. Poitevin n'indique pas le report, cela découle de source, car depuis longtemps on connaissait le report de toute image obtenue à l'encre grasse.

De ces réactions découle une série d'applications que nous essayerons de suivre, sinon par date, du moins par ordre de simplicité.

Un papier de bonne qualité, et souvent on emploie de préférence le papier de Chine, est recouvert bien également d'une couche de gélatine, 12 grammes pour 100 centimètres cubes d'eau. Sur ce papier on dessine ou l'on écrit avec une solution de bichromate de potasse que l'on peut additionner d'un peu de gomme pour lui donner la consistance d'encre ; on fait ainsi une véritable autographie ; car, en exposant le papier à la lumière, tous les traits au bichromate de potasse passent à l'état insoluble : il suffit de mouiller légèrement la surface, d'encrer à l'encre de report et, après séchage de la gélatine, de reporter sur pierre ou sur zinc. Ce nouveau mode d'autographie aurait sur les procédés anciens l'avantage de se conserver toujours prêt à fonctionner pendant un temps indéterminé.

Si le papier a été préparé en plein avec un mélange de gélatine et de bichromate de potasse, séché à l'obscurité, puis exposé à la lumière sous un cliché, il suffira de mouiller légèrement et d'encrer pour avoir très-rapidement autant d'épreuves à l'encre grasse que l'on aura exposé de feuilles sous le cliché.

Si l'encre grasse employée est une encre de report, l'image peut être mise immédiatement sur pierre ou sur zinc.

Photozincographie du colonel James. — En 1860, le colonel James publiait un procédé employé en Angleterre dans les ateliers du Comité d'artillerie pour faire sous ses ordres la reproduction des cartes, gravures, manuscrits, etc., etc.

Le cliché destiné à la reproduction est vigoureusement remonté au bichlorure de mercure, puis au sulfhydrate d'ammoniaque, de manière à obtenir des fonds noirs très-intenses avec des blancs très-purs.

On prend d'autre part un papier spécial connu dans le commerce sous le nom de *papier à tracer* pour les graveurs et on le recouvre d'une solution de

Gomme....................................	9^{gr}
Eau distillée...............................	12^{cc}
Solution de bichromate de potasse saturée à chaud....................................	6^{cc}

Après dessiccation on expose sous le négatif, jusqu'à ce que tous les

LITHOGRAPHIE PHOTOGRAPHIQUE.

détails soient nettement accusés, de deux à dix minutes suivant la lumière qui doit être intense.

Le papier sorti du châssis est couvert en plein avec l'encre grasse ainsi composée :

Vernis à l'huile de lin............................	4^v,50
Cire..	4,00
Suif..	0,50
Térébenthine de Venise........................	0,50
Gomme mastic....................................	0,25
Noir de fumée....................................	3,25

Ce mélange étant fait à chaud, d'une manière bien homogène, on en mélange une partie avec la quantité d'essence de térébenthine nécessaire pour avoir une sorte de crème légère que l'on applique sur l'épreuve. Plus le sujet est chargé, plus l'encre doit être légère, et *vice versa*.

Après avoir laissé sécher l'encre pendant une demi-heure environ, on met l'épreuve face en dessus sur un bain d'eau chaude; on la retire après quelques minutes, et, la posant à plat, on la frotte très-légèrement avec de l'eau gommée chaude. L'encre abandonne alors les parties non insolées et reste sur les parties insolées ; on lave à l'eau chaude, puis à l'eau froide, on laisse sécher et l'image est prête pour le report sur zinc ou sur pierre.

On voit que cette partie du procédé est semblable aux indications de M. Poitevin ; la seconde partie repose sur les procédés de zincographie ordinaire ou sur le procédé dit *anastatique,* dont l'invention remonte à l'année 1844 et est attribuée à M. Baldermus, de Berlin.

Nous indiquons avec quelques détails ces deux modes de transport sur zinc, qui, convenablement appliqués, peuvent faciliter les tirages photographiques aux encres grasses.

Le procédé anastatique doit surtout être employé quand l'épreuve à reporter est faite avec l'encre grasse ordinaire et non avec l'encre de report ou quand cette matière grasse est en quantité trop minime pour donner au report une réserve qui puisse résister suffisamment à la morsure.

On prend une planche de zinc très-lisse et très-propre et l'on y applique le recto de l'image à reporter, après avoir préalablement humecté le verso avec de l'acide nitrique étendu de quatre à cinq fois son volume d'eau (¹). L'acide absorbé par le papier passe au travers, sauf dans les parties imprimées à l'encre grasse ; sous la pression, cet acide mord la planche, tandis que l'encre grasse de l'épreuve y adhère et fait réserve. On enlève alors la feuille de papier, on complète la préparation de la planche en la couvrant avec une dissolution de gomme et d'acide phosphorique étendue : on peut ensuite encrer le zinc et tirer les épreuves.

S'il s'agit de transporter de vieilles estampes ou de vieilles pages d'impression, on commence par mettre la feuille dans une dissolution étendue d'alcali, puis dans une autre d'acide tartrique et l'on passe le rouleau chargé d'encre qui adhère seulement sur les anciens traits; on lave bien la feuille, on l'humecte d'acide nitrique étendu et l'on fait ce transport comme il est dit plus haut. Par ce moyen on peut donc transporter sur zinc lissé toute impression ancienne ou nouvelle, par conséquent toute image à l'encre grasse obtenue par un procédé quelconque de Photographie.

M. le colonel James a modifié quelque peu ce procédé anastatique en commençant par aciduler toute la surface de zinc au moyen d'une feuille de papier humectée d'acide nitrique affaibli; on remplace ensuite cette feuille par l'épreuve à reporter, dont le papier est également humecté d'acide sur le côté du verso. Après le contact, on gomme la planche de zinc, on encre très-légèrement avec une encre typographique adoucie d'huile d'olive ; on fait mordre de nouveau par un mélange d'eau gommée et d'acide phosphorique concentré et l'on tire par les procédés ordinaires.

Si l'on a pu faire l'épreuve à reporter avec une encre suffisamment résistante, au lieu d'une plaque de zinc lisse pour le report, on peut employer une plaque légèrement grainée ; on décalque directement l'épreuve sur cette surface et l'on fait mordre comme il est dit ci-dessus.

La même opération peut être faite sur pierre.

Il arrive le plus souvent, dans le premier procédé, dit *anastatique*, que cette méthode trop délicate ne permet pas une acidulation, une préparation assez profondes pour fournir un grand tirage, tandis que, dans le

---

(¹) *Les arts graphiques d'Hammann*, p. 332.

second cas, si l'encre de report était trop épaisse ou trop abondante, elle s'aplatirait sous la pression en élargissant les traits.

Procédés divers. — Nous voyons, d'après ces divers procédés, le rôle important de la gomme arabique dans toutes les opérations lithographiques; lorsqu'elle touche une surface préparée, pierre, zinc ou autre, elle empêche l'adhérence de l'encre grasse, tandis que celle-ci s'attache là où il n'y a pas eu contact avec la gomme. Cette propriété a été mise directement à profit dans quelques procédés de lithophotographie.

En 1864, M. de la Follye obtenait des lithographies en préparant un papier recouvert d'une couche de gomme bichromatée; après insolation derrière un négatif, au lieu d'encrer directement en plein et de laver ensuite en facilitant le départ de l'excès d'encre par un léger frottement à l'éponge, comme le conseillent M. Poitevin et M. James, on pose la feuille sur un bain d'eau, l'image en dessus: l'eau ne traverse pas les parties insolées devenues insolubles et imperméables; elle traverse, au contraire, dans les parties non insolées. On peut à ce moment poser le côté préparé de l'épreuve sur la pierre lithographique; on donne une pression et l'on enlève immédiatement: la gomme soluble reste attachée à la pierre; au contraire, dans les parties du dessin, la surface de la pierre reste nue; on encre alors soit directement au rouleau, soit en posant sur la surface une feuille de papier encrée en plein avec l'encre de report et en donnant une pression: dans l'un et l'autre cas, l'encre s'attache aux parties non gommées de la pierre; on lave, on prépare par l'acidulation et le gommage comme à l'ordinaire.

On peut encore couvrir en plein une pierre lithographique avec l'encre de report; sur cette pierre on pose l'épreuve photographique préalablement humectée, comme nous l'avons dit ci-dessus, et l'on donne une pression. Les parties de gomme restées solubles empêchent le noir de prendre sur la feuille; ce noir s'attache, au contraire, sur les parties insolubles; on lave la feuille à grande eau pour enlever toutes les parties solubles; on laisse sécher, puis on emploie cette feuille pour faire le report sur pierre ou sur zinc. Il nous semble difficile que dans ce procédé on puisse se trouver dans les conditions d'exactitude souvent nécessaires, à cause de la dilatation et du retrait de la feuille de papier.

M. Toowey a donné un procédé qui est sensiblement le même que celui de M. de la Follye, et celui communiqué par M. Geymet en février 1873 à la Société de Photographie n'en diffère pas d'une manière notable; nous résumons ce dernier en quelques mots.

Sur une feuille de papier, albuminée et passée à l'alcool pour coaguler l'albumine, on verse une solution formée de :

$$\begin{array}{lr} \text{Eau} \dotfill & 100^{cc} \\ \text{Gomme arabique} \dotfill & 100^{gr} \\ \text{Eau saturée à froid de bichromate de potasse.} & 60^{cc} \end{array}$$

On laisse sécher, puis on expose sous un négatif le temps nécessaire pour que le dessin soit nettement accusé.

Au sortir du châssis, l'épreuve est mise sur un carton humide, où elle se détend ; on la place face contre face sur une pierre lithographique finement dépolie ; on la recouvre de quelques doubles de buvard et d'un bristol, puis on donne une pression : les parties de gomme restées solubles s'incorporent à la surface de la pierre, les parties insolubles la laissent à nu, et cela dans la proportion de l'action lumineuse. On laisse sécher, et l'on encre ensuite toute la surface de la pierre avec un tampon chargé d'encre de report délayée dans un peu d'essence ; on lave immédiatement la pierre avec une éponge humide ; l'encre reste attachée là où il n'y a pas de gomme ; elle s'enlève, au contraire, très-facilement dans les parties gommées.

Ce dessin obtenu, on acidule, on gomme toute la pierre, et l'on peut tirer les épreuves à la presse.

Sous le nom de *papyrolithe*, M. Fleury-Hermagis emploie une feuille préparée à l'avance, probablement avec une composition gélatineuse. Il suffit de la tremper dans une solution de bichromate de potasse pour la rendre sensible à la lumière. On expose sous le cliché, on la passe dans l'eau froide pendant une minute environ ; on l'étend sur une surface rigide, on éponge l'excès d'eau avec un buvard, et l'on passe le rouleau chargé d'encre de report : on tire une épreuve sur papier, et l'on reporte cette épreuve sur pierre ou sur zinc. On pourrait sans doute reporter directement de la feuille dite *papyrolithe* sur la surface lithographique. Dans le premier cas, le négatif ne doit pas être retourné, et il doit l'être dans le second cas.

Le capitaine Abney décrit, dans un brevet récent, des procédés qui nous semblent avoir la plus grande ressemblance avec les précédents.

Une feuille de papier, de dimension convenable, est mise à flotter sur un bain tiède de gélatine bichromatée formé de :

$$\begin{aligned}
&\text{Gélatine} \dots\dots\dots\dots\dots\dots\dots\dots\dots\ 100^{gr} \\
&\text{Bichromate de potasse} \dots\dots\dots\dots\dots\ 50 \\
&\text{Eau} \dots\dots\dots\dots\dots\dots\dots\dots\dots\dots\ 1600
\end{aligned}$$

Après dessiccation, on répète l'opération et l'on expose le papier séché de nouveau sous un négatif ordinaire. Lorsque l'insolation a été suffisante, on lave à l'eau froide, même à l'eau alunée; on lave de nouveau et l'on place le papier sur un plan rigide (plaque de zinc, de cuivre, de verre, pierre lithographique, etc.). On éponge, et, avec un rouleau mou chargé d'encre de transport, on fait apparaître le dessin : la gélatine insolubilisée fixe l'encre et repousse l'eau; la gélatine restée soluble prend l'eau et repousse l'encre. Lorsque l'épreuve paraît suffisamment marquée, on passe à l'alun, si on ne l'a pas fait précédemment, et on laisse sécher. Le plus souvent ce lavage n'a pas enlevé tout le bichromate de potasse; il est bon alors d'exposer de nouveau l'épreuve à la lumière directe, ce qui achève de durcir la gélatine.

Lorsqu'on veut faire le transport, on humecte légèrement, on applique sur la pierre ou sur le zinc, et l'on donne la pression, etc., etc.

Tous ces procédés si pareils se ressemblent plus encore par les mêmes défauts : ou l'encre de report est en couche très-mince, alors l'apprêt et la morsure des surfaces lithographiques ne peuvent être faits que légèrement, et l'on ne peut effectuer un nombreux tirage; ou les couches d'encre de report sont épaisses, la pression du report les écrase en élargissant les traits, ce qui en altère la finesse primitive. De plus, l'emploi de papier et de couches gélatinées comme feuilles directes ou indirectes de transport présente cet inconvénient mentionné déjà plus haut, de se resserrer par la dessiccation, de s'étendre par l'humidité : de là des déformations préjudiciables à l'excellence du travail dans un grand nombre de circonstances où la reproduction doit être rigoureuse, comme celles des plans et des cartes géographiques; enfin le grain du papier altère la finesse des reports.

Pour obvier en partie à ces inconvénients, M. Rose a adopté l'emploi de feuilles de zinc très-minces, sur lesquelles il met une couche soit de gélatine, ou albumine, ou gomme bichromatée, soit de bitume de Judée. Après l'insolation et la préparation du zinc par la gomme ou l'acide, comme nous l'avons expliqué tant de fois, on peut tirer directement sur ce zinc, mais seulement un petit nombre d'épreuves, ou mieux se servir de ce zinc pour en faire des reports sur pierre directement, c'est-à-dire en mettant le zinc sur la pierre, ou indirectement, en faisant sur papier une épreuve de report que l'on transporte sur pierre.

Procédé de M. Rodrigues. — M. J. Rodrigues, directeur de l'atelier photographique du gouvernement de Portugal, a proposé également l'emploi de feuilles très-minces (*voir* p. 163); mais il a cherché pour les reports un subjectile qui lui présentât toutes les qualités du papier sans en avoir les défauts, c'est-à-dire la souplesse parfaite pour que les contacts soient rigoureux, l'absence de dilatation ou de contraction suivant l'état hygrométrique, l'absence de grain que le papier laisse toujours ressortir sous l'influence de l'humidité. Ce subjectile est une feuille d'étain très-mince sur laquelle il étend la préparation bichromatée; de plus, cette feuille d'étain se moule en quelque sorte sur l'épaisseur des traits formés par l'encre de report, et s'oppose en partie à leur élargissement sous la pression.

Ce procédé, qui, sous la direction de l'inventeur, a donné de remarquables résultats, est décrit par lui de la manière suivante :

« L'étain que nous employons n'est pas plus épais qu'une mince feuille de papier; le plus mince est le meilleur, pourvu que, par suite du laminage, il ne soit pas trop percé de points à jour et que la manipulation ne devienne pas trop difficile. Les raisons données plus haut expliquent la nécessité de feuilles très-minces et très-souples pour obtenir la finesse et la netteté des reports.

» La feuille d'étain à préparer est d'abord satinée sous une faible pression sur une pierre lithographique non polie, mais *très-finement* grainée et un peu poncée; une trop forte pression rend le métal moins souple et augmente sa tendance à se déchirer; l'emploi d'une pierre trop polie empêcherait la mixture sensible d'adhérer parfaitement au métal, tandis qu'un grain trop prononcé altérerait la finesse du dessin et faciliterait la formation des taches sous le rouleau d'encre grasse.

» La feuille satinée doit être ensuite nettoyée et, pour faciliter cette opération, il est nécessaire de la mettre sur un support. On prend à cet effet une plaque de zinc bien plane et bien polie, telle qu'on les prépare pour la gravure ; on mouille la surface avec un peu d'eau, on y applique la feuille d'étain comme on couche une feuille de papier positif sur le bain d'argent, en ayant soin de ne pas produire de pli, de relever la feuille et de l'appliquer de nouveau s'il s'en produit quelques-uns, et, si l'on ne peut les éviter, on les réduit le mieux possible en les comprimant sur la feuille de zinc, et l'on complète la superposition des deux faces métalliques en pesant légèrement sur la surface avec un tampon de coton entouré d'un linge fin et imbibé d'eau.

» Si la surface de l'étain paraît bien propre, on se contente d'y passer un tampon fin imbibé d'une solution de potasse ou de soude à 10 pour 100 ; s'il est nécessaire d'employer un mode de nettoyage plus énergique, on ajoute à la lessive de potasse ou de soude un peu de craie bien lévigée ; on lave ensuite avec soin pour enlever toute trace de craie et de lessive alcaline, et, au moyen d'un pinceau très-doux, on étend sur l'étain la solution de gélatine bichromatée.

« Cette solution est composée de : gélatine de belle qualité, 40 grammes ; eau, 500 centimètres cubes ; on laisse gonfler, puis on achève la dissolution au bain-marie. On prend, d'autre part, 20 grammes de bichromate d'ammoniaque qu'on fait dissoudre dans une même quantité d'eau (500 centimètres cubes) ; quand les deux solutions sont tièdes, on les mélange et on les filtre soit sur une petite éponge, soit sur un double de flanelle serrée.

» La meilleure gélatine est celle qui, dans ces conditions, se prend encore en gelée à une température de 20 à 25 degrés, sans être cependant trop difficilement soluble.

» Cette mixture, étendue avec le pinceau, doit donner une couche parfaitement homogène : on l'égalise avec un blaireau ; la surface métallique doit présenter alors une couleur ambrée très-régulière, sans stries, et, lorsqu'on la relève, la solution ne doit pas quitter le métal par places, ce qui indiquerait un mauvais nettoyage. Il faut éviter avec soin les bulles d'air, qui formeraient autant de points blancs, et les poussières, dont chaque grain absorberait autour de lui, par capillarité, la mixture encore liquide, en laissant, après dessiccation, un cercle très-affaibli de préparation.

» Tant que la gélatine bichromatée est à l'état liquide, elle n'a aucune sensibilité, par conséquent les préparations qui précèdent peuvent être faites à la lumière du jour; mais, aussitôt que la gélatine fait prise, la sensibilité commence et le reste des opérations doit se continuer dans le laboratoire éclairé par des verres jaune-orangé.

» Il est nécessaire que la dessiccation de la couche sensible soit rapidement faite, pour empêcher la cristallisation du sel de chrome et les différences d'égalité qui pourraient s'établir dans l'épaisseur; pour sécher vivement, on chauffe la plaque de zinc soit au gaz, soit à l'étuve, en prenant la précaution de la maintenir bien horizontale. Quand la surface de l'étain est suffisamment sèche, on sépare la feuille de son support, on la retourne sur un bristol fort, et l'on chauffe de nouveau pour vaporiser l'eau qui établissait le contact. La feuille est alors prête pour l'exposition.

» Bien que la surface sensible puisse se conserver pendant deux ou trois jours, le mieux est de l'employer le jour même de la préparation.

» On se sert pour l'exposition d'un châssis positif ordinaire, on étend la feuille d'étain sur le négatif, on assure un contact parfait en passant légèrement, à plusieurs reprises, un rouleau garni de flanelle; on maintient le contact comme pour les épreuves positives ordinaires, avec un peu plus de pression, et l'on expose.

» Il est préférable d'exposer directement et perpendiculairement aux rayons du soleil; la pose varie alors de cinq à douze minutes; il faut au moins trois fois plus de temps à la lumière diffuse. Lorsque le cliché a des fonds suffisamment opaques, on peut exagérer la pose sans inconvénient; mais c'est le contraire si les fonds sont transparents ou si le cliché est voilé; dans ce cas la réussite est plus difficile; il faut opérer de préférence avec une faible lumière.

» L'encrage de l'épreuve exposée peut être retardé jusqu'au lendemain, mais il sera toujours préférable de faire ce développement dans un court délai.

» Pour encrer l'épreuve, ce qui équivaut au développement, on commence par immerger la feuille d'étain dans un bain abondant d'eau froide, le dessin en dessus, et on l'applique toute mouillée sur une pierre lithographique bien dressée et destinée à servir de support pour l'encrage. On a soin, dans cette application, qu'il ne se produise aucun pli, et le dessin doit être en dessus. On passe alors le rouleau de flanelle pour bien égaliser la surface et chasser les épaisseurs d'eau interposées ; quelquefois on applique un buvard bien mouillé, afin que l'absorption de l'eau se fasse régulièrement ; puis on passe et repasse, sur la surface gélatinée, un rouleau d'imprimeur chargé bien également d'un mélange de 3 parties d'encre de report pour 1 partie d'encre d'impression. Cette manipulation demande une main exercée, elle est délicate et réussira d'autant mieux qu'elle sera confiée à un ouvrier plus habile ; le rouleau doit être très-bien fait : il faut le charger de peu d'encre à la fois et la renouveler fréquemment, et l'on ne doit employer la gomme que comme exception.

» Pendant cette opération, il peut se présenter différents accidents : l'encrage se fait d'abord lentement ; si cependant il se faisait avec trop de difficulté, c'est qu'il y aurait excès d'eau ou insuffisance de pose ; on peut remédier à ce défaut par l'emploi d'une encre plus grasse et plus liquide, mais le mieux est de recommencer.

» Si la surface d'étain se salit dans les fonds, on la recouvre avec un peu de colle d'amidon diluée ou avec une solution très-faible de gomme arabique, ou bien on frotte les taches avec une éponge imbibée de cette même solution de gomme : on atténue ainsi l'affinité de la surface pour l'encre ; mais il peut arriver alors que l'image ne prenne plus une vigueur suffisante.

» Si l'exposition a été trop prolongée et que la surface prenne l'encre d'une manière trop générale, on enlève cette encre avec de l'essence de térébenthine, on passe à la gomme arabique et, avec un peu de soin, on peut ramener l'épreuve. Une couche de gélatine bichromatée trop épaisse se déchire sous le rouleau ; trop mince, elle se recouvre d'un voile noir général.

» Après ce premier encrage on abandonne l'épreuve pendant deux heures environ, et l'on fait un second encrage, puis on lave parfaitement la surface avec une éponge et de l'eau très-pure, on essuie légèrement, et, détachant la feuille d'étain de la pierre lithographique, on la suspend pour la laisser sécher complétement.

» Lorsqu'elle est sèche, on procède au report d'après les procédés usuels : cette opération demande des soins spéciaux et rentre dans le domaine du lithographe. »

GRAVURE PHOTOGRAPHIQUE EN CREUX.

La gravure en creux consiste à obtenir, sur une plaque de métal résistant et au moyen de procédés divers, des entailles ou creux plus ou moins profonds capables de retenir l'encre d'impression même après le nettoyage parfait de la surface métallique : une feuille de papier fortement pressée contre cette surface pénètre d'autant mieux dans tous les creux, qu'elle est plus souple; elle se charge de l'encre qu'elle y rencontre, et reproduit par conséquent l'image dont ces entailles forment l'ensemble.

La question d'encrer et de tirer n'est pas de notre ressort ; l'impression en taille-douce, comme la lithographie, est une industrie spéciale qui demande un matériel approprié et des ouvriers de l'habileté desquels dépend souvent tout l'effet de la gravure.

Au point de vue photographique, nous devons nous occuper uniquement des moyens de produire la planche; mais, pour comprendre les difficultés à vaincre, il nous faut faire rapidement connaissance avec les procédés ordinaires de ce genre de gravure. Ces procédés sont multiples.

Tantôt la planche de métal est entaillée de sillons plus ou moins larges, plus ou moins profonds, plus ou moins rapprochés, dessinant par leurs contours l'image projetée, et représentant par leurs croisements, leur profondeur, leur rapprochement, les ombres et les demi-teintes : c'est le procédé de la *gravure en taille-douce*.

Tantôt la planche métallique est couverte sur toute la surface d'un vernis résineux formant réserve, et l'artiste dessine avec une pointe sur ce vernis comme avec un crayon, enlevant le vernis et mettant le métal à nu ; la planche est ensuite recouverte d'un liquide acide, le plus souvent acide nitrique (eau-forte), étendu d'eau qui creuse le métal partout où la pointe a passé, le laissant au contraire intact là où le vernis le protége : c'est la *gravure à l'eau-forte*.

Tantôt toute la surface du métal est attaquée régulièrement par un outil spécial qui la couvre d'une multitude de points serrés, de telle sorte que, si l'on encrait à ce moment, elle représenterait une planche complétement noire et veloutée ; puis doucement, avec d'autres outils, on gratte, on atténue, on use plus ou moins cette surface, on polit même complétement certains points, ce qui produit la dégradation du noir au blanc absolu : c'est le procédé de la *gravure dite à la manière noire*.

Enfin on emploie fréquemment un quatrième procédé, qui est pour ainsi dire l'inverse du précédent.

On commence par fixer les traits du dessin sur la planche en suivant le procédé à l'eau-forte ci-dessus décrit, mais en se contentant d'une morsure très-légère ; puis, le vernis étant enlevé et la surface métallique mise à nu, on recouvre la planche d'une légère poussière de résine que l'on fait adhérer en chauffant la plaque avec précaution. Cette résine formera réserve comme le vernis de la gravure à l'eau-forte, mais avec cette différence que, tandis que la couche de vernis est continue et protége partout le métal, la poussière de résine ne forme qu'un réseau très-serré, très-régulier, dont les interstices pourront être mordus plus ou moins profondément par l'acide. Sur cette préparation on commence par couvrir avec un peu de vernis tout ce qui dans l'image doit rester blanc ; puis on fait une première morsure générale à l'acide qui donne partout entre les grains de résine un léger creux, sauf dans les parties vernies. On obtient ainsi la teinte grise la plus légère ; on couvre de nouveau avec du vernis les parties qui doivent garder cette teinte grise, et l'on fait mordre une seconde fois et ainsi de suite, couvrant chaque fois les parties qui ne doivent plus être creusées et ajoutant morsure sur morsure jusqu'à ce que celles-ci soient assez profondes pour donner aux noirs toute l'intensité que l'on désire. Ce procédé est celui de la *gravure à l'aqua-tinta*.

Ces quatre types de gravure, très-différents l'un de l'autre, admettent tantôt la combinaison de l'un avec l'autre, tantôt de nombreuses variantes qu'il serait inutile de mentionner ici ; mais ce que nous devons faire ressortir (c'est surtout pour cela que nous avons expliqué les divers genres de gravure) c'est que, pour la gravure en creux, quelle qu'elle soit, il faut toujours que le dessin soit représenté ou par le trait, c'est-à-dire le sillon creusé dans le métal, ou par le grain, c'est-à-dire par des surfaces plus ou moins profondément rugueuses, de telle sorte que, dans l'un et l'autre cas, l'encre d'impression puisse être retenue. En effet, si la planche gravée offrait seulement des dépressions plus ou moins profondes, l'imprimeur, en essuyant la planche, après l'avoir couverte d'encre, nettoierait la surface lisse des creux comme celle des reliefs et n'obtiendrait que des épreuves informes. L'image gravée doit être forcément formée par l'assemblage de traits ou de grains; là est pour la gravure photographique en creux une des grandes difficultés, car la nature ne nous présente, en général, ni traits ni grains. La lumière nous montre les objets par des teintes fondues, et, lorsqu'on veut transformer en planche gravée un cliché d'après nature ou d'après une peinture, il faut absolument trouver un grain artificiel; la tâche devient beaucoup plus facile s'il s'agit de reproduire soit une gravure, soit toute autre image faite au trait ou au grain, car le trait ou le grain se trouve reproduit sur le cliché qui les transmet à la planche gravée.

Nous trouvons dans la gravure photographique en creux deux modes d'opérer bien distincts : le moulage galvanoplastique des surfaces et la morsure chimique sur réserve, ce qui nous permet de classer les procédés connus et exploités. Ajoutons que le plus grand nombre des graveurs photographiques nous font connaître leurs œuvres, mais non leurs procédés. En réalité, le succès dépend de l'expérience, de l'habileté de l'opérateur, de ces divers tours de main avec lesquels il sait appliquer les méthodes générales que nous allons passer en revue.

Dans ces méthodes, l'opérateur devra employer quelquefois un négatif, le plus souvent un positif, selon les opérations; et, suivant que l'un ou l'autre sera employé, suivant le procédé de moulage, la planche galvanoplastique donnera le dessin en creux ou en relief; en tous cas, nous rappelons qu'il est relativement facile par la galvanoplastie de faire une contre-planche sur laquelle les creux et les reliefs se trouvent renversés.

Gravure par moulage. — Rappelons les propriétés générales de la gélatine bichromatée; insolée, elle devient insoluble, et, après traitement par l'eau chaude, les parties insolubles restent en relief sur le support, les autres parties étant dissoutes; on peut donc mouler ces reliefs et en obtenir les creux.

Si le traitement est fait par l'eau froide, les parties non insolées se gonflent et font sur les autres un relief que l'on peut également mouler, mais avec moins de facilité que les précédents; car, dans le premier cas, on opère sur gélatine sèche et résistante; dans le second cas, elle est spongieuse et ne peut se prêter qu'à un moulage sans pression.

Dès le début (1855-1856), nous voyons les deux méthodes employées : la première par M. Pretsch, qui moulait par la galvanoplastie les reliefs de gélatine insoluble. Les premiers essais, très-remarquables, étaient cependant incomplets d'abord, à cause de la difficulté d'obtenir le grain nécessaire que l'inventeur cherchait en incorporant à la gélatine un excès de bichromate de potasse; ensuite parce que l'image en gélatine bichromatée développée du côté insolé devait ou perdre ses demi-teintes, qui ne pouvaient résister au lavage, ou s'empâter d'une manière générale.

A la même époque, quelques semaines seulement après M. Pretsch, M. Poitevin ([1]) employait la deuxième méthode sous le nom d'*hélioplastie*. Dans ce procédé, la couche de gélatine bichromatée est étendue sur glace ou sur une feuille de métal, séchée, exposée sous un positif et mise à tremper dans l'eau froide; les parties protégées contre l'action de la lumière se gonflent, on les moule avec du plâtre très-fin; sur le creux en plâtre solidifié on prend un relief en gutta-percha, qu'on métallise et au moyen duquel on obtient par la galvanoplastie une planche de cuivre gravée en creux pouvant servir au tirage.

Ce procédé, qui peut donner des résultats passables pour des reproductions de gravures ou de dessins, ne donne pas de grain ou reproduit le grain général du plâtre : il ne saurait convenir pour des épreuves ne portant pas déjà leur grain ou leur taille. Il ne peut en outre arriver à toute la netteté désirable, car les reliefs dus à la gélatine gonflée n'ont jamais la netteté d'arête que peut donner la gélatine sèche. On dut donc chercher à améliorer en même temps les procédés de tirage pour obtenir le grain nécessaire et les procédés de moulage pour avoir plus de finesse.

([1]) *Traité de l'impression photographique sans sels d'argent*, par A. Poitevin, 1862.

Ainsi M. Fontaine (de Marseille) commence par traiter les reliefs que laisse la gélatine après son passage à l'eau chaude par l'acide pyrogallique, qui donne plus de solidité et empêche les finesses de disparaître; puis il moule après dessiccation en employant d'abord une solution de gutta-percha dans le sulfure de carbone qui enduit toute la surface d'une pellicule épousant les traits les plus délicats. Sur cette première couche il presse un gâteau de gutta plus ordinaire qui lui donne un moule plus résistant, dont il fait le contre-moulage par la galvanoplastie.

Mais, pas plus que les précédents, ce procédé ne donne le grain nécessaire pour les photographies d'après nature, et l'auteur essaye d'y suppléer en interposant entre le négatif et la surface gélatinée une toile métallique quadrillée : nous retrouverons souvent ces essais de grains artificiels produits par l'interposition de tissus ou lignes régulières, mais cette régularité même rend le moyen peu artistique.

Avec les modes d'opérer ci-dessus, les reliefs à mouler restent toujours dans des conditions défavorables; car, si la couche de gélatine bichromatée est trop épaisse, l'insolubilisation sera partielle dans les demi-teintes, qui disparaîtront au lavage, ou si elle est assez mince pour que l'action de la lumière la pénètre entièrement les noirs et les demi-teintes auront la même valeur.

Il fallait appliquer à la gravure le principe de l'abbé Laborde et de M. Fargier pour les épreuves au charbon : insoler sur une face et développer par l'autre.

Procédé de M. Placet. — Par des procédés très-divers, M. Placet ([1]) a donné les moyens de surmonter ces difficultés ; et, comme nous trouvons dans la Communication qu'il a faite à la Société française de Photographie plusieurs modes d'opérer, employés depuis avec avantage, nous donnons *in extenso* cette Communication :

« Une matière que la lumière rend insoluble est coulée sur une plaque ; après dessiccation, on expose sous un cliché à l'action de la lumière, puis on fait dissoudre les parties non modifiées et restées solubles.

» Les parties insolubles forment sur la plaque un relief qui, moulé et reproduit par la galvanoplastie, donne une planche gravée du dessin;

([1]) *Bulletin de la Société française de Photographie,* année 1863, p. 228.

mais cette gravure ne présente ni les finesses, ni les demi-teintes du modèle.

» Dans les demi-teintes, en effet, la lumière n'a pu rendre la couche insoluble dans toute son épaisseur ; ces demi-teintes, minées en dessous par le dissolvant et trop faibles pour résister au lavage, sont entraînées avec les couches solubles sous-jacentes. Mais il n'en est plus de même si l'on donne à la face insolée un soutien convenable, et si c'est sur la face opposée qu'on fait agir le dissolvant. Le subjectile retient alors toutes les demi-teintes, et les planches ainsi gravées, reproduites par moulage, ont toutes les finesses du modèle.

» Voici plusieurs manières d'opérer :

» On fait tirer sur verre une épreuve du cliché qu'on veut graver, on coule sur le dessin même une couche de matière sensible (le bitume de Judée, par exemple) ; on expose à la lumière, le verre en dessus ; on plonge ensuite dans le dissolvant (huile de naphte et benzine). Les parties rendues insolubles par la lumière forment des reliefs en proportion de la quantité de lumière qui a traversé chaque partie du cliché. On moule ce relief, et la galvanoplastie donne en métal des planches gravées en creux ou en relief, suivant la nature du cliché, la matière employée et le temps d'exposition à la lumière.

» Le bitume donne une gravure d'une grande délicatesse, mais peu de relief. Pour la gravure en relief, il vaut mieux employer le mélange de gélatine et de bichromate de potasse ou d'ammoniaque.

» Si, après la dissolution des parties solubles, les reliefs ne semblent pas suffisants, et si ces reliefs sont transparents, on pourra les augmenter en étendant une nouvelle couche sensible et opérant en tout comme la première fois.

» On peut également bien se servir d'une épreuve sur papier, et opérer de même, en rendant le papier transparent et imperméable au dissolvant, Ainsi, quand on prend le bitume pour matière sensible, on rend le papier imperméable en le trempant dans une solution de gélatine ou de gomme, dextrine, etc. Le dissolvant n'a aucune action sur ces substances, et, de plus, on peut en débarrasser facilement l'épreuve une fois l'opération terminée.

» Si l'on ne veut point opérer sur l'épreuve même, voici de quelle manière on procède :

Première manière.

» La couche sensible est coulée sur une plaque mince de verre, gélatine, mica, papier, corne, toile cirée, ou tout autre corps transparent, et l'on impressionne du côté de la matière servant de support.

» La coagulation partant alors de la face qui est en contact avec le support, l'image, après le lavage, reste en totalité fixée sur ce soutien.

Deuxième manière.

» Sur une glace on étend une ou plusieurs couches de collodion, puis une couche de gélatine bichromatée ; après dessiccation, on coupe les bords de la gélatine et la feuille de gélatine se détache facilement, emportant le collodion qui fait corps avec elle.

» On expose à la lumière sous un cliché du côté du collodion ; puis, sur cette même face collodionnée, on pose une plaque de métal enduite d'une matière agglutinative et l'on fait passer entre les rouleaux d'une presse : la feuille se trouve alors parfaitement fixée, la face de gélatine non impressionnée en dessus et dans les conditions voulues pour être soumise à l'action du dissolvant.

» Une seule couche de collodion sur la glace ne suffirait pas toujours pour détacher facilement la feuille de gélatine. Le collodion peut d'ailleurs être remplacé par toute autre substance jouissant de propriétés analogues.

» Après l'insolation, pour donner plus d'adhérence entre le collodion et le subjectile, il est préférable d'étendre une couche de vernis sur le collodion.

Troisième manière.

» Sur une plaque de métal mince et bien plane, on étend la matière sensible, la gélatine bichromatée par exemple ; après dessiccation, on applique une couche de collodion, on expose à la lumière sous un cliché, puis on ajoute une nouvelle couche de collodion mêlé de vernis ou de vernis seul ; enfin on coule par-dessus un mélange de cire et résine de 1 à 2 centimètres d'épaisseur, ou bien on fait adhérer une plaque métallique comme dans le cas précédent.

» Après refroidissement, la plaque mince de métal peut être facilement détachée, laissant intacte et adhérente au subjectile la feuille de gélatine, la face non insolée en dessus. On procède ensuite comme précédemment.

» La première couche de collodion pénétrerait moins uniformément la gélatine si on l'appliquait après l'insolation ; car la lumière rend moins perméables les parties qu'elle a frappées.

» On peut, avec plus ou moins d'avantages, substituer au collodion et au mélange de cire et résine un grand nombre de corps.

» La couche de cire et résine a pour but de maintenir la gravure sur un fond bien uni, en empêchant le collodion de se tourmenter et par suite de déformer l'image. On peut s'en passer en combinant plusieurs couches de collodion et vernis, de manière à annuler la contraction ou la dilatation du subjectile.

» Le dissolvant agissant, comme il est dit plus haut, sur le côté non insolé, commence par gonfler les parties non impressionnées, et produit des reliefs très-beaux et très-nets ; dans bien des cas, ces reliefs peuvent être utilisés ; on les moule, et après le moulage rien n'empêche de continuer l'action du dissolvant pour obtenir une seconde gravure inverse de la première. Ainsi une même couche sensible produit deux gravures ; l'une par gonflement, l'autre par dissolution des parties restées solubles.

» Outre les deux substances, bitume de Judée et gélatine bichromatée, indiquées précédemment comme exemple, on peut employer toutes matières végétales ou animales, résine, gomme, albumine, dextrine, gluten, caséine, etc., sensibles à la lumière par elles-mêmes ou seulement quand on les mélange à un ou plusieurs sels, tels que les sels d'or, d'argent, d'urane, de chrome, de fer, les sulfures, les iodures, les acides tartrique, oxalique, le sel ammoniac, etc.

» Les opérations se simplifient si l'on emploie une substance qui, d'abord insoluble, devient soluble sous l'action de la lumière (les mélanges de gélatine, gomme, albumine, etc., et d'un sel de fer au maximum, joint à l'acide tartrique ; quelques autres corps jouissent également de cette propriété).

» Le dissolvant, agissant dans ce cas à partir de la face insolée, creuse à la manière de l'acide dans la gravure à l'eau-forte ; mais avec cet avantage que le dissolvant ne donne à chaque trait que juste la valeur qui lui est assignée par l'intensité correspondante du cliché.

» Le dessin obtenu comme il est dit plus haut, et dans des conditions appropriées à l'emploi que l'on veut en faire, le dessin, dis-je, peut être transporté sur des surfaces convenables et y servir de réserve, soit pour la gravure par les acides, soit pour le dépôt de métaux par la galvanoplastie ou autrement.

» Si dans la composition de la couche sensible on fait entrer des matières vitrifiables, ou si l'on fait adhérer ces matières aux reliefs après leur formation, on pourra, en transportant ou non, produire des émaux.

» On peut étendre sur toute la surface portant les reliefs une couche d'encre grasse, puis dissoudre ces reliefs qui entraînent avec eux l'encre qui les couvre, enfin transporter sur pierre ou sur zinc et opérer ensuite comme en lithographie ordinaire.

» Bien d'autres moyens peuvent être employés pour rendre pratiques les principes sur lesquels se base mon procédé de gravure héliographique ; ces principes, je les résume ainsi :

» 1° Emploi de substances que la lumière rend insolubles ;

» Application de la couche sensible sur un subjectile convenable, et du côté qui reçoit directement l'action lumineuse ;

» Application du dissolvant sur la face opposée ;

» Moulage et reproduction galvanoplastique des reliefs formés, soit par le gonflement, soit par la dissolution des parties non impressionnées.

» 2° Emploi de substances qui d'insolubles deviennent solubles sous l'action de la lumière ;

» Dissolution ou gonflement des parties impressionnées ;

» Moulage et reproduction galvanoplastique des reliefs formés.

» Mes procédés permettent d'obtenir, sans le secours du dessinateur ou du graveur : des dessins photographiques à l'encre grasse qu'on peut reproduire par la lithographie, des photographies vitrifiées, des planches pour l'impression, des plaques pour empreintes ou pour émaux, enfin toute sorte de surfaces gravées applicables à l'ornementation. »

Plus tard M. le chevalier Avet a indiqué un procédé qui est la reproduction assez exacte de la première partie de la méthode de M. Placet.

Dans la description de ses procédés, M. Placet n'indique pas de quelle manière il obtient le grain de gravure nécessaire pour les reproductions faites sur nature, cependant les planches obtenues par lui portent un grain très-fin, dû probablement à une réaction chimique dont il n'a pas donné la formule.

Il est donc reconnu que, toutes les fois qu'on emploie une couche bichromatée ayant une épaisseur appréciable, on ne peut obtenir les demi-teintes, quel que soit le but qu'on se propose, qu'en insolant sur une face et développant par l'autre (*voir* p. 121 et suiv., les diverses méthodes pour arriver à ce résultat); on arrive ainsi à rendre toutes les finesses du cliché, mais il reste la question du grain.

Procédé de M. Geymet et divers. — M. Geymet ([1]), dans son Traité de gravure, donne la description d'un procédé que l'on peut résumer de la manière suivante :

Un négatif de gravure ou autre est appliqué sur un papier couvert d'une couche de gélatine bichromatée; après impression à la lumière, on l'immerge dans l'eau fraîche en même temps qu'une feuille de verre vernie à l'ambre ou couverte d'une couche préalable d'albumine coagulée ou mieux une plaque de cuivre parfaitement propre; on applique les deux faces l'une contre l'autre, on retire de l'eau, on éponge et l'on met en presse quelque temps. On immerge ensuite dans l'eau tiède exactement comme pour faire une épreuve au charbon (p. 120 et suiv.), et l'on a ainsi sur la plaque de verre ou de métal l'image en relief formée par les parties de gélatine devenues insolubles sous l'influence de la lumière. On rend cette gélatine plus résistante par une immersion dans un bain d'alun.

Lorsque cette épreuve représente une image ayant du trait ou du grain, on peut métalliser les reliefs de gélatine et les mouler par les procédés galvanoplastiques; mais, s'il s'agit d'épreuves prises sur nature, il faut obtenir un grain.

Pour avoir ce grain artificiel, M. Geymet propose de prendre une plaque de cuivre, grainée en plein soit à la résine, soit par tout autre procédé; on l'encre à la manière ordinaire, on la recouvre d'une couche de collodion cuir, c'est-à-dire d'un collodion normal additionné de 2 centimètres cubes d'huile de ricin pour 100 centimètres cubes de collodion. Ce collodion séché se détache de la planche en emportant l'encre, et il présente une

---

([1]) *Gravure héliographique*, par Geymet et Alker, 1870.

pellicule très-mince couverte d'un grain uniforme; en plaçant cette feuille presque sans épaisseur, entre le cliché et la couche bichromatée, on obtient la reproduction d'un grain à peine sensible lorsqu'il sera préservé par les parties opaques du cliché, plus accentué, au contraire, dans les parties transparentes.

Il serait encore facile, comme le propose M. Courtenay, d'incorporer dans le collodion servant à faire le cliché quelques substances, telles que la silice pulvérulente ou du verre en poudre impalpable.

Ce grain, quelle que soit sa nature, est reproduit sur la couche gélatineuse qui le transmet à la planche galvanoplastique.

M. Woodbury emploie un procédé analogue, pour donner un grain aux planches métalliques, qu'il obtient par pression, soit qu'il ajoute directement une poudre dure et insoluble dans le mélange même de gélatine et de bichromate de potasse, soit qu'il saupoudre la surface gélatinée, encore poissante, avec une poudre plus ou moins fine, qui n'adhère que dans les noirs et est enlevée au lavage dans les autres parties: il arrive ainsi à transformer les moules métalliques en planches prêtes pour l'impression en taille-douce.

Toutes ces ingénieuses méthodes de grain artificiel ne sont en quelque sorte que des subterfuges et n'arrivent pas encore à ce but désirable dans lequel le grain doit augmenter progressivement en profondeur et en dimension selon la valeur des noirs que l'on veut obtenir.

Pour atteindre ce but, il fallait, en quelque sorte, que le grain fût le résultat de l'action lumineuse, augmentant en raison de son intensité.

Procédé de M. Rousselon. — M. Rousselon, dans son procédé de gravure, a résolu cette difficulté, ce qui lui permet d'obtenir, d'après les peintures et d'après nature, des planches gravées d'une réussite remarquable. Ce grain est le résultat d'une action chimique que l'inventeur s'est borné à mentionner sans la divulguer lorsqu'il a donné les explications sur l'ensemble de son procédé.

L'opération est d'abord conduite exactement comme s'il s'agissait d'obtenir une épreuve photoglyptique (*voir* p. 133), c'est-à-dire qu'une image est obtenue sur pellicule de gélatine sèche et imprimée par vigoureuse pression dans une planche métallique: seulement l'inventeur ajoute dans la préparation de gélatine la substance (?) qui doit produire le grain sous l'influence de la lumière; et, comme dans l'application qui est faite de ce procédé une rigoureuse planimétrie n'est plus nécessaire, on peut remplacer la presse hydraulique par un bon laminoir et obtenir des planches de très-grandes dimensions.

Le métal dans lequel on obtient ce premier creux n'est pas assez résistant pour pouvoir être employé directement à l'impression; mais la rigoureuse fidélité de la galvanoplastie en relief permet d'obtenir en cuivre, d'abord une planche mère qui donne le relief, puis, sur ce relief, on fait une planche en creux qui est encrée et donne au tirage en taille-douce un nombre illimité d'épreuves. Avant d'être livrée à l'imprimeur, la planche de cuivre est aciérée, c'est-à-dire couverte électriquement d'une pellicule de fer infiniment mince et très-résistante qui supporte tous les frottements; aussitôt que la moindre usure se manifeste par l'apparition de la couleur rouge du cuivre, on dissout toute la couche de fer; on acière de nouveau, ce qui permet de recommencer un tirage aussi nombreux que le premier; enfin la planche mère en relief reste comme type sur lequel on peut faire plusieurs planches en creux si les nécessités du tirage le demandent.

Ces opérations, installées de la manière la plus large dans les ateliers de la maison Goupil, à Asnières, sous la direction de M. Rousselon, marchent avec la plus grande régularité au moyen des piles à gaz de M. Clamon, et produisent des planches gravées d'une finesse que ne pourrait obtenir ni le graveur ni le dessinateur le plus exercé.

Gravure photographique en creux par réserve. — Nous comprenons sous ce nom général tout procédé par lequel une substance capable de résister à la morsure de certains agents chimiques sera fixée sur le métal directement ou indirectement par l'action de la lumière. La surface métallique reste à nu dans les parties qui doivent être creusées; les parties couvertes de la substance résistante sont dites *réservées*.

L'invention de la gravure photographique par réserve a été le premier pas que fit la Photographie dès sa naissance; elle remonte à Nicéphore Niepce, le premier inventeur.

La théorie en est des plus simples : c'est la gravure à l'eau-forte à peine modifiée; le vernis protecteur est remplacé par la couche sensible, la lumière et le cliché exécutent le dessin, la morsure est ensuite faite par des agents variables suivant la nature et la résistance de la couche sensible.

On retrouvera, page 448 et suivantes de la *Chimie photographique*, les premiers essais de Nicéphore Niepce, de son neveu Niepce de Saint-Victor, de M. Lemaître, de M. Ch. Nègre, etc. Ces opérateurs employaient le bitume de Judée étendu en couches minces sur plaques métalliques. M. Fox Talbot remplace le bitume de Judée par la gélatine bichromatée. Ces divers essais, en dehors des belles planches de M. Ch. Nègre, ont rarement produit des épreuves complètes; ils portaient en eux deux causes de non-réussite : 1° la presque impossibilité d'obtenir les demi-teintes qui disparaissaient au développement par suite de la dissolution des couches sous-jacentes, ou ne prenaient une adhérence suffisante que par la surexposition des autres parties; 2° l'absence de grain naturel et la nécessité d'un grain artificiel.

Dès 1858, M. l'abbé Laborde signalait la première cause en appelant l'attention sur les services que peut rendre en Photographie l'huile de lin siccative. D'autre part, on essayait les grains artificiels comme dans les procédés par moulage (page 185), et nous avons mentionné, page 453 de la *Chimie photographique,* le procédé de la glace striée et posée en divers sens, de manière à former un grain par les rayures se croisant en tous sens. D'autres opérateurs proposent l'interposition d'un tissu métallique ou autre entre le cliché et la planche préparée ou même l'impression première de ce tissu sur le cliché avant de prendre l'épreuve du sujet à reproduire; pour cela on ferait une première pose sur un réseau tendu sur une étoffe noire et la glace ayant reçu cette impression serait ensuite employée pour faire le cliché.

Le procédé, qui paraît à la fois le plus simple et le plus fréquemment employé, consiste à donner un simple grain de résine sur la planche, soit avant, soit après l'impression et le développement de l'épreuve. Ce grain, nul dans les parties couvertes qui doivent rester blanches, devient de plus en plus abondant à mesure que le métal se découvre davantage et arrive à son maximum là où la planche est complétement à nu; la morsure agit ensuite comme sur une planche à l'*aqua-tinta*, mais il est difficile, sinon impossible, de procéder en ce cas par morsures successives comme dans ce mode de gravure, et l'effet général doit nécessairement s'en ressentir.

Après les travaux sus-mentionnés de Niepce, de M. Talbot, de M. Nègre, nous avons vu des planches remarquables obtenues par M. Garnier en 1866; mais l'auteur n'a pas donné de renseignements sur son mode d'opérer: il en est de même de MM. Baldus, Amand Durand, Dujardin, Rose, G. Fortier. Nous avons vu également des gravures de la plus grande finesse, obtenues par M. Gobert, attaché à la Banque de France; mais, si par ces procédés de réserve la gravure de trait paraît désormais acquise, il ne semble pas que pour les teintes fondues, les résultats soient comparables à ceux obtenus par M. Rousselon.

En l'absence de renseignements suffisamment exacts sur les procédés employés, nous nous bornerons à recommander le bitume de Judée comme donnant la meilleure réserve et la plus grande netteté.

Sur la plaque de métal bien nettoyée on étend à la tournette une dissolution de bitume de Judée ([1]) dans la benzine; la couche doit être suffisamment mince pour que la lumière puisse la pénétrer jusqu'au métal sur lequel elle la fixe. Après séchage on expose sous un cliché positif qui réserve tous les traits. La pose dure plus ou moins longtemps suivant la qualité du bitume, l'intensité de la lumière, etc.; mais l'action du soleil sera toujours préférable pour donner plus de résistance aux parties insolubilisées. Après l'exposition on lave la planche à l'essence de térébenthine; on arrête l'action dissolvante par une nappe d'eau qui enlève l'essence et l'on encre avec l'encre grasse, qui s'attache seulement au bitume et vient consolider la réserve.

Le même mode d'opérer s'applique à la gélatine bichromatée qui, étendue sur métal en couches minces, est insolée, lavée à l'eau tiède, encrée et donne ainsi une planche prête pour la morsure.

Toutefois, de l'avis de nombreux praticiens, le bitume donne une netteté beaucoup plus grande et doit être employé de préférence.

La composition du liquide destiné à mordre la surface à graver varie suivant le métal employé. La réserve au bitume résiste assez bien à une morsure légèrement acide; on peut employer soit l'acide nitrique faible, soit une solution d'acide chromique, soit une solution concentrée de ni-

---

([1]) M. Gobert, *Bulletin de la Société française de Photographie.* — 1874, p. 183.

trate de cuivre, 3 parties mélangées à 1 partie de solution concentrée de chlorhydrate d'ammoniaque dans l'acide acétique et quelques gouttes d'acide nitrique. La réserve au bichromate de potasse est plus délicate, les acides l'altèrent immédiatement et l'on doit les remplacer par des solutions plus ou moins concentrées de sels métalliques, tels que le perchlorure de fer, le bichlorure de platine, etc., etc.

Ces opérations rentrent dans le domaine du graveur; elles demandent des connaissances spéciales et une grande expérience pour être bien conduites.

TYPOGRAPHIE PHOTOGRAPHIQUE

(GRAVURE EN RELIEF).

La gravure en relief est celle qui creuse le métal de telle sorte que tous les traits, tous les points de l'image, restent sur le même plan, tandis que toutes les parties de la planche qui ne doivent pas prendre d'encre sont abaissées plus ou moins profondément au-dessous de ce plan, de telle sorte que le rouleau dépose de suite une couche d'encre égale sur tous les reliefs sans en mettre dans les creux.

La planche en relief se trouve ainsi dans les mêmes conditions qu'une composition d'imprimerie, abstraction faite de la mobilité des caractères; elle peut être intercalée au milieu de ces caractères et le tirage est fait avec la même facilité, la même rapidité et la même économie que l'impression ordinaire.

C'est aux progrès de la gravure en relief que nous devons tous les ouvrages de science ou d'illustrations avec gravures intercalées dans le texte.

Toutefois ces gravures en relief sont d'un prix assez élevé: il faut passer par le dessinateur, le graveur sur bois, le plus souvent par le moulage ou la galvanoplastie, avant d'avoir l'épreuve prête pour l'impression. Il est possible d'arriver à ces résultats par les moyens photographiques, surtout lorsqu'il s'agit de gravures ou de dessins ayant du grain ou du trait; mais, s'il s'agit d'images faites d'après nature, la réussite présente des difficultés plus grandes que pour la gravure en taille-douce; il faut, en effet, pour la typographie, des traits ou des grains moins serrés que pour les autres procédés, sous peine d'empâtement général, et la question d'un large grain ou large trait artificiel se présente de nouveau et n'a pas encore été résolue, à notre connaissance du moins, d'une manière satisfaisante.

Toutefois, c'est surtout par la gravure en relief que la Photographie se rattache actuellement et se liera dans l'avenir de la manière la plus intime avec la grande imprimerie. La réussite de plus en plus parfaite de la planche en relief est le trait d'union de ces deux industries, et, même en se bornant à la reproduction des dessins et gravures, il y a, pour la Photographie qui les adapte au format voulu, un débouché assez considérable pour que déjà cette transformation soit devenue une industrie spéciale qui, de jour en jour, prend une plus grande extension.

Les premiers essais en ce genre remontent vers l'année 1855, époque à laquelle M. Poitevin a montré qu'on pouvait mouler les reliefs de la gélatine bichromatée insolés sous un négatif, puis en faire un contre-moulage galvanoplastique et obtenir les reliefs qui constituent une planche typographique.

Ce procédé ne pouvait cependant réussir en pratique d'une manière suffisamment parfaite; d'abord à cause de la difficulté qu'il y avait d'obtenir tous ces reliefs sur le même plan, les reliefs moins forts étant le plus souvent moins hauts, et passant sous le rouleau sans être atteints par l'encre; de plus le moulage fait alors en plâtre manquait presque toujours de la finesse nécessaire, et enfin la reproduction galvanoplastique est souvent trop longue et trop coûteuse; cette reproduction pourrait sans doute être remplacée par le clichetage en métal fusible que l'on emploie fréquemment dans l'industrie typographique.

Toutes les méthodes fondées sur un procédé quelconque de moulage semblent présenter les mêmes difficultés, et dans l'état actuel, pour obtenir une planche typographique par la Photographie, il faut employer les méthodes par réserve, soit que cette réserve s'obtienne directement par la couche sensible elle-même, soit qu'elle provienne d'un transport à l'encre grasse obtenu photographiquement par l'un des procédés quelconques mentionnés plus haut. En tout cas, il y a toujours deux opérations bien distinctes:

1° Mettre l'image sur la plaque métallique, directement par l'emploi d'une couche sensible pouvant former réserve, telle que la gélatine bichromatée ou mieux le bitume de Judée, ou indirectement par report;

2° Creuser profondément les parties non réservées, ce que l'on obtient généralement au moyen d'un procédé nommé *gillotage*, du nom de Gillot, qui en est l'inventeur.

On pourrait s'étonner que la gravure en relief, obtenue photographiquement, ne soit pas d'un emploi général dans l'imprimerie; chaque jour elle prend une extension plus grande, mais il faut pourtant reconnaître que, si les procédés photographiques sont égaux, sinon supérieurs à la gravure sur bois pour les travaux qui demandent économie et célérité, ils n'arrivent que difficilement et demandent des opérateurs d'une extrême habileté pour pouvoir être comparés à l'œuvre soignée d'un excellent graveur sur bois. Cela tient, d'une part, à ce que le graveur sur bois fait les tailles avec un outil qui les tranche d'une manière parfaitement nette, et celles-ci se reproduisent avec une netteté presque égale dans l'impression, tandis que le photographe copie, soit un dessin, soit une gravure, où les lignes ne présentent déjà plus cette même arête vive, ne fût-ce que par suite des inégalités du papier. Souvent le format demandé exige des réductions dans lesquelles les traits deviennent tellement serrés qu'il n'y a plus entre eux l'espace nécessaire pour éviter l'empâtement par le rouleau, tandis qu'il faudrait au contraire de grands dessins traités à larges traits dont la chambre noire, en les réduisant, arrive à faire des merveilles de finesse. D'autre part, si l'on opère par épreuve directe sur le métal, il devient difficile d'avoir des lignes coupées comme avec le tranchant d'un outil, à moins d'employer des couches excessivement minces, qui alors ne présentent pas une résistance suffisante à la morsure. Ainsi, soit le dessin, soit le cliché, soit la couche sensible, soit l'encre qui vient la consolider, soit même la texture du métal que l'acide ne ronge pas rigoureusement de même sur tous les points, tout concourt à augmenter les difficultés; ces causes le plus souvent s'ajoutent les unes aux autres et l'examen à la loupe montre que les lignes sont souvent légèrement bavocheuses. Si l'on opère par report, il faut joindre aux causes ci-dessus toutes celles qui peuvent provenir de l'opération du report, telles que les inégalités, l'écrasement des traits, etc.

Il n'est pas étonnant que la perfection ne soit pas toujours complètement atteinte en face de ces difficultés réunies; il en est sans doute beaucoup d'autres encore, mais l'importance du procédé doit nous faire espérer un progrès incessant.

Examinons maintenant les diverses méthodes employées pour mettre le dessin sur la planche et pour creuser ensuite les blancs de cette planche.

Le cliché devra être fait dans les mêmes conditions que pour les reproductions de gravures, de cartes, etc., c'est-à-dire d'un noir opaque avec des blancs parfaitement purs. Nous avons dit plus haut que, selon nous, les procédés secs, comme ceux à l'albumine, au collodion albuminé, le procédé Taupenot, etc., etc., présentaient de grands avantages pour l'intensité des noirs qu'on peut faire monter très-facilement sans boucher les clairs, qui conservent toute leur pureté.

Le collodion humide, plus rapide, plus facile, est presque exclusivement employé dans l'industrie; alors on remonte généralement l'épreuve par le bichlorure de mercure, suivi du passage au sulfhydrate d'ammoniaque, ou mieux au monosulfure de sodium; il faut se rappeler dans ce cas que les vernis résineux font tomber notablement l'intensité des noirs, à moins d'un passage préalable à la gomme arabique.

L'épreuve photographique doit, le plus souvent, être retournée soit au moyen d'un prisme ou d'une glace à faces parallèles, soit en opérant au moyen d'un châssis qui permette de recevoir l'épreuve à travers la glace collodionnée ou en décollant le cliché sur gélatine.

Dans quelques modes d'opérer, il faut au contraire se servir du cliché ordinaire.

Nous avons dit que l'on pouvait former directement le dessin sur la plaque métallique à graver. On emploie de préférence, pour cause d'économie et de facilité de morsure, une plaque de zinc suffisamment épaisse, ayant environ 4 à 5 millimètres; la face doit en être bien plane et bien nettoyée, et on la couvre de la substance sensible. Une solution de gélatine bichromatée est difficilement employée, parce qu'elle est rapidement attaquée par la morsure acide, ce qui donne des traits peu réguliers : on préfère la solution de bitume de Judée dans la benzine additionnée d'essence de lavande ou d'essence de citron.

Dans l'un et l'autre cas, la couche doit être suffisamment mince pour que la lumière puisse agir dans toute l'épaisseur et rendre les parties solarisées insolubles jusqu'au métal même, sans quoi les parties plus légères minées en dessous disparaîtraient au lavage et donneraient une image incomplète; mais il faut aussi que cette couche soit suffisamment épaisse pour offrir la résistance nécessaire à la morsure. L'expérience sera le meilleur guide à cet égard.

Le cliché est appliqué sur la surface métallique sensibilisée et il faut établir un contact rigoureux des deux faces sur tous les points de l'épreuve, ce qui est souvent une difficulté et une cause d'insuccès; car il est nécessaire que les deux surfaces en contact soient parfaitement dressées toutes deux, la plaque métallique trop épaisse ne pouvant se prêter aux défauts de planimétrie. Si l'on emploie un cliché transporté sur pellicule de gélatine, celui-ci fait souvent quelques ondes sous la pression; les clichés doivent donc être sur *glace* et l'on doit veiller le mieux possible à assurer la pression.

Après l'insolation sous un cliché retourné, on développe par l'eau tiède si l'on a employé la gélatine bichromatée, par l'essence de térébenthine si l'on a employé le bitume de Judée, qui doit avoir la préférence. On fait faire une première et très-légère morsure, comme s'il s'agissait d'obtenir une planche de zincographie, et l'on couvre d'encre grasse pour procéder ensuite aux morsures successives du gillotage.

Tout procédé pouvant donner une image encrable sur pierre, zinc, cuivre ou surface quelconque pourra être employé à cette condition que, après l'insolation et le développement de l'épreuve, le métal reste à nu dans toutes les parties où la lumière n'a pas insolubilisé la préparation.

L'autre mode d'opérer dit *par report* se prête plus facilement aux exigences des manipulations; mais, en introduisant un tirage de plus dans la série des opérations qui doivent donner l'image définitive et en opérant par un report qui amène presque forcément l'écrasement des lignes, on augmente les causes d'altération de la finesse. Du moment que l'on procède par report, il suffit d'obtenir par un moyen quelconque une épreuve à l'encre grasse sur une surface assez souple pour qu'on puisse la juxtaposer et la presser sur la planche du métal à graver. (*Voir* p. 176 les procédés de M. J.-J. Rodrigues sur feuilles d'étain, qui semblent préférables à ceux de M. le colonel James et tous autres qui peuvent donner une image à l'encre de report transportable sur zinc.)

Lorsque l'image est fixée sur la plaque de zinc, elle est soumise à l'opération de la morsure, qui doit respecter tous les traits de l'épreuve pour es laisser en relief et creuser tout le reste plus ou moins profondément.

C'est ici que se présente la difficulté. Le zinc est très-attaquable par un acide faible, et l'on peut facilement limiter cette attaque à certaines parties de la surface en protégeant les autres par une matière grasse; mais, lorsque l'acide a creusé un premier sillon, ce n'est plus seulement une surface qui se présente à son attaque, c'est un fossé ayant un fond et des parois, et l'attaque de l'acide se porte aussi bien à droite et à gauche que sur le fond; le creux formé ira donc s'élargissant par la base, les sillons rapprochés seront minés en dessous, crevés, et la planche sera perdue. Pour avoir une bonne gravure en relief, il faut, au contraire, que le sillon se creuse en forme de V se rétrécissant de plus en plus vers la base; les traits sont ainsi soutenus et présentent toute la solidité désirable.

Ce fut Gillot qui, en 1866, résolut le problème; de là le nom de *gillotage* donné à l'opération, et d'*ouvriers gilloteurs* donné à ceux qui la pratiquent. C'est un art délicat, demandant des soins et une habitude extrêmes. Les bons gilloteurs sont très-recherchés.

Pendant plusieurs années, Gillot seul comprit toute l'importance de son procédé, et il mourut sans avoir la consolation de lui voir prendre tout le développement qu'il comportait par l'application de la Photographie, qui en est le complément pour ainsi dire indispensable. Ses successeurs (sa veuve et son fils) appliquent actuellement très-largement les procédés photographiques au procédé de gillotage; plusieurs maisons se sont montées, qui exploitent également ce procédé; ce sont celles de MM. Lefman et Lourdel, Yves et Barret, M. Dujardin, MM. Rose et Cie, etc. [1].

Gillotage [2]. — La plaque de zinc sur laquelle on pose l'image à graver doit être bien poncée et bien polie; l'image y est appliquée comme nous l'avons dit, soit par photographie directe, soit par report fait avec l'encre grasse spécialement employée pour ce genre de travail; puis on humecte la plaque d'eau gommée et on la couvre d'un premier encrage en y passant avec soin un rouleau chargé d'encre lithographique additionnée

---

[1] Nous remercions ici les chefs de ces diverses maisons, et en particulier M. Gillot fils, qui nous a permis de suivre dans tous leurs détails les diverses opérations faites dans ses ateliers.

[2] Nous devons la Communication de ce procédé à l'obligeance de Mme Gillot et de son fils, qui nous ont remis le manuscrit rédigé à ce sujet par M. Gillot père; nous avons extrait de ce manuscrit les renseignements que nous donnons.

de cire blanche de colophane et de vernis lithographique; l'image prend ainsi un léger relief et en même temps de la résistance à l'action de l'acide. On laisse sécher, et avec un tampon très-doux on distribue sur toute la surface de la colophane en poudre impalpable. On peut également bien faire cette opération dans la boîte à résine disposée pour l'usage des graveurs; la poudre ne s'attache que sur les parties encrées, et on l'enlève facilement des autres parties, soit en soufflant, soit en lavant, soit en essuyant avec un tampon de ouate. On garnit ensuite les bords de la plaque avec une solution de gomme laque; on peut garnir de même les parties qui représentent de larges espaces blancs. Ces parties, qui seront réservées, comme le dessin lui-même, contre la morsure acide, servent en quelque sorte de support au rouleau et assurent, pour les opérations suivantes, la bonne répartition de l'encre; elles seront ensuite enlevées mécaniquement soit à la scie, soit à l'échoppe.

Ayant ainsi assuré la réserve, on procède à la première morsure en mettant la plaque dans une grande cuve de gutta-percha assez profonde, contenant une quantité d'eau acidulée par l'acide nitrique suffisante pour baigner largement la planche à graver. Cette cuve est montée de telle sorte qu'un mécanisme, mû par la vapeur ou à bras, la maintient dans une continuelle agitation.

L'acide attaque le zinc en formant du nitrate de zinc qui reste en solution; un flacon placé au-dessus de la cuve et muni d'un robinet de cristal laisse tomber goutte à goutte dans l'eau la quantité d'acide nitrique que l'on sait nécessaire pour remplacer celui qui se combine avec le zinc.

La force de l'eau acidulée est variable suivant l'effet que l'on veut obtenir; faible pour les premières morsures, on peut en augmenter peu à peu l'activité à mesure que l'opération marche vers la fin; on abrége ainsi sans danger l'opération.

En commençant par une morsure peu accentuée, on abaisse légèrement toutes les parties non protégées par la réserve, on retire la plaque de la cuve, on la lave, on l'essuie et on la place sur la plaque de fonte d'un fourneau analogue au fourneau de l'imprimeur en taille-douce. Sous l'influence de la chaleur, l'encre résineuse qui forme la réserve fond légèrement, déborde sur les entailles faites par l'acide et protége les deux versants du sillon contre l'attaque d'une seconde morsure, ne laissant que le fond à découvert; si les traits sont très-serrés, les deux débords de l'encre se rejoignent et bouchent ce premier creux.

On n'a pas encore le relief typographique, mais une première morsure suffit déjà pour donner dans l'encrage des différences qui accuseront les demi-teintes. Les parties très-fines bouchées par l'encre sont désormais à l'abri d'une morsure plus profonde qui les aurait détruites.

Aussitôt que la fusion de la réserve a été jugée suffisante, on retire la plaque, on laisse refroidir, puis on procède à un deuxième encrage au rouleau. La composition de l'encre peut être légèrement différente de la première; on emploie un mélange d'encre de report, de corps gras et de résine additionné de vernis lithographique en quantité suffisante pour donner une matière qui coule assez facilement autour des traits du dessin; on encre assez fortement la plaque pour que tous les noirs soient bien couverts, on saupoudre de nouveau avec la résine et on la replace dans la cuvette avec une eau un peu plus acide. On fait une seconde morsure qui descend le métal d'un nouveau cran.

On recommence les opérations de chauffage, encrage, morsure, de manière à obtenir chaque fois le bouchage des traits les plus serrés par la fusion de l'encre résineuse et l'on continue les opérations, qui varient de six à neuf morsures, jusqu'à ce que la résine, en descendant chaque fois, ferme les creux les plus profonds; on obtient ainsi de chaque côté des tailles une série de talus, de gradins qui viennent se réunir par la base.

Cela fait, on lave la plaque à grande eau, puis, avec une lessive de potasse ou de soude, ou avec la benzine, on enlève complétement l'encre résineuse dans tous les creux, et, si l'on veut régulariser la pente des talus et enlever les gradins formés par les morsures successives, on recommence un encrage résineux que l'on fait de suite descendre à la moitié ou au tiers des creux et l'on fait une morsure. On recommence en encrant moins profondément, on remonte en quelque sorte les tailles que l'on avait creusées, et, au lieu de gradins, on obtient ainsi une pente à peu près lisse.

Le zinc est alors découpé à la scie, de manière à enlever toutes les parties non mordues qui doivent cependant rester blanches, puis on le monte sur les bois d'épaisseur et on le livre à l'imprimeur.

Ce procédé permet d'obtenir très-rapidement des résultats fort remarquable. Ainsi, un dessin livré le matin peut, dans des circonstances favorables et quelle que soit sa complication, être reproduit à la chambre noire, reporté sur zinc, creusé par la morsure acide, monté sur bois et livré à l'imprimeur dans la même journée, ce qui présente un avantage immense pour toutes les illustrations et les dessins d'actualité.

Le plus grand progrès en ce genre serait de pouvoir transformer le cliché photographique pris sur nature en une planche typographique; plusieurs essais prouvent que le problème n'est pas insoluble : nous avons vu des résultats presque industriels.

M. Gillot a tenté l'emploi de lignes croisées en sens divers pour obtenir le grain nécessaire.

Le procédé le plus original est celui de M. Wistanley, dont nous n'avons vu aucun résultat, mais qui mérite d'être mentionné.

Étant donnée une image en relief sur gélatine, on pose perpendiculairement sur ces reliefs une masse de fils métalliques, à pointes effilées comme celles des aiguilles, et présentant par conséquent une partie conique; ces fils étant libres de descendre plus ou moins, chaque pointe vient se poser sur la gélatine, et l'ensemble des fils marque ainsi les creux et les reliefs de l'image. On les serre alors toutes et on les immobilise par une soudure ou tout autre moyen, et, retournant le bloc ainsi formé, on use le côté des pointes jusqu'à ce qu'on soit arrivé à les amener toutes sur le même plan. La surface plane obtenue se compose donc de points plus ou moins fins, plus ou moins éloignés, suivant que la pointe a été retenue plus ou moins haut; et, si l'on encre cette surface, si l'on imprime, on obtiendra un dessin correspondant à celui que présentait la gélatine.

M. J.-J. Rodrigues, de Lisbonne, emploie, pour obtenir la gravure en relief d'un cliché fait sur nature, un mélange de bitume de Judée, d'essence de lavande et de sucre de lait en poudre. (L'amidon, le carbonate de chaux, le carbonate de plomb, ou toute autre substance soluble dans l'eau ou l'acide nitrique remplirait le même but.)

On broie le tout à la molette jusqu'à parfaite homogénéité et l'on mêle un peu de cette pâte à la solution de bitume dans la benzine destinée à faire la couche sensible. On couvre alors la plaque comme à l'ordinaire, avec une couche mince de bitume ainsi préparé. Après exposition on développe à l'essence et l'on met immédiatement la plaque dans la cuve de gillotage avec une eau faiblement acidulée; l'acide, pénétrant peu à peu, dissout la matière solide qu'on avait ajoutée; la préparation se trouve donc plus ou moins percée, selon l'épaisseur de l'enduit de bitume, et, en continuant par morsures successives, on obtient une gravure qui arrive à donner l'impression en relief.

Dans cette étude rapide, nous avons essayé de faire connaître les diverses méthodes d'impression aux encres grasses ; mais, pour la pratiquer, il faut les conseils, les démonstrations d'une personne connaissant les moyens d'aplanir les difficultés d'exécution. Notre rôle, plus modeste, s'est borné à tâcher de faire comprendre ces divers procédés, de montrer la manière dont ils se relient les uns aux autres. Nous avons insisté sur leur importance pour unir la Photographie à l'industrie générale et lui permettre de prendre tout son développement. Encore quelques progrès, et cette union sera un fait accompli.

FIN.

TABLE DES MATIÈRES.

	Pages.
Avant-propos	v

A.

Adhérence des couches sensibles	27
Agrandissement	81
Alcalin (développement)	31
Atelier	3, 8

B.

Bain d'argent (procédé humide)	13
» pour épreuves positives	86
Bichromates de potasse et d'ammoniaque; tableau de densité	119
Bromures (préparation aux)	30

C.

Caméo-portraits	92
Carbonate d'ammoniaque (développement au)	33
Charbon (procédé dit au)	111
Chercheur focimétrique	7
Collodion humide	12
» modifications	22
» albuminé	45
» à l'albumine et à l'acide gallique	55
Collodiobromure	69
Collodiochlorure	90
Considérations générales	1
Contre-clichés	141
Couleurs en photographie (les)	97

	Pages.
Procédés de MM. Poitevin	98
» de Saint-Florent	99
» Cros	100
» Ducos du Hauron	101
» Vidal	105

D.

Décollage des clichés	76
Développement (collodion humide)	17
» alcalin	31, 52, 56

E.

Émaux photographiques	137
Encres grasses (impressions aux)	143
Épreuves positives	85
» gélatinées	92
» positives aux sels de fer	95

F.

Filigranes	133
Fixage au collodion humide	21
» au collodion sec	54
» des épreuves positives	89

G.

Gélatine bichromatée (formules générales)	108
Gélatinées (épreuves)	92
Gillotage	201
Gravure photographique en creux	181
Procédé de MM. Placet	185
» Rousselon	191
Gravure photographique en relief (Voir *Typographie*)	196

H.

Héliochromie. Procédé de MM. Cros	100
» » Ducos du Hauron	101

I.

Impressions sans sels d'argent	107
» aux encres grasses	143

L.

	Pages.
Lithographie photographique (photolithographie)	147
Procédé de MM. Tessié du Motay et Maréchal, de Metz	153
» Albert	155
» Obernetter	158
» Watterhouse	159
» Borlinetto	160
» Despaquis	162
» Geymet	162
» Rodrigues	163, 176
» Edwards	165
» Colonel James	170
» Divers	173

M.

Matériel	3
Mise au point	16

N.

Nettoyage des glaces	10, 41, 55, 64

O.

Objectifs	3

P.

Papier au charbon (préparation)	114
Procédé de MM. Jeanrenaud	114
» Dauphinot	115
Sensibilisation	117
Exposition	119
Développement	120
Photochromie (M. Vidal)	105
Photoglyptique	133
Procédé dit au charbon	111

R.

Renforcement	19
Retouche des clichés	73
Retourner les clichés (moyens de)	80

S.

	Pages.
Sucrate de chaux (développement au)	34
Sels de fer (épreuves aux)	95

T.

Talc (polissage au)	27
Transport sur gélatine	76
Typographie photographique	196
Gillotage	201
Procédé de MM. Wistanley	204
» Rodrigues	204

V.

Vernis	21
Vernissage des bords de la glace	29
Virage	88
Vitrage	9
Woodbury (procédé)	133

FIN DE LA TABLE DES MATIÈRES.

2686   Paris. — Imprimerie de GAUTHIER-VILLARS, quai des Augustins, 55.

LIBRAIRIE DE GAUTHIER-VILLARS,
SUCCESSEUR DE MALLET-BACHELIER,
QUAI DES GRANDS-AUGUSTINS, 55, A PARIS.

CHIMIE PHOTOGRAPHIQUE,

CONTENANT

LES ÉLÉMENTS DE CHIMIE EXPLIQUÉS PAR DES EXEMPLES EMPRUNTÉS
A LA PHOTOGRAPHIE ;
LES PROCÉDÉS DE PHOTOGRAPHIE SUR GLACE (COLLODION HUMIDE, SEC OU
ALBUMINÉ), SUR PAPIERS, SUR PLAQUES ;
LA MANIÈRE DE PRÉPARER SOI-MÊME, D'ESSAYER, D'EMPLOYER
TOUS LES RÉACTIFS ET D'UTILISER LES RÉSIDUS, ETC.;

PAR

MM. BARRESWIL ET DAVANNE

QUATRIÈME ÉDITION,

REVUE, AUGMENTÉE, ET ORNÉE DE FIGURES DANS LE TEXTE.
VOLUME IN-8 DE 588 PAGES ; PRIX : 8 FR. 50 C.

En envoyant à l'Éditeur un mandat de 8 fr. 50 c. sur la Poste ou des timbres-poste, l'ouvrage sera adressé franco dans toute la France.

PRÉFACE.

Le lecteur de la *Chimie photographique* qui voudra bien comparer cette édition et les précédentes nous rendra, nous l'espérons, cette justice que nous cherchons de plus en plus à améliorer notre œuvre. Si notre cadre est le même, ses dimensions sont autres et les rapports de ses diverses parties sont complétement différents.

Envoi franco, contre mandat de poste ou valeur sur Paris, en *Europe, Algérie, Égypte, Maroc, Russie d'Asie, Tunisie, Turquie d'Asie.* — Pour les *États-Unis de l'Amérique du Nord*, ajouter au prix de l'ouvrage : 1 fr. par volume in-4, et 50 c. par volume in-8, in-12 et in-18. — Pour les autres pays, suivant les conventions postales.

Nous n'avons rien négligé pour nous tenir au courant des faits nouveaux intéressant sérieusement le Photographe, et, autant que nous avons pu le faire, nous avons expérimenté les procédés que nous indiquons; nous avons toujours expérimenté ceux que nous recommandons.

Comme pour les éditions précédentes, nous avons eu recours aux lumières de ceux qui savaient mieux que nous. Ainsi le lecteur remarquera d'excellentes pages de M. Lerebours, et un article plus étendu que le précédent de notre collègue M. Bertsch; d'autres collaborateurs encore nous sont venus en aide; nous les citons avec soin, nous les prions tous de recevoir nos remercîments.

Notre nouvel éditeur, M. Gauthier-Villars, n'a pas voulu que l'excellent souvenir laissé par M. Mallet-Bachelier fût mêlé de regrets : nous avons trouvé chez lui ce concours actif et intelligent qui ne nous a jamais fait défaut depuis la première impression de cet Ouvrage; c'est pour nous un plaisir de le remercier ici des soins qu'il a donnés à cette nouvelle édition, qui, plus compacte que les précédentes et enrichie de nombreuses figures pour faciliter l'intelligence du texte, sera, nous l'espérons, accueillie avec la même faveur par les personnes qui s'occupent de Photographie.

TABLE DES MATIÈRES.

Préface de la quatrième édition.

Introduction.

PREMIÈRE PARTIE. — Éléments de Chimie.

Chapitre Ier. — Notions préliminaires.
Chapitre II. — Chimie minérale.
Chapitre III. — Chimie organique.
Chapitre IV. — Manipulations.

DEUXIÈME PARTIE. — Photographie.

PREMIÈRE SECTION. — Généralités.

Notions préliminaires.
Explications théoriques.
De la lumière.
Du matériel et de l'atelier.
Des divers procédés.

DEUXIÈME SECTION. — Photographie sur collodion.

Chapitre Ier. — Collodion humide.
    Préparation des réactifs.
    Formulaire.
    Procédés opératoires.
    Autres procédés au collodion humide.
Chapitre II. — Collodions secs.
    Procédé au tannin.
    Procédé Taupenot.
    Modifications au procédé Taupenot.
Chapitre III. — Collodions transportés.
Chapitre IV. — Épreuves directes sur collodion.

TROISIÈME SECTION. — Photographie sur albumine.

QUATRIÈME SECTION. — Photographie sur papier.

Chapitre Ier. — Papier ciré sec.
Chapitre II. — Papier sec non ciré.
Chapitre III. — Papier humide.

CINQUIÈME SECTION. — Épreuves positives.

Chapitre Ier. — Tirage par la lumière seule.
Chapitre II. — Tirage par continuation.
Chapitre III. — Théorie des épreuves positives.

SIXIÈME SECTION. — Daguerréotype.

SEPTIÈME SECTION. — Divers.

Chapitre Ier. — Du stéréoscope.
Chapitre II. — Excursions photographiques.
Chapitre III. — Amplification des épreuves.
Chapitre IV. — Analyse des bains d'argent.
Chapitre V. — Traitement des résidus.

HUITIÈME SECTION. — Autres procédés photographiques.

Chapitre Ier. — Reproduction des couleurs.
Chapitre II. — Réactions diverses. (Emploi du bichromate de potasse, de l'azotate d'urane, etc.).
Chapitre III. — Gravure et lithographie photographiques.

TROISIÈME PARTIE. — Vocabulaire.

CHEZ LE MÊME LIBRAIRE.

BOUSSINGAULT, Membre de l'Institut. — **Agronomie, Chimie agricole et Physiologie.** 2e *édition*. Tomes I, II et III, in-8, avec planches sur cuivre et figures dans le texte; 1860-1861-1864............. 15 fr.
 Chaque volume se vend séparément.................... 5 fr.

CAHOURS (Auguste), Examinateur de sortie pour la Chimie à l'École impériale Polytechnique. — **TRAITÉ DE CHIMIE GÉNÉRALE ÉLÉMENTAIRE.** — Leçons professées à l'École Centrale des Arts et Manufactures. 2e édition; 3 vol. in-18 avec 270 fig. dans le texte et 8 pl.; 1860. (*L'introduction de cet ouvrage dans les Écoles publiques est autorisée par décision du Ministre de l'Instruction publique et des Cultes en date du 5 août 1862.*)................................... 12 fr.

Le tome I comprend l'étude des Métalloïdes et de leurs composés principaux; le tome II est entièrement consacré à l'étude des Métaux; le tome III traite exclusivement des composés organiques.

DAVANNE et GIRARD. — **Recherches théoriques et pratiques sur la formation des épreuves photographiques positives.** In-8; 1864. 4 fr.

RUSSELL (C.). — **Le Procédé au Tannin**, traduit de l'anglais par M. *Aimé Girard*; 2e édition entièrement refondue, et renfermant la description des nouveaux procédés de préparation, de développement, etc. In-18 sur jésus, avec figures dans le texte; 1864.............. 2 fr. 50 c.

IMPRIMERIE DE GAUTHIER-VILLARS, successeur de MALLET-BACHELIER,
Paris, rue de Seine-Saint-Germain, 10, près l'Institut.

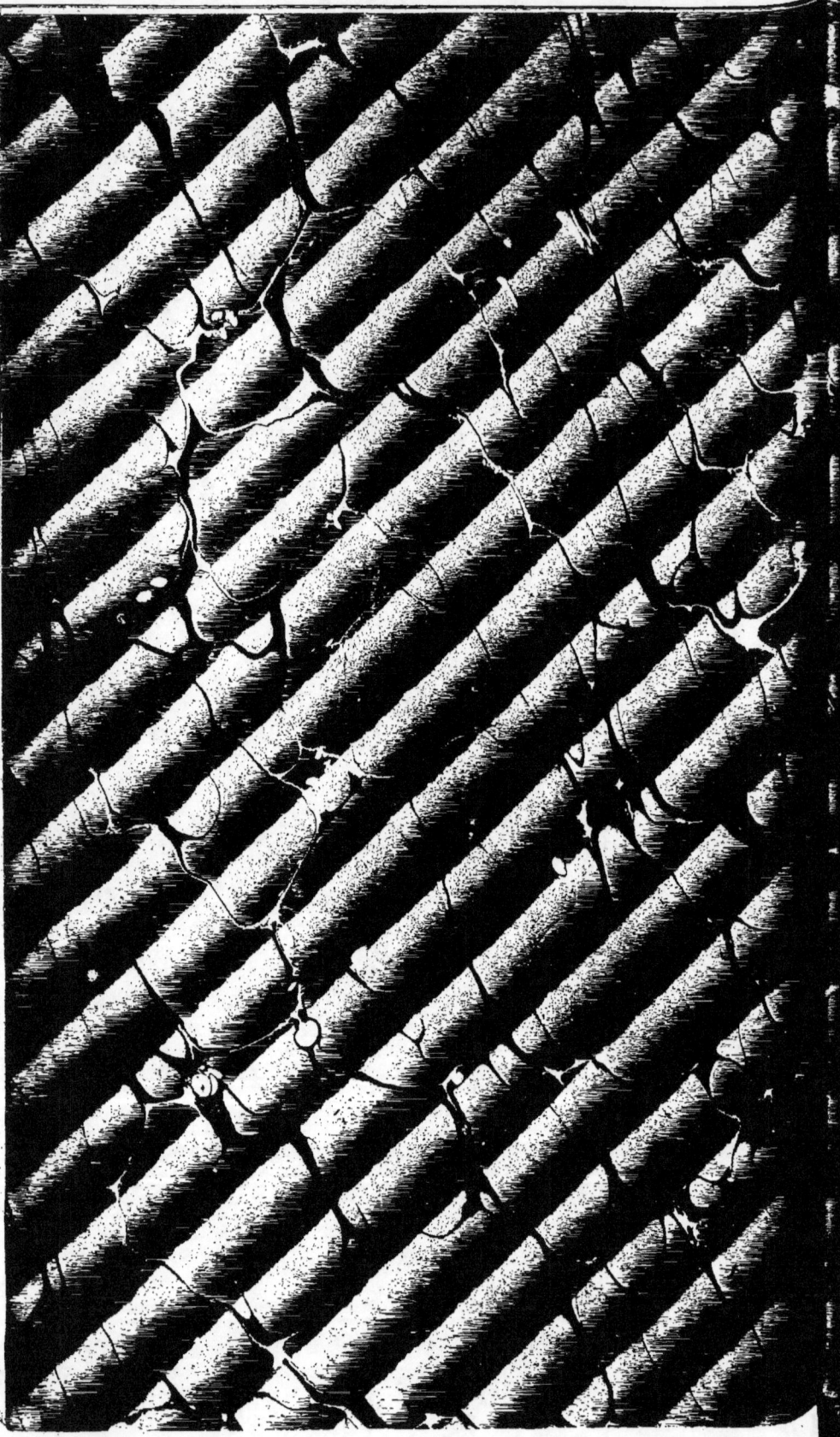

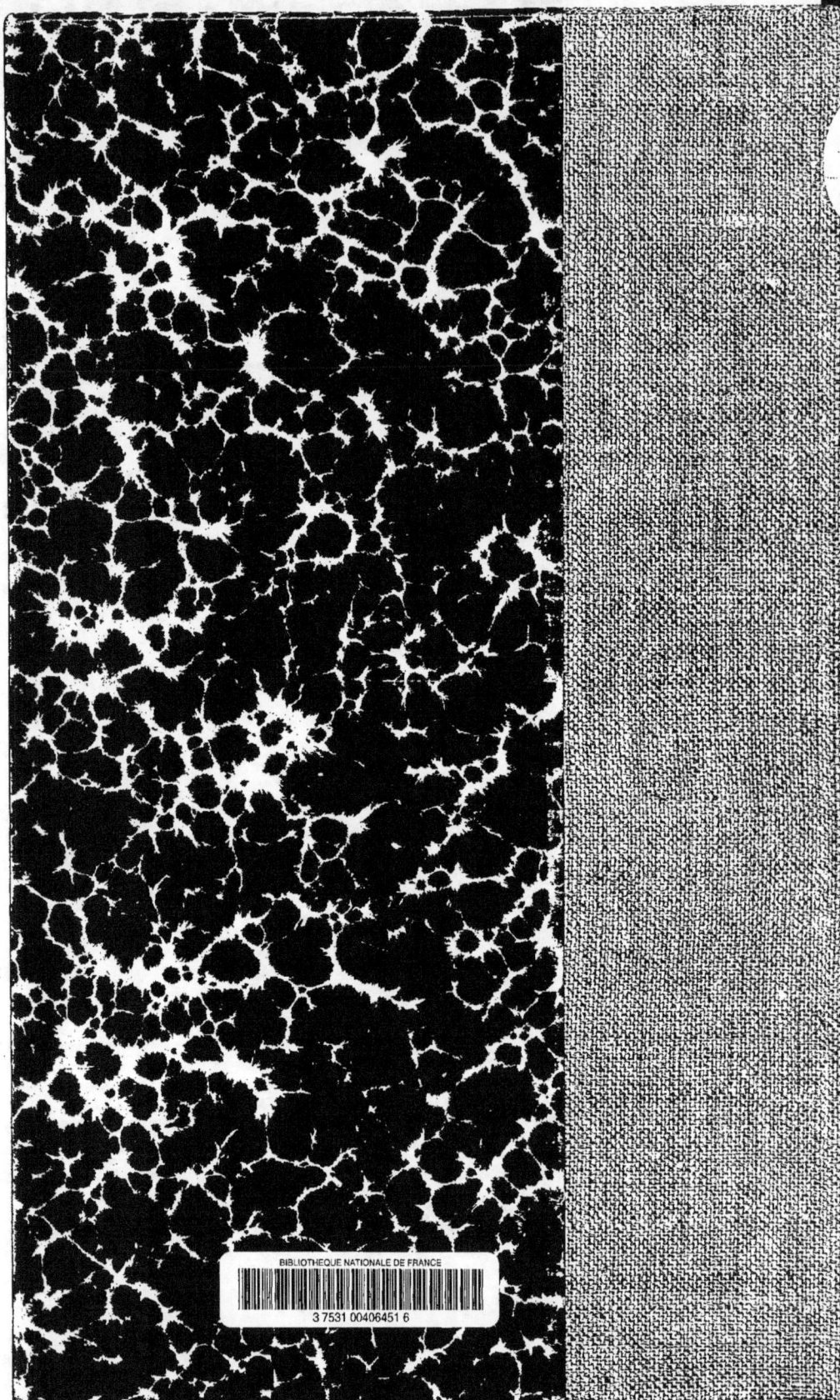

www.ingramcontent.com/pod-product-compliance
Lightning Source LLC
Chambersburg PA
CBHW050204230526
45470CB00001B/229